Interpretando Espinoza

Ensaios Críticos

Editado por Charlie Huenemann

Interpretando Espinoza

Ensaios Críticos

Tradução
Genilto Schanoski Jr.

MADRAS®

Publicado originalmente em inglês sob o título *Interpreting Spinoza – Critical Essays*, por Cambridge University Press.
© 2008, Cambridge University Press.
Direitos de edição e tradução para o Brasil.
Tradução autorizada do inglês.
© 2010, Madras Editora Ltda.

Editor:
Wagner Veneziani Costa

Produção e Capa:
Equipe Técnica Madras

Tradução:
Getulio Schanoski Jr.

Revisão da Tradução:
Guilherme Miranda

Revisão:
Bianca Rocha
Maria Cristina Scomparini

Dados Internacionais de Catalogação na Publicação (CIP)
(Câmara Brasileira do Livro, SP, Brasil)

Interpretando Espinoza: ensaios críticos/ editado por Charlie Huenemann; tradução Getulio Schanoski Jr. – São Paulo: Madras, 2010.
Título original: Interpreting Spinoza.
Bibliografia.
ISBN 978-85-370-0632-0

1. Spinoza, Benedictus de, 1632-1677
I. Huenemann, Charlie. II. Título.

10-10827   CDD-199.492

Índices para catálogo sistemático:
1. Spinoza: Filosofia holandesa 199.492

É proibida a reprodução total ou parcial desta obra, de qualquer forma ou por qualquer meio eletrônico, mecânico, inclusive por meio de processos xerográficos, incluindo ainda o uso da internet, sem a permissão expressa da Madras Editora, na pessoa de seu editor (Lei nº 9.610, de 19.2.98).

Todos os direitos desta edição, em língua portuguesa, reservados pela

MADRAS EDITORA LTDA.
Rua Paulo Gonçalves, 88 – Santana
CEP: 02403-020 – São Paulo/SP
Caixa Postal: 12183 — CEP: 02013-970
Tel.: (11) 2281-5555 – Fax: (11) 2959-3090
www.madras.com.br

Índice

Observações sobre os colaboradores 7
Método de citação 9
Introdução
Charlie Huenemann 11

1 A representação e a consciência na teoria naturalista
   de Espinoza da imaginação
   Don Garrett 15

2 Racionalismo em fúria: a representação e a realidade
   das emoções segundo Espinoza
   Michael Della Rocca 41

3 "Tudo o que existe está em Deus": a substância e
   as coisas na metafísica de Espinoza
   Steven Nadler 73

4 O necessitarismo em Espinoza e Leibniz
   Michael V. Griffin 93

5 A autonomia epistemológica em Espinoza
   Charlie Huenemann 121

6 Espinoza e a filosofia da história
   Michael A. Rosenthal 141

7 A democracia e a boa vida na filosofia de Espinoza
   Susan James 161

8 A política da liberdade instável de Espinoza
   Tom Sorell 183

9 Espinoza deveria ter publicado sua filosofia?
   Daniel Garber 205

Bibliografia 231
Índice remissivo 239

Observações sobre os colaboradores

MICHAEL DELLA ROCCA é professor e presidente do departamento de Filosofia na Universidade de Yale. É o autor de *Representation and the Mind-Body Problem in Spinoza* [A Representação e o Problema da Mente-Corpo de Espinoza] (1996) e de diversos exames a respeito de Espinoza, Descartes e de outros temas metafísicos contemporâneos.

DANIEL GARBER é professor e presidente do departamento de Filosofia na Universidade de Princeton. É autor de *Descartes' Metaphysical Physics* [A Física Metafísica de Descartes] (1992) e *Descartes Embodied* [Descartes Personificado] (Cambridge, 2001), além de coeditor, com Michael Ayers, de *Cambridge History of Seventeenth-Century Philosophy* [História da Cambridge da Filosofia do Século XVII] (Cambridge, 1998).

DON GARRETT é professor de Filosofia na Universidade de Nova York. É autor de *Cognition and Commitment in Hume's Philosophy* [Cognição e Compromisso na Filosofia de Hume] (1997) e editor de *The Cambridge Companion to Spinoza* [O Guia da Cambridge para Espinoza] (Cambridge, 1996).

MICHAEL GRIFFIN é professor convidado da Universidade Europeia Central em Budapeste. Foi colaborador da *Philosophical Review* e está trabalhando em um livro a respeito da teologia natural e da metafísica da modalidade de Leibniz.

CHARLIE HUENEMANN é professor adjunto de Filosofia na Universidade Estadual de Utah. Publicou *New Essays on the Rationalists* [Novos Ensaios sobre os Racionalistas], coeditado com Rocco Gennaro (1999).

SUSAN JAMES é professora de Filosofia na Birkbeck College, Universidade de Londres. Publicou *The Content of Social Explanation* [O Conteúdo da Explicação Social] (Cambridge, 1984), *Passion and Action: The Emotions in Seventeenth-century Philosophy* [Paixão e Ação: As Emoções na Filosofia do Século XVII] (1997), *Visible Women: Essays in Legal Theory and Political Philosophy* [Mulheres Visíveis: Ensaios sobre a Teoria Legal e a Filosofia Política], coeditado com Stephanie Palmer (2002), e *The Political Writings of Margaret Cavendish* [As Obras Políticas de Margaret Cavendish] (Cambridge, 2003).

STEVEN NADLER é professor de Filosofia na Universidade de Wisconsin-Madison. Seus livros incluem *Arnauld and the Cartesian Philosophy of Ideas* [Arnauld e a Filosofia Cartesiana das Ideias] (1989), *Malebranche and Ideas* [Malebranche e as Ideias] (1992), *Spinoza: A Life* [Espinoza: Uma Vida] (Cambridge, 1999), *Spinoza's Heresy: Immortality and the Jewish Mind* [A Heresia de Espinoza: a Imortalidade e a Mente Judaica] (Oxford, 2002) e *The Best of All Possible Worlds* [O Melhor de Todos os Mundos Possíveis] (Farrar, Straus and Giroux, 2008).

MICHAEL A. ROSENTHAL é professor adjunto de Filosofia na Universidade de Washington. É autor de inúmeros artigos a respeito da filosofia política de Espinoza.

TOM SORELL é professor da John Ferguson, departamento de Filosofia, na Universidade de Birmingham. Seu último livro é *Descartes Reinvented* [Descartes Reinventado] (Cambridge, 2005).

Método de citação

Nos pontos em que as referências mencionam o autor e o ano de publicação, as informações sobre referências completas poderão ser encontradas na Bibliografia.

As abreviações a seguir foram usadas para citar as obras de Espinoza:

DPP *Descartes' "Principles of Philosophy"* ["Princípios de Filosofia" de Descartes] (*Renati Des Cartes Principiorum Philosophiae, Pars I et II, More Geometrico demonstratae*)
E *Ethics* [Ética] (*Ethica Ordine Geometrico demonstrata*)
Ep *Correspondence* [Correspondência] (*Epistulae*)
G *Spinoza Opera*, 4 vols. (vol. 5, 1987), ed. Carl Gebhardt. Hildesheim: Carl Winter
ST *Short Treatise on God, Man, and His Well-Being* [Pequeno Tratado acerca de Deus, o Homem e seu Bem-Estar] (*Korte Verhandeling van God, de Mensch en des zelfs Welstand*)
TdIE *Treatise on the Emendation of the Intellect* [Tratado da Correção do Intelecto] (*Tractatus de Intellectus Emendatione*)
TP *Political Treatise* [Tratado Político] (*Tractatus Politicus*)
TTP *Theological-Political Treatise* (Tratado Teológico-Político) (*Tractatus Theologico-Politicus*)

As referências de *Pequeno Tratado acerca de Deus, o Homem e seu Bem-Estar, Tratado da Correção do Intelecto, Tratado Político e Tratado Teológico-Político* são por capítulo e, dentro dos capítulos, às vezes também pelos números de seção apresentados na edição Bruder das obras de Espinoza e reproduzidos em muitas das edições posteriores.

Alguns dos ensaios neste volume também utilizam outras abreviações para as citações, as quais são explicadas nas notas desses ensaios.

As referências de *Correspondência* são por números e letras.

As referências de *Ética de Descartes* começam com um número arábico que denota a Parte e usam as abreviações comuns a seguir:

a   Axioma
c   Corolário/Conclusão
d   Definição (quando não seguir um número de Proposição)
d   Demonstração (quando seguir um número de Proposição)
da Definições dos Afetos (localizado no final de *Ética*, Parte 3)
p   Proposição
s   *Scholium*, Escólio, Esclarecimento (Nota)

Por exemplo, "E 1p14d,c1" refere-se à *Ética*, Parte 1, Proposição 14, Demonstração e Corolário 1.

Introdução

Charlie Huenemann

Espinoza escolheu um selo para suas correspondências que era ao mesmo tempo inteligente e apropriado. Tratava-se de um desenho com suas iniciais, uma rosa com caule e a palavra "*Caute*", ou: *com cuidado*. Podemos deduzir que ele adotou essa ideia como seu lema particular, isto é, sempre agir com cuidado; mas, como seu próprio nome tinha a conotação da rosa (*espina*, em espanhol, quer dizer "espinho"), é mais provável que estivesse alertando seus correspondentes para terem cuidado ao lidar com ele. Espinoza tinha visões incríveis a oferecer – mas cuidado com os espinhos! E seus leitores logo sentiam as picadas lhes ferindo, conforme descobriam que ele negava muitas coisas que eram consideradas necessárias para uma vida civil: o livre-arbítrio, a distinção tradicional entre o bem e o mal, céu e inferno, e a existência de um criador benevolente. Espinoza ficou conhecido como um ateu ímpio, e filósofos dos dois séculos seguintes foram atraídos e aguilhoados pelo que ele escreveu.

Filósofos de tempos mais recentes também acabaram sentindo as picadas dos espinhos de Espinoza, talvez não tanto por suas visões hereges, mas em virtude de toda a complexidade de sua grande obra, a *Ética*. Parece que, na tentativa de deixar suas ideias mais claras possíveis, com definições, axiomas e demonstrações vigorosas, Espinoza tornou sua filosofia quase inapreensível. Não é nada incomum ouvirmos um leitor cheio de boas intenções se desesperar dizendo: "sei que existe algo forte aqui, mas não consigo compreender de fato". Ainda assim, um número crescente de filósofos descobre maneiras de se aprofundar nessa fortaleza dedutiva e de escrever a seu respeito, cada vez com mais clareza e exatidão. Esperamos que este volume de ensaios seja mais uma obra a ser incluída nesse esforço amplo e comunal de escavação e interpretação, não apenas sobre o livro *Ética*, mas de seus tratados a respeito da teologia e também da política. Há muitos elementos extremamente marcantes na filosofia de Espinoza, grande parte da qual, sem dúvidas, podemos compreender.

Uma grande virtude desta coletânea de ensaios está no fato de proporcionar discussões relevantes a respeito de três importantes campos de análise da filosofia de Espinoza: a metafísica, a psicologia e a política. Além disso, apesar de esses ensaios terem sido escritos de maneira independente para este volume, diversas relações interessantes podem ser encontradas entre eles. Assim, por exemplo, os ensaios de Nadler, Della Rocca e Garrett acabam explorando diversas dimensões da relação "interior" da filosofia de Espinoza; Rosenthal e Huenemann oferecem diferentes avaliações do sucesso de Espinoza em abrir espaço para o pensamento autônomo; James, Sorell e Garber discutem o poder da imaginação e seu papel no pensamento político de Espinoza. A coletânea, então, oferece ampla cobertura, além da virtude de apresentar várias ideias sob diferentes perspectivas, todas cruciais para a compreensão da complexidade da visão filosófica de Espinoza como um todo.

Este volume de ensaios também presta homenagem a um erudito que dedicou sua carreira a ajudar outras pessoas a compreender melhor o pensamento de Espinoza. Edwin Curley é um tradutor, intérprete e facilitador de fundamental importância. O primeiro volume de sua tradução, *The Collected Works of Spinoza* [As Obras Reunidas de Espinoza] (Princeton, 1985), disponibilizou, pela primeira vez no idioma inglês, uma edição crítica de *Ética* junto a diversas outras obras. É justo dizer que os leitores que estão em busca de um sentido mais apurado daquilo que Espinoza escreveu do que aquele que Curley nos oferece terão de se dedicar ao estudo do latim e do holandês (e, ainda assim, precisarão utilizar os valiosos comentários textuais apresentados na edição de Curley). Além disso, em *Spinoza's Metaphysics* [A Metafísica de Espinoza] (Harvard, 1969), *Behind the Geometrical Method* [Por trás do Método Geométrico] (Princeton, 1988) e em muitos ensaios, Curley desenvolveu maneiras novas e contundentes de pensar a respeito da metafísica, da ética e dos projetos políticos de Espinoza, maneiras essas que prepararam o terreno para a erudição contemporânea sobre Espinoza. Por fim, Curley ajudou na construção de uma ponte erudita sobre o Atlântico, que permitiu o proveitoso diálogo entre estudantes norte-americanos e franceses de Espinoza.

Esse brevíssimo relato mostra apenas o que Curley conseguiu fazer pelos estudos de Espinoza. No entanto, suas contribuições para a história da filosofia moderna como um todo são igualmente impressionantes. Seu livro, *Descartes Against the Skeptics* [Descartes contra os Céticos] (Harvard, 1978), ajudou a situar as *Meditações* de Descartes com relação aos diversos tipos de ceticismo e ofereceu (mais uma vez) uma nova e importante interpretação dessa obra. Sua edição de *Leviatã*, de Hobbes, foi a primeira em inglês a incorporar as variações encontradas nas versões em latim desse trabalho. Outros ensaios publicados por Curley – tantos que não é possível citarmos todos de maneira individual – examinam diversos pensadores, incluindo Montaigne, Castellio, Locke, Maimônides, Leibniz, Calvin e Pufendorf, além de inúmeros tópicos que tratam da tolerância religiosa, do teísmo cristão, do livro de Jó, do estado da natureza, da certeza, do racionalismo, da teologia, da alma, da identidade pessoal, dos sonhos e da lógica. E isso ainda não é tudo; estamos certos que ainda veremos muitos outros trabalhos.

Cada colaborador deste volume se mostrou ansioso por poder prestar suas honras à longa e brilhante carreira de Curley. Isso não se deveu apenas a suas contribuições eruditas, mas também a seus atributos valiosos: tanto em suas obras impressas como em sua pessoa, Ed Curley é paciente, sério, honesto e estimulante. Ele ajudou muitos estudiosos, de todos os graus, a desenvolver suas carreiras e participar de discussões produtivas. Mostrou para muitos de nós como abordar textos – com intenções filosóficas sérias, com o auxílio de um conhecimento histórico profundo e um grau de sensibilidade literária. É com enorme gratidão que dedicamos este volume a ele.

Capítulo 1

A representação e a consciência na teoria naturalista de Espinoza da imaginação

Don Garrett

I. Introdução

Espinoza identifica as mentes ou as almas das coisas finitas com as ideias de Deus dessas coisas. Margaret Wilson, de forma memorável, sugere que essa identificação impede Espinoza de oferecer um relato adequado da mente humana:

> A posição de Descartes acerca da questão mente-corpo é, sem dúvida, repleta de dificuldades. Ainda assim, [sua] teoria do *res cogitantes* reconhece e avalia determinadas proposições a respeito do aspecto mental que parecem evidentemente verdadeiras ou fundamentais para o conceito geral. Elas incluem (...) que a mente (em um sentido comum e direto do termo) *representa* ou *tem conhecimento* dos corpos externos; que é *ignorante de* grande parte daquilo que acontece em "seu" corpo; que o fato de possuir uma mente está associado ao ato de pensar e estar consciente; que a mentalidade é reconhecida a partir do comportamento de um determinado tipo e que a ausência da mentalidade pode ser vista a partir do "comportamento" de outros tipos. Será que a teoria de Espinoza das "mentes" não irá simplesmente *fracassar em sua tentativa de ser uma teoria do aspecto mental* se ela trouxer consigo a negação de todas ou da maior parte dessas

proposições? Mais especificamente, será que ela não irá falhar na tentativa de dar sentido aos fenômenos específicos da mentalidade humana ao tentar construir a mente humana apenas como uma forma circunscrita da onisciência de Deus? (Wilson 1980: 111)

Essa é a questão principal que tentarei responder: será que Espinoza é capaz de "reconhecer e avaliar" esses "fenômenos específicos da mentalidade humana" como (i) a ignorância de muitos estados internos do corpo, (ii) a representação do mundo externo, (iii) a consciência e (iv) a expressão do comportamento? Para responder a essa pergunta, devemos desvendar quatro enigmas a respeito de sua teoria da imaginação, cada um dos quais corresponde a um dos quatro fenômenos de nossa questão principal. Para solucionarmos esses mistérios, por sua vez, temos, antes, de entender algumas das doutrinas centrais de Espinoza com referência a uma série de tópicos que estão intimamente relacionados – e temos também de compreender um aspecto da abordagem de Espinoza da filosofia que chamarei de seu *naturalismo incremental*. Isso nos fará compreender uma boa parte de sua filosofia sob uma luz mais clara e potencialmente mais atraente – ou ao menos é isso que imagino.

II. Os Quatro Enigmas da Imaginação

A imaginação definida

Espinoza define a "imaginação" (*imaginatio*) em *Ética* 2p17s:

> As afeições do Corpo humano cujas ideias representam corpos externos como algo que nos é presente, iremos chamar de imagens das coisas, mesmo que elas não reproduzam as figuras das coisas. E quando a Mente considera os corpos dessa forma, diremos que ela imagina.[1]

Conforme isso indica, seu uso do termo "imaginação" é amplo o bastante para incluir sensações e imagens mentais e para incluir as modalidades de representação corpórea que não representam a forma. Ele ainda nos diz para identificar a *imaginação* como o primeiro e mais inferior dos três tipos de conhecimento ou cognição (*cognitio*), com o intelecto (constituído de ideias distintas e adequadas) proporcionando os tipos mais superiores (segundo e terceiro) de conhecimento.[2]

---

1. As traduções são de Curley, em Espinoza 1985.
2. Assim, em 2p40s, ele escreve:

É claro que percebemos muitas coisas e formamos noções universais:

Um enigma da abrangência da imaginação

Um enigma da imaginação diz respeito à sua *extensão* aparentemente ilimitada. Antes de sua definição inicial da "imaginação", Espinoza afirma em 2p12 que:

> tudo o que acontece no objeto da ideia que constitui a Mente humana deve ser percebido pela Mente humana, ou haverá necessariamente uma ideia dessa coisa na Mente; isto é, se o objeto da ideia que constitui uma Mente humana for um corpo, nada pode acontecer nesse corpo que não seja percebido pela Mente.

Na proposição seguinte, ele ainda determina que "o objeto da ideia que constitui a mente humana" de fato *é* o corpo humano – com a consequência óbvia de que nada pode acontecer no corpo humano que não seja percebido pela mente humana.[3] Além disso, é claro que essa "percepção de tudo o que acontece no corpo humano" deve ser imaginação, e não intelecção.[4] Portanto, parece que, para Espinoza, a mente de um

---

I. de coisas singulares que nos são representadas por meio dos sentidos de maneira mutilada, confusa e sem ordem para o intelecto (ver 2p29c); por essa razão me acostumei a chamar essas percepções de conhecimento de experiência randômica;

II. de sinais, por exemplo, a partir do fato de que, ao ouvir ou ler determinadas palavras, nós nos lembramos de certas coisas e formamos certas ideias a seu respeito, que são como elas e por meio das quais imaginamos as coisas (2p18s). Essas duas maneiras de considerar as coisas chamarei, a partir de agora, de conhecimento do primeiro tipo, opinião ou imaginação.

III. Por fim, [nós temos cognição] a partir do fato de que temos noções comuns e ideias apropriadas das propriedades das coisas (ver 2p38c, p39, p39c e p40). Chamarei isso de razão e o segundo tipo de conhecimento.

IV. Além desses dois tipos de conhecimento, existe (como mostrarei a seguir) outro terceiro tipo, que chamaremos de conhecimento intuitivo (*scientia intuitiva*). E esse tipo de conhecimento surge de uma ideia adequada da essência formal de certos atributos de Deus com relação ao devido conhecimento da essência das coisas.

Ética 2p17s trata da imaginação como o ato de possuir um determinado tipo de ideia, ao passo que 2p40s2 a caracteriza como uma forma de perceber ou ter conhecimento; mas isso não marca qualquer distinção entre os sentidos da *imaginação*, já que, para Espinoza, toda ideação é percepção ou conhecimento, e vice-versa. Veja, por exemplo, seu uso de 1a4 (que fala do "conhecimento") em 1p25d. Veja também seu comentário a respeito da "percepção" e da "concepção" em 2d3 e seu relato bastante semelhante dos "quatro tipos de percepção" no *Tratado da Correção do Intelecto* §§ 18-29.

3. 2p13: "O objeto da ideia que constitui a Mente humana é o Corpo, ou um determinado modo de Extensão que de fato existe, e nada mais."

4. Espinoza, de modo regular, trata de sua distinção dos três tipos de conhecimento ou cognição como algo que sem dúvida faz parte de toda a percepção. Ainda assim, ele afirma que a percepção da mente humana daquilo que ocorre no corpo humano é inadequada e confusa. (De acordo com 2p19, "a Mente humana não conhece o Corpo humano, tampouco sabe que ele existe, exceto por meio das ideias de afeições pelas quais o Corpo é afetado"; e, de acordo com 3p27, "a ideia de qualquer afeição do Corpo humano não envolve o devido conhecimento do corpo humano em si". Além disso, de acordo com 3p28, "as ideias das

ser humano percebe por meio da imaginação que *tudo* o que acontece, acontece em seu corpo – incluindo, para emprestarmos o exemplo de Michael Della Rocca (1996:9), cada reação química específica no pâncreas.

Esse resultado é bastante surpreendente. Entretanto, parece que ainda não alcançamos os limites da imaginação. Pois, no escólio imediatamente seguinte, Espinoza observa:

> As coisas que mostramos até aqui são completamente gerais e não pertencem mais ao homem do que a outros Indivíduos, todos os quais, apesar de em graus diferentes, são seres vivos animados. Pois para cada coisa necessariamente existe uma ideia em Deus, da qual Deus é a causa da mesma forma como é a ideia do Corpo humano. E, assim, tudo o que dissemos da ideia do Corpo humano também deve ser dito da ideia de qualquer coisa. (2p13s)

Assim, *todo* "indivíduo" ou "coisa" tem uma ideia que está relacionada àquele indivíduo exatamente da mesma maneira como a mente humana está relacionada com o corpo humano; e, ao menos uma vez (3p1d), ele usa o termo "mentes" para designar essas ideias de coisas não humanas.[5] Parece, então, que mesmo as coisas individuais, cujo comportamento pode parecer não expressar qualquer forma de senciência, também irão, apesar de tudo, ter "mentes" e perceberão pela imaginação tudo o que acontece em seus "corpos": parece, por exemplo, que as torradeiras devem perceber o fluxo de eletricidade em seus elementos de aquecimento. Portanto, o primeiro enigma: como Espinoza pode afirmar com seriedade que o fenômeno da imaginação é tão predominante a ponto de incluir a percepção, por meio de cada coisa individual, de "tudo o que acontece em" seu corpo?

Um enigma sobre o conteúdo representacional da imaginação

Um segundo enigma fala do *conteúdo representacional externo* da imaginação. De acordo com a própria definição de Espinoza, toda forma de *imaginação* envolve não apenas a percepção de um estado *interno* ou "afeição", mas também uma representação de um *corpo externo*. Contudo, a abrangência aparentemente universal da imaginação espinozista parece tornar isso algo inacreditável. Como a percepção de cada indivíduo de *cada* ocorrência dentro dela – aparentemente incluindo tais

---

afeições do Corpo humano, pelo fato de estarem relacionadas somente à Mente humana, não são claras e distintas, mas confusas".) E, dos três tipos de conhecimento, somente o primeiro deles, a *imaginação*, pode ser inadequado ou confuso (2p28s, 2p41d, 5p28d).

5. Em 3p57d, ele usa o termo "alma" (*anima*), que também é sugerido, naturalmente, por seu uso de "animado" (*animata*) em 2p13s.

ocorrências como reações químicas pancreáticas ou fluxos de eletricidade de elementos de aquecimento – pode também servir para representar um ou mais corpos externos? Ainda assim, é exatamente isso que Espinoza parece acreditar que aconteça. Ele afirma em 2p16: "A ideia de *qualquer modo* em que o Corpo humano é *afetado por corpos externos* deve *envolver* a natureza do Corpo humano e *ao mesmo tempo a natureza do corpo externo*" (ênfases nossas). E, em 2p17, ele também diz: "Se o Corpo humano é afetado por um modo que *envolve a natureza de um corpo externo*, a Mente humana irá *considerar o mesmo corpo externo como presente*" (ênfases nossas) – que é exatamente a mesma condição que ele imediatamente passa a definir em 2p17s como "imaginação". Isso parece indicar que uma percepção de qualquer estado corpóreo interno que tenha sido ao menos parcialmente *influenciada por* um corpo externo irá se qualificar como uma *representação* imaginativa *desse* corpo no relato de Espinoza. Entretanto, embora isso possa ajudar a explicar por que tantos estados internos devem ser qualificados como representações do externo para Espinoza, um mínimo de representação necessária parece (como nos mostra Wilson) não ser suficiente para explicar a representação externa a ponto de alterar o sujeito em uma relação muito mais fraca do que a verdadeira representação do externo. Portanto, o segundo enigma: como Espinoza pode deduzir que a imaginação, da forma como ele a concebe, sempre representa algo externo?

Um enigma sobre a consciência da imaginação

Um terceiro enigma diz respeito à consciência da imaginação. Parece que Espinoza era capaz de transformar a abrangência aparentemente incrível da imaginação em algo não tão excepcional se conseguisse manter parte dessa imaginação inconsciente ou, ao menos, com um grau muito baixo de consciência. E ele de fato faz uma série de afirmações a respeito da consciência em *Ética*[6] que parecem estar restritas aos seres humanos. Pode-se supor, então, que somente os seres humanos

---

6. Essas afirmações dizem o seguinte: que "os homens acreditam que são livres pelo fato de terem consciência de suas próprias ações e por serem ignorantes acerca das causas pelas quais elas são determinadas" (3p2s; ver também o Apêndice da Parte 1 e 2p35s); que "a Mente (...) se esforça, por um período de duração indefinido, para perseverar em seu ser e tem consciência desse empenho que faz" (3p9); que "o desejo geralmente está relacionado aos homens até o ponto em que eles têm consciência de suas vontades [para que assim] o *desejo* possa ser definido como *vontade com a consciência da vontade*" (3p9s); que "o homem tem consciência dele mesmo por meio das afeições pelas quais ele está determinado a agir" (3p30d); e que "o conhecimento do bem e do mal nada mais é do que um sentimento de Felicidade ou Tristeza, até o ponto em que temos consciência desse estado" (4p8; ver também 4p19d e 4p64d).

– e talvez alguns animais superiores[7] – possuam uma imaginação consciente segundo a ideia de Espinoza.

Como Wilson diz com propriedade, porém, essa suposição interpretativa não pode ser mantida. Sempre que Espinoza oferece uma demonstração de uma alegação de que os seres humanos têm *consciência de* algo, o argumento sempre assume a forma de mostrar apenas que *uma ideia* dessa coisa está *na* mente humana; e *esse* argumento, por sua vez, sempre acaba recorrendo principalmente às características da mente humana que são, de acordo com 2p13s, "completamente gerais e não pertencem mais ao homem do que a outros indivíduos".[8] Parece, então, que, se as mentes humanas têm consciência, o mesmo deve valer para as mentes de todas as outras coisas individuais.

Ainda assim, quando ele chega à Parte 5 de *Ética*, Espinoza, de maneira clara, lembra que há ao menos determinados graus de consciência. Em 5p31s, ele escreve: "Quanto mais formos capazes de alcançar esse [terceiro] tipo de conhecimento, mais temos consciência de nós mesmos e de Deus, isto é, mais perfeitos e abençoados somos" (ver também 5p42s). Em 5p39s, ele também explica:

> Aquele que, assim como um bebê ou uma criança, tem um Corpo capaz de pouquíssimas coisas e que depende muito de causas externas, tem uma Mente que, se considerada de forma isolada em si, quase não tem consciência alguma de si mesma, de Deus ou das coisas. Por outro lado, aquele que tem um Corpo capaz de coisas muito grandiosas, tem uma Mente que, se considerada de forma isolada em si, é bastante consciente dela mesmo, de Deus e das coisas.

Nesta vida, portanto, lutamos de modo especial para que o Corpo do bebê possa se transformar (tanto quanto sua natureza permita ou

---

7. Na Parte 3, Espinoza escreve a respeito de animais como cavalos que têm "desejos sexuais" (3p57s); e um "desejo sexual" é definido como um tipo de "amor e desejo" (3p56s, Definição dos Afetos 48). A partir de então, ele parece dizer (por 3p9s) que um desejo assim consiste parcialmente em uma "vontade com a consciência da vontade" e, portanto, que os cavalos, ao menos, também têm consciência até certo ponto.

8. Wilson dedica atenção especial ao argumento de 3p9d que diz que os seres humanos têm consciência do empenho da Mente em perseverar em seu ser. O centro dessa demonstração é a citação de 2p23 que mostra que os seres humanos têm consciência das ideias das afeições de seus corpos. No entanto, 2p23 não usa o termo "consciência" em momento algum; em vez disso, a citação afirma que os seres humanos têm ideias das ideias das afeições do corpo, de modo que o argumento dessa afirmação, por sua vez, depende da observação de que Deus deve ter uma ideia de *cada uma* de suas afeições *incluindo* a mente humana e uma *ideia de* qualquer mente deve ser unida a essa *mente* da mesma maneira – isto é, pela identidade – que uma *mente* é unida ao *corpo* que é seu objeto. Suas atenção especial desse argumento é o resultado, em parte, da identificação da consciência com o fato de ter *ideias de ideias* em Curley 1969 (ver também Curley 1988: 71-72).

auxilie) em outro, capaz de coisas muito grandiosas e relacionadas a uma Mente bastante consciente de si mesma, de Deus e das coisas. Nós lutamos, ou seja, para que tudo aquilo que está relacionado à sua memória ou imaginação raramente tenha qualquer relação com o intelecto. Essas passagens sugerem que as diferenças nos graus de consciência são baseadas em diferenças de capacidade corpórea e/ou conhecimento intelectual.

Ainda assim, com base nessa análise, essa sugestão não parece oferecer uma abordagem promissora para a distinção dos graus de consciência na imaginação. O apelo de simples capacidades ou habilidades corpóreas do tipo que os bebês não têm parece de relevância duvidosa aos graus de consciência de qualquer espécie. E o apelo das diferenças do intelecto – como, por exemplo, de grandes conquistas do "terceiro tipo de conhecimento" – não parece ser mais útil, por duas razões. Em primeiro lugar, não sabemos ao certo por que as diferenças de *intelecto* devem ter qualquer influência nas diferenças da consciência da *imaginação*. Em segundo, conforme indicado por Wilson, parece duvidoso se o próprio relato de Espinoza do intelecto proporciona ou não qualquer base para a distinção das diferentes mentes com relação aos conteúdos de seus intelectos. Isso porque, de acordo com esse relato (2pp37-46), os fundamentos para o conhecimento dos tipos intelectuais superiores estão em determinadas "noções comuns" que devem ser percebidas de maneira adequada em qualquer ato de percepção realizado por qualquer mente.[9] Por exemplo, Espinoza defende que todas as ideias – e, portanto, todas as ideias da imaginação, independentemente de qual mente as perceba – necessariamente envolvem um conhecimento "adequado e perfeito" da essência de Deus. Até aqui, então, parece que as mentes até mesmo de indivíduos aparentemente inanimados, como as torradeiras, também podem ter muitas ideias adequadas de intelecto como as mentes humanas; e, se isso for verdade, então o simples fato de possuírem ideias de intelecto não basta para proporcionar qualquer base útil para a distinção dos graus de consciência entre as coisas. Assim, o terceiro enigma: como Espinoza pode considerar alguns exemplos de imaginação como sendo mais conscientes do que outros?

---

9. Essas noções comuns devem ser percebidas de maneira adequada em qualquer ato de percepção, segundo Espinoza, pois elas são ideias de coisas que são comuns a todos e são "iguais na parte e no todo", de modo que não podem ser percebidas somente de forma incompleta.

Um enigma sobre a expressão no comportamento

Um quarto enigma diz respeito à *expressão no comportamento* da imaginação. Espinoza parece acreditar que todos os indivíduos percebem, por meio da imaginação, tudo o que acontece com eles. A percepção é um estado mental. Ainda assim, parece que muitos indivíduos, como as pedras e as torradeiras, nunca expressam esse ou qualquer outro estado mental de comportamento. Dessa forma, o quarto enigma: como Espinoza pode explicar por que muitos estados mentais dos indivíduos, como a percepção imaginativa, aparentemente nunca chegam a ser expressos no comportamento?

III. Algumas Doutrinas Centrais e a Abordagem do Naturalismo Incremental

Para solucionar esses enigmas, é essencial compreender algumas das doutrinas centrais de Espinoza com relação aos tópicos que envolvem inerência, individualidade, *conatus*, poder do pensamento, mentes, confusão e intelecção. Irei abordar esses tópicos nessa ordem.

Inerência

Talvez a relação mais fundamental na metafísica de Espinoza seja a relação do *estar presente*. Espinoza apresenta a relação logo na abertura de *Ética*, em 1d3 e 1d5, quando define a "substância" como "aquilo que faz parte dela e que é concebido por meio dela" e os "modos" como "as afeições de uma substância, ou aquilo que faz parte de outro por meio do qual também é concebida".[10] Usarei o termo "inerência" para designar essa relação do *estar presente* e para distingui-lo da *presença* da contenção espacial e da *presença* da relação das partes com os todos".[11]

Embora a definição de "modo" indique que as afeições ou modos de uma substância fazem parte dessa substância, não são apenas as

---

10. O primeiro axioma de *Ética* (1a1) também trata dessa relação: "Tudo o que existe, existe dentro de si mesmo ou de outro".
11. É importante distinguir essas relações porque, para Espinoza, a relação de inerência caracteriza o pensamento (não espacial) exatamente da mesma forma como a extensão (espacial) e porque, apesar de tudo fazer parte de Deus (1p15), que é a única substância, Deus não possui quaisquer partes reais (1pp12d-15d). Prefiro utilizar o termo "inerência" apenas pelo fato de ser geralmente usado para a relação entre os modos e as substâncias; não tenho a intenção de sugerir que a concepção de Espinoza dessa relação (e suas *relata*) não seja extremamente especial; e sinceramente não tenho a intenção de sugerir que ela possa envolver um substrato incognoscível.

substâncias que podem ter modos ou afeições presentes em si.¹² Em 2d7, Espinoza define "coisas singulares" (*res singulares*) como

> coisas que são finitas e possuem uma existência determinada. E, se uma série de Indivíduos assim concordar em uma ação de que juntos são todos a causa de um efeito, eu os considero todos, nesse ponto, como uma única coisa singular.

É claro que, na visão de Espinoza, as coisas singulares são afeições ou modos de Deus. Apesar de tudo, ele o tempo todo se refere às coisas singulares como sendo "sujeitos" (por exemplo, 3p5, 5a1, Ep 23) e como tendo afeições que estão *"presentes"* nelas (por exemplo, 2p13d, 2p22d, 2p38d, 2p39s, 3p52s). Assim, é claro que ele aceita a

Doutrina da Inerência nas Coisas Singulares: coisas singulares têm modos ou afeições que lhes são inerentes.

Individualidade

Espinoza define o "indivíduo" (*individuum*) (em uma definição depois de 2p13s) conforme mostrado a seguir:

> Quando uma série de corpos, sejam eles de tamanhos iguais ou diferentes, são confinados por outros corpos até ficarem uns dependentes dos outros, ou se eles então se moverem, seja com graus iguais ou diferentes de velocidade, a ponto de conseguirem transmitir seus movimentos uns para os outros de uma determinada maneira fixa, diremos que esses corpos estão unidos uns aos outros e que eles todos juntos compõem um só corpo ou Indivíduo, que é diferenciado dos demais por meio dessa união de corpos.¹³

A partir das definições de "coisa singular" e "indivíduo", vemos que cada indivíduo *finito* é *também* uma coisa singular.¹⁴ Assim, essas

---

12. Além disso, não são *apenas* as afeições ou os modos que podem estar *presentes* em alguma coisa, pois, conforme já foi indicado por Espinoza em 1d3, uma substância também está *presente* nela mesma. Além do mais, já disse (Garrett, 2001) que 3p6 deve ser lido de maneira literal, como afirmando que as coisas singulares (que são aproximações finitas da substância) estão *até certo ponto presentes em* si mesmas.
13. Embora essa definição especifique que os indivíduos são corpos complexos, em uma outra parte de *Ética*, Espinoza usa o termo *indivíduo* para caracterizar não apenas corpos complexos, mas também suas mentes (2a3, 2p11d, 2p21d, 2p57d,s).
14. Isso contrasta com o "Indivíduo infinito" que tem todos os corpos como suas partes, descrito no escólio do Lema 7 depois de 2p13s; esse indivíduo infinito *não* é uma coisa singular, pois as coisas singulares são, por definição, finitas. Da mesma forma, algumas coisas singulares podem não ser indivíduos. Pois uma série de indivíduos "que juntos concordam em uma ação" pode contar nesse ponto como uma coisa singular, mas talvez não como um outro indivíduo; e, além disso, as coisas singulares, diferentemente dos indivíduos, por definição, não são necessariamente complexas.

definições e a *Doutrina da Inerência nas Coisas Singulares* juntas mostram a:

Doutrina da Inerência nos Indivíduos Finitos: indivíduos finitos possuem modos ou afeições que lhes são inerentes.

A definição de Espinoza do termo "indivíduo" sugere que ele considera a persistência de um corpo complexo individual ao longo do tempo como consistente não da uniformidade da substância fundamental, mas da persistência de um padrão distintivo de comunicação de movimentação entre as partes. Isso é confirmado quando ele conclui (nos lemas 4-7, além do escólio seguinte a 2p13s) da definição de que os indivíduos podem ser submetidos a substituições de partes, crescimento e encolhimento, mudança de direção, mudança de velocidade geral e mudanças no interior de suas partes, contanto que o padrão distintivo de comunicação do movimento que constitui sua "natureza" ou "forma" seja preservado. Assim, ele se vê comprometido com a:

Doutrina de Preservação do Padrão Estendido: a persistência de um indivíduo ao longo do tempo consiste não na uniformidade da substância fundamental, mas, até o ponto em que ele é concebido pela extensão, na persistência de um padrão distintivo de comunicação de movimento entre as partes.

Em *Ética* 2p7, Espinoza afirma a

Doutrina do Paralelismo: a ordem e ligação das ideias é igual à ordem e ligação das coisas.

No escólio da proposição, ele também afirma a

Doutrina da Identidade do Modo: um modo de extensão e a ideia desse modo são a mesma coisa, embora sejam expressos de duas maneiras (isto é, sob à luz dos dois atributos de extensão e pensamento, respectivamente).

Assim, Espinoza também defende a

Doutrina da Preservação do Padrão do Pensamento: a persistência de um indivíduo ao longo do tempo consiste não na uniformidade da substância fundamental, mas, até onde ele é expressado e concebido pelo pensamento, na persistência de uma ideia de um padrão distintivo de comunicação de movimento entre as partes.

Conatus

Ética 3p6 diz: "Cada coisa, enquanto nela mesma, esforça-se para perseverar em seu ser". A seguir, usarei o termo de Espinoza *"conatus"* para designar esse esforço de perseverar no ser. Sua demonstração dessa proposição deixa claro que a abrangência da proposição inclui todas as coisas singulares. Na demonstração da proposição imediatamente seguinte,[15] Espinoza afirma que o *conatus* de cada coisa, ou o empenho específico de perseverar em seu ser, é a *verdadeira essência* da coisa e é "*o poder de cada coisa, ou* o esforço por meio do qual ela (seja sozinha ou com outras coisas) *faz ou se esforça para fazer o que quer que seja*" (ênfases nossas). Assim, Espinoza defende o

Conatus como a Doutrina do Poder: o poder de cada coisa singular é (isto é, consiste inteiramente em) seu *conatus*, que é seu empenho em perseverar em seu ser.

A doutrina de que *todas* as coisas singulares possuem o poder de perseverar em seu ser pode parecer surpreendente; mas consideremos o caso central dos indivíduos finitos. É da natureza de um indivíduo comunicar o movimento entre suas partes de maneira a seguir um padrão ou forma fixa. No entanto, uma comunicação de movimentação entre os elementos que não costuma persistir não pode assumir um padrão ou forma fixa; e tudo aquilo que costuma persistir ou se repetir em um padrão desse tipo possui uma natureza que serve para explicar, ao menos em parte, sua persistência sob circunstâncias particulares. Analisemos, por exemplo, uma rocha ou uma torradeira. Se uma força é exercida com sucesso para movimentar uma parte de uma pedra ou de uma torradeira, o restante da pedra ou da torradeira também se moverá, mantendo contato com a parte em que a força foi originalmente exercida de modo a fazer com que a pedra ou a torradeira possa conseguir manter a comunicação do movimento entre suas partes segundo seu método distintivo. Alguns corpos individuais, porém, têm muito mais recursos do que uma pedra ou uma torradeira para manter os padrões distintivos de comunicação de movimento que constituem sua existência continuada. De maneira específica, alguns corpos individuais têm sistemas que *registram* pequenas diferenças em seus ambientes e *utilizam* o registro dessas diferenças na busca de corpos e circunstâncias que serão benéficas à sua própria preservação enquanto evitam os corpos e as circunstâncias que lhes serão prejudiciais. Em outras palavras, eles possuem sistemas sensoriais relativamente bem desenvolvidos que estão bem integrados em suas atividades de autopreservação. Autopreservadores rudimentares, como as rochas e as torradeiras, são submetidos a pouquíssimo ou a quase

---

15. 3p7: "Esse esforço por meio do qual cada coisa se empenha em perseverar em seu ser nada mais é do que a verdadeira essência da coisa."

nenhum aumento ou diminuição em sua capacidade de se preservarem. Entretanto, os corpos com sistemas sensoriais bem desenvolvidos podem ser submetidos a um número muito maior de variações em seu grau de aptidão de se preservarem – dependendo da capacidade operacional desses sistemas sensoriais e dos sistemas motores e de processamento de informações com os quais esses sistemas interagem.

Espinoza também identifica o *poder* de uma coisa com sua *perfeição*. Por exemplo, ele define "alegria" (*laetitia*) como "uma paixão por meio da qual a Mente passa a uma perfeição superior" (3p11s), mas ele a caracteriza igualmente como um desejo por meio do qual "o poder da Mente (...) é aumentado" (3p15c, citando a definição anterior como apoio); e nas mesmas passagens ele define a "tristeza" (*tristitia*) nos termos da passagem para uma perfeição inferior, ao mesmo tempo em que a caracteriza igualmente nos termos da diminuição do poder.[16] E, em 2d6, ele escreve: "Por realidade e perfeição, entendo a mesma coisa". Assim, ele se vê comprometido com o

Poder como a Doutrina da Perfeição: o grau de poder de uma coisa singular é o grau de sua perfeição, que também é o grau de sua realidade.

É claro que, para Espinoza, coisas singulares diferentes podem ter graus diferentes de perfeição ou realidade, de poder e, portanto, de *conatus*. Por exemplo, quando ele afirma em 2p13s (uma passagem já citada em parte) que todos os indivíduos são animados "embora em graus diferentes", ele também explica essas diferenças exatamente em termos de diferenças de realidade e poder:

> Entretanto, também não podemos negar que as ideias diferem entre si, assim também como os objetos, e que um é mais excelente do que o outro e contém mais realidade, assim como o objeto de um é mais excelente do que o objeto do outro e contém mais realidade. E, assim, para determinarmos qual é a diferença entre a Mente humana e as demais, e como ela as supera, é necessário que nós, como dissemos, conheçamos a natureza de seu objeto, ou seja, do Corpo humano (...) Digo que, de tal maneira na mesma proporção em que um Corpo é mais capaz do que outros de realizar muitas coisas de uma só vez e de agir de diversas maneiras de uma só vez, sua Mente é mais capaz do que outras de perceber muitas coisas de uma só vez. E, na mesma proporção em que as ações de um corpo dependem mais somente dele mesmo e como outros corpos concordam com

---

16. Veja também 3p53d; Parte 3 Apêndice, Definição dos Afetos 3; e, para uma confirmação da relação geral entre o poder e a perfeição, o Prefácio da Parte 4.

ele em um grau menor de ação, assim também sua mente é mais capaz de compreender de maneira distinta. E, com base nessas [verdades], podemos conhecer a excelência de uma mente em relação às demais. (...)

No entanto, as diferenças de poder, perfeição e *conatus* não são limitadas às comparações entre coisas diferentes. A partir da própria existência da alegria e da tristeza, da forma como Espinoza as definiu, vemos que ao menos algumas coisas singulares irão *em si* variar ao longo do tempo no grau de sua perfeição, seu poder e, portanto, seu *conatus*. Assim, fica claro que Espinoza se compromete com a

Variabilidade da Doutrina do Poder: diferentes coisas singulares têm diferentes graus de poder, perfeição e *conatus*; e a mesma coisa singular pode ser submetida a um aumento ou a uma diminuição de seu poder, de sua perfeição e de seu *conatus*.

Força do pensamento

Apesar da *Doutrina da Identidade do Modo*, os atributos de Deus, como o pensamento e a extensão, são causalmente independentes um do outro segundo Espinoza – ou seja, qualquer efeito produzido em um determinado atributo deve ser produzido por meio de uma causa que pertença a esse atributo (2p6). É um erro, na visão de Espinoza, supor que um ato de pensamento possa causar um movimento corpóreo assim, ou vice-versa; como um modo de extensão, um determinado modo só pode gerar outro modo de extensão, enquanto a ideia do primeiro modo, como um modo de pensamento, gera a ideia do segundo modo. Assim como Deus existe por meio de múltiplos atributos que constituem sua essência, que também é seu poder (1p34), uma coisa singular também é um modo de múltiplos atributos por meio dos quais a essência real dessa coisa singular é concebida – isto é, seu *conatus* (3p7) – que também é *sua* força. Como toda força é uma força de Deus, a força de uma coisa singular é uma expressão ou parte do poder de Deus. Espinoza chama o poder de Deus como algo que é expresso e concebido sob os atributos do "poder de raciocínio" do pensamento (*cogitandi potentia*) (2p1s, 2p7c, 2p21s); e não é surpreendente que ele também use esse termo com muita frequência para descrever a força de cada coisa singular da maneira como essa força é expressa e concebida no atributo do pensamento (2p49s, 3p2s, 3p11, 3p12d, 3p15d e 3p28d). Esse poder de raciocínio é o poder por meio do qual as ideias produzem outras ideias – ideias que resultam delas. Assim, Espinoza defende o

Poder da Doutrina do Pensamento: a força de uma coisa singular, da maneira como é expressa sob o atributo do pensamento, é sua força do pensamento.

Com base nisso, aliado ao *Conatus como a Doutrina do Poder* e o *Poder como a Doutrina da Perfeição*, acontece que a força do pensamento de uma coisa singular é simplesmente seu *conatus* e sua perfeição (e realidade) até o ponto em que são concebidos sob o atributo do pensamento. Por meio da *Variabilidade da Doutrina do Poder*, acontece que as mentes diferentes podem ter diferentes graus de força do pensamento e que a mesma mente pode ter diferentes graus de força do pensamento em diferentes momentos. É isso o que acontece, ainda que todas essas mentes de coisas singulares sejam em si ideias em Deus. Assim, algumas das ideias de *Deus* têm mais poder de raciocínio do que outras e elas podem aumentar ou diminuir em seu poder de pensamento. O mesmo é válido para as ideias particulares nas mentes *humanas* e em outras mentes finitas.[17] Quanto mais força uma ideia tem para determinar como a coisa singular é e a que ideia pertence e se exerce ou não seu poder ou *conatus* em um determinado momento, maior será a força do pensamento dessa ideia nessa mente particular nesse momento específico, pois é somente, ou principalmente, por meio da contribuição da determinação da força e da direção do *conatus* de um indivíduo que uma ideia é capaz de exercer poder *nesse* indivíduo. Assim, Espinoza se vê comprometido com o

Poder Variável da Doutrina das Ideias: ideias particulares na mente de uma coisa singular podem ter mais ou menos força de raciocínio do que outras ideias na mesma mente, além de poderem aumentar ou diminuir em poder de pensamento em diferentes momentos, dependendo ao menos em parte do poder da ideia de determinar *como* a coisa singular se esforça para se autopreservar.

Conforme Espinoza indica em 4p5, a força do pensamento possuída por uma ideia causada de forma externa em uma mente particular é parcialmente o resultado da própria força da mente e parcialmente um resultado da força dessa causa externa da ideia.

Mentes

Mentes humanas e não humanas têm ideias que estão "dentro" delas; e, apesar disso, tudo está "dentro" de Deus. Assim, vemos que

---

17. Por exemplo, a maior parte das primeiras proposições de *Ética* Parte 4 (até 4p18) diz respeito sobretudo às circunstâncias sob as quais as ideias particulares – ou seja, os afetos ou emoções – têm mais ou menos poder; e 4p44s explica como os afetos *especialmente poderosos* são capazes de fazer a mente pensar mais em uma coisa do que em outras.

algumas ideias estão nas mentes humanas *e* em Deus; e Espinoza confirma isso ao escrever a respeito das mesmas ideias "como elas estão na mente humana" e "como elas estão em Deus". Conforme Della Rocca (1996) afirma de forma categórica, a verdade, a adequação e o conteúdo representacional de uma ideia podem ser parcialmente determinados por Espinoza por meio de quais outras ideias participam da mesma mente com ela, para que assim a mesma ideia possa ser verdadeira e adequada em Deus enquanto, ao mesmo tempo, é falsa e inadequada em uma mente humana, representando de forma distinta seu objeto em Deus enquanto representa, de maneira confusa, muitas coisas em uma mente humana. Além disso, como as noções comuns são ideias de coisas que estão presentes em todas as partes e igualmente nas partes e no todo, essas ideias devem, segundo o relato de Espinoza, literalmente existir *em* muitas mentes diferentes ao mesmo tempo. Da mesma forma, como o corpo humano é composto de corpos que são suas partes, a mente humana é, segundo a *Doutrina do Paralelismo* (2p7) e a *Doutrina da Identidade do Modo* (2p7s), composta das ideias dessas partes, como Espinoza afirma em 2p15;[18] e, já que os indivíduos podem ter partes dentro de partes, acontece que a mesma ideia pode ser uma *parte de* mais de uma mente. Não há razão que explique por que uma ideia precisa ter exatamente o mesmo grau de força em relação a cada uma das mentes ou dos pensadores que faz parte dela ou da qual ela faz parte. Ao contrário, já que as mentes que têm as noções comuns evidentemente incluem as mentes de filósofos e as mentes de suas torradeiras, parece impossível negar que as noções comuns em si possam ocorrer com um diferente poder de pensamento relativo às diferentes mentes. Assim, parece que Espinoza deve aceitar o

Poder Diferencial da Doutrina do Pensamento: a mesma ideia pode ter mais ou menos poder de raciocínio da maneira como existe dentro dela, ou como parte dos diferentes pensadores ou mentes.

Confusão

Na psicologia cartesiana, a *confusão* ou *desordem* de ideias deve ser contrastada com sua *distinção*, e Espinoza segue esse uso (2p28, 2p28s, 2p29, 2p36, 3p9, 3p58d, 4p1s, 4p59, 5p3d). A confusão, diz ele, é uma "privação de conhecimento" (2p35) que impede a mente de distinguir as coisas que são diferentes (1p8d, 2p41s1). Ele considera

---

18. Observe que 2p15 não é derivado de 2p12 – que trata das afeições e não das partes –, mas de 2p7 e 2p13.

todas as ideias da imaginação como sendo ao menos um pouco confusas (2p40s2), mas reconhece *graus* de confusão e distinção na imaginação (2p40s1, 3p53d, 3p55d, 4d6, 5p6d) e caracteriza a *distinção relativa* da imaginação como algo que permite que aquilo que é imaginado seja distinguido de outras coisas (veja, em especial, 2p40s1, 3p55d e 4d6).

Como vimos, Espinoza afirma (em 2p16d) que "a ideia de qualquer modo em que o Corpo humano é afetado por corpos externos deve envolver a natureza do Corpo humano e, ao mesmo tempo, a natureza do corpo externo". Suas bases são que a concepção de um efeito sempre (por 1a4) envolve a natureza da causa. Della Rocca (1996; 57-64) chegou à conclusão de que todas as ideias da imaginação são confusas para Espinoza, ao menos em parte pelo fato de representarem um estado interno do corpo *e* a causa externa desse estado, de modo que a mente não é capaz de distinguir entre elas. Mesmo que isso esteja correto, porém, a incapacidade de distinguir entre o estado interno e uma causa externa não é o *único* aspecto de confusão presente na imaginação. Por um lado, Espinoza defende que uma ideia de imaginação deve parte de sua natureza à *natureza do corpo humano em si* e outra parte à *natureza das partes do corpo humano* (2p28d), além de dever também parte de sua natureza a causas externas, apesar de a ideia quase sempre não permitir que a mente faça a distinção entre essas contribuições. Além disso, uma ideia de imaginação não representa *qualquer* das causas finitas de seu estado corpóreo correspondente de maneira adequada, mas, na verdade, de modo que *apenas* reflete a capacidade dessa causa de produzir o estado particular do corpo em questão. Contudo, um determinado estado do corpo pode, de forma geral, ser produzido por coisas que, de outro modo, diferem sob muitos aspectos; por exemplo, uma mesma contusão poderia ser causada por uma pedra ou por uma torradeira e o mesmo estado das regiões de processamento auditivo do cérebro poderia ser produzido por uma voz ao vivo ou por uma gravação. Assim, uma ideia de imaginação também pode ser confundida pelo fato de ela própria não permitir que a mente seja capaz de distinguir entre qualquer uma das diversas alternativas que poderiam igualmente ter produzido o mesmo efeito. Já que graus maiores de distinção envolvem uma habilidade maior de distinguir aquilo que, na realidade, é percebido a partir de outras coisas, graus de confusão serão correlacionados com a *variedade* de causas alternativas entre as quais a mente não é capaz de distinguir. Assim, Espinoza aceita a

Doutrina da Confusão Causal: uma ideia é *confusa* em uma mente até o ponto em que ela representa as causas de seu objeto de modo que não é possível que elas sejam distinguidas umas das outras ou de outras possíveis causas.

Isso ajuda a explicar por que a distinção ou a confusão de uma ideia pode variar dependendo da mente ou do pensador em que ela se encontra – por exemplo, ser confusa em uma mente humana e distinta em Deus –, pois a presença de outras ideias na mesma mente pode permitir a criação de distinções que, de outro modo, não seriam possíveis.

Intelecção

Embora a persistência ao longo do tempo ou em sua duração seja um tipo de *perseverança no ser*, esse não é o único tipo, nem mesmo o mais importante deles. Espinoza afirma na Parte 4 de *Ética* (4pp26d-28d) que a mente se esforça para entender e que compreender Deus é o bem mais superior da mente. Contudo, o "bem" é definido como "aquilo que é útil para (...) preservar nosso ser" (4p8d), e muitas coisas individuais com pouca compreensão parecem perdurar muito mais tempo do que os indivíduos cuja compreensão é maior. Esse aparente paradoxo é solucionado na Parte 5, em que Espinoza afirma que o intelecto consiste em ideias que são *eternas*, ideias que, apesar de tudo, podem vir a constituir uma parte maior de nossa própria mente quanto mais a pessoa entende por meio do segundo e do terceiro tipos de conhecimento. Assim, Espinoza também defende a

Perseverança pela Doutrina da Intelecção: o desenvolvimento do intelecto constitui um tipo de perseverança no ser que consiste na representação de uma parte maior de nossa mente eterna.

Naturalismo incremental

Um aspecto especialmente importante da abordagem de Espinoza da filosofia está naquilo que vou chamar de seu naturalismo incremental. Por "naturalismo", refiro-me ao projeto de integração total do estudo e da compreensão dos seres humanos, incluindo a mente humana, com o estudo e a compreensão da natureza, de modo que os seres humanos não são contrastados com a natureza, mas, em vez disso, são vistos como entidades fundamentalmente regidas pelos mesmos princípios gerais que governam todas as demais coisas.[19] Por "incrementalismo",

---

19. O endosso mais memorável de Espinoza do naturalismo, nesse sentido, ocorre no início do Prefácio da Parte 5 de *Ética*, em que ele descreve aqueles a cuja abordagem ele se opõe:

A maioria daqueles que escreveu a respeito dos Afetos, bem como do modo de vida dos homens, parece tratar não de coisas naturais, que seguem as leis comuns da natureza, mas refiro-me à metodologia do tratamento de importantes propriedades e relações explanatórias não apenas como presentes ou ausentes, mas, na realidade, como propriedades e relações que estão presentes de maneira universal em graus maiores ou menores.[20] Seu naturalismo incremental é simplesmente o resultado da aplicação dessa abordagem incremental no projeto do naturalismo: ele consiste em sua tentativa de explicar esses elementos cruciais da vida humana na forma de intencionalidade, desejo, crença, compreensão e consciência como algo que já está presente em suas formas mais rudimentares (e talvez até mesmo inicialmente irreconhecíveis) por toda a natureza, no intuito de que, assim, a humanidade possa ser vista como uma expressão complexa e sofisticada da natureza, e não como algo que surge da introdução de elementos não naturais. Com uma compreensão desse aspecto da abordagem de Espinoza em relação à filosofia, estamos agora em posição de solucionar os quatro enigmas que dizem respeito à abrangência da imaginação, ao seu conteúdo representativo, à sua consciência e à sua expressão no comportamento.

IV. Os Quatro Enigmas Resolvidos

A abrangência da imaginação

O primeiro enigma era este: como Espinoza pode afirmar com seriedade que o fenômeno da imaginação é tão predominante a ponto de incluir a percepção, por meio de cada coisa individual, de "tudo o que acontece em" seu corpo? Não há como ter dúvidas de que Espinoza realmente se compromete com essa doutrina em 2pp12-17s. Ela é uma consequência de seu monismo e de sua concepção de Deus como infinitamente pensante, que o leva a identificar as ideias de Deus das coisas com as mentes dessas coisas. No entanto, seria um erro supor que a doutrina é de alguma forma uma consequência indesejada ou inesperada para Espinoza, pois ela constitui um elemento-chave em seu programa de naturalismo incremental.

É claro que, se essa doutrina tiver plausibilidade e também um valor programático, Espinoza deve ser capaz de explicar por que ela não é simplesmente *camuflada* pelos fatos da experiência diária. Entretanto, ele tem três recursos disponíveis para fazer isso: a distinção entre os

---

de coisas que são de fora da natureza. Na verdade, eles parecem conceber o homem na natureza como um domínio dentro de um domínio, pois acreditam que o homem perturba, em vez de seguir, a ordem da natureza (...)

20. O incrementalismo de Espinoza fica evidente, entre outras coisas, na prevalência da locução "até onde" (*quatenus*) em sua escrita.

diferentes sentidos daquilo que está "dentro", a distinção entre os graus de confusão imaginativa e a distinção entre os graus de poder do pensamento. A primeira delas permite que ele *restrinja a abrangência* de "tudo o que acontece no interior". A segunda e a terceira permitem que ele *minimize a força* das "percepções".

Ao afirmar que cada coisa percebe tudo o que acontece em seu *interior*, Espinoza não se mostra comprometido com a visão de que cada coisa perceba tudo o que ocorre em seus limites espaciais externos. Para citarmos um exemplo óbvio, não é preciso perceber o que ocorre em um objeto que tenha sido engolido ou implantado sob nossa pele, se aquilo que ocorre nesse objeto não tenha sido incorporado pelo funcionamento da estrutura das partes que comunicam a movimentação de uma maneira distintiva que constitua nosso próprio corpo. O argumento de Espinoza em 2p12d de que a mente percebe tudo o que acontece no corpo diz respeito ao "interior" da inerência, não ao "interior" da contenção espacial. Isso é confirmado pelos tratamentos posteriores de Espinoza em 2p12, todos os quais se referem à percepção das *afeições* do corpo, isto é, das qualidades que fazem parte de um corpo, não de coisas que estão *dentro dos limites de* um corpo. Uma coisa deve perceber qualquer mudança de suas *afeições*, segundo o relato de Espinoza, pois essa é uma mudança *dentro* da coisa, no sentido mais relevante. Entretanto, muitas mudanças podem ocorrer nos limites externos de um indivíduo que não são aquelas mudanças que acontecem *dentro* dele.

É claro que, conforme observado anteriormente, Espinoza também afirma que, assim como um corpo individual é composto de corpos que são suas partes, a mente desse corpo é composta das ideias dessas partes (2p15). Desse modo, ideias de partes corpóreas estão "dentro" da mente no sentido da não inerência de que elas são partes do todo; e, assim, qualquer mudança de uma ideia de uma parte de um corpo humano também é uma mudança de uma ideia que é uma parte da mente humana. Contudo, Espinoza afirma em 2p24 que

> as partes que compõem o Corpo humano pertencem à essência do Corpo somente até onde elas comunicam seus movimentos entre si seguindo uma determinada maneira fixa (...) e não até onde podem ser consideradas como Individuais, sem uma relação com o Corpo humano. Pois as partes do Corpo humano são Indivíduos extremamente complexos, cujas partes podem ser separadas do corpo humano e comunicar seus movimentos para outros corpos de uma outra maneira, enquanto o Corpo humano preserva por completo sua natureza e sua forma.

Assim, Espinoza não precisa afirmar que todas as mudanças que envolvem uma parte do corpo – ou até mesmo uma substituição completa de uma parte por outra – fariam qualquer diferença quanto ao caráter qualitativo das percepções de uma mente, até o ponto em que as partes em si desempenhassem a mesma função, da mesma maneira, no funcionamento desse corpo. Um relógio pode, se considerado como um relógio, ser submetido a pouca ou nenhuma alteração qualitativa como o resultado de mudanças incidentais ou de uma substituição completa de uma de suas partes. De uma forma semelhante, apesar de nossa mente incluir como parte alguma ideia de nosso pâncreas, de modo que as ideias de cada parte do pâncreas contribuem de alguma maneira, como partes, para a ideia do pâncreas que faz parte de nossa mente, o *caráter qualitativo* das ideias de nossa mente pode mudar muito pouco ou talvez nada em resposta a algumas mudanças – ou até mesmo substituições – que ocorram com partes do pâncreas. Uma mudança em uma parte de um corpo é algo que acontece "dentro" do corpo, no sentido relevante da afirmação de Espinoza em 2p12, somente até o ponto em que ela também constitua uma alteração nas afeições do corpo em si.

Em segundo lugar, a percepção de uma mente daquilo que acontece em seu corpo pode ser extremamente *confusa*.[21] Até o ponto em que um determinado estado ou afeição do corpo é algo que qualquer quantidade de causas muito diferentes teria o poder de produzir, a mente perceberá a causa dessa afeição somente de modo bastante confuso, sem a capacidade de distinguir entre essas causas alternativas. Considere, por exemplo, a mudança no estado interno que ocorre quando uma maçã cai e fica levemente machucada. Esse estado, segundo Espinoza, é causado em parte pela natureza da maçã, como um mecanismo individual de autopreservação; em parte pela natureza de suas partes; e em parte pelas causas externas que operaram sobre ela. No entanto, há *muitas* combinações de causas internas e externas que são capazes de gerar esse mesmo estado ou afeição; simplesmente com base no machucado, poder-se-ia discernir muito pouco em relação às suas causas, tanto internas como externas. Assim, a ideia que consiste na percepção desse estado na "mente" da maçã será *extremamente* confusa – em contraste, por exemplo, com o estado complexo e intrinsecamente estruturado produzido no córtex visual de um mamífero por meio da exposição a

---

21. Curley 1988: 72 também cita a inadequação ou confusão de muitas ideias como um fator de aperfeiçoamento da incredibilidade de 2p12.

um quitandeiro que derruba uma maçã em plena luz do dia. Contudo, comparada à maior parte das mudanças internas lentas em uma maçã, a percepção da maçã de seu ferimento, por mais precária que seja, sem dúvida deve constituir uma de suas percepções imaginativas *menos* confusas (isto é, mais distintas).

Em terceiro lugar, a percepção de uma mente daquilo que acontece em seu corpo pode ter pouquíssimo *poder de raciocínio*. Indivíduos rudimentares como pedras e torradeiras têm muito poucas maneiras de utilizar seus estados internos para se preservar em seu ser e, assim, eles têm pouquíssimo *conatus* e muito pouco poder de raciocínio para *qualquer* uma de suas percepções. Os seres humanos e os animais com sistemas sensoriais e de processamento de informações muitos sofisticados, por sua vez, possuem um *conatus* muito superior e, portanto, mais poder de raciocínio; no entanto, muitos dos estados ou afeições internos de indivíduos muito poderosos (por exemplo, os estados pancreáticos de um ser humano) serão capazes de desempenhar funções mínimas na formação ou na determinação das direções da aplicação de força desse indivíduo; assim, as percepções *desses* estados ou afeições ocorrerão, nessas mentes, com um poder de raciocínio bastante reduzido. Devemos enfatizar que o *grau de poder de raciocínio* não é o mesmo que o *grau de distinção*, pois uma ideia que é muito confusa com relação à apresentação de suas causas – por exemplo, um estado de temor intenso, apesar de desconhecido – pode ainda assim ter um poder de raciocínio considerável, ao passo que uma ideia que é muito distinta com relação à representação de sua causa – como, por exemplo, o estado pictórico interno de uma câmera digital de alta resolução – pode, porém, ter muito pouco poder de raciocínio, pois é capaz de fazer pouco para determinar o empenho do indivíduo de perseverar no ser.

Conteúdo representacional

O segundo enigma era este: como Espinoza pode supor que a imaginação, da forma como ele a concebe, sempre representa algo externo? Embora essa suposição possa parecer envolver uma visão bastante ingênua ou simplista da representação, ela deve, em vez disso, ser aceita como uma aplicação de naturalismo incremental com a relação da representação. Espinoza não está tentando substituir uma relação de verdadeira representação com a relação mais simples de "ser um efeito de". Em vez disso, ele está mostrando que um determinado estado interno de uma coisa *representa* sua causa externa até onde sua produção em função dessa causa é capaz de desempenhar um papel na determinação do comportamento de autopreservação de um indivíduo que se autopreserva. A difusão da representação, desse modo, surge a partir de três outras afirmações: (i) de que todo indivíduo finito deve ter a tendência, até certo ponto, de se preservar; (ii) de que, mesmo no nível de indivíduos muito rudimentares, todas as afeições de um indivíduo têm a capacidade de representar *algum* papel na determinação do comportamento de autopreservação de um indivíduo; e (iii) de que todas as afeições de um indivíduo envolvem, *até certo ponto*, a natureza das causas externas desse estado. Em níveis superiores de "perfeição", algumas afeições de alguns indivíduos – como os seres humanos – devem grande parte de suas naturezas específicas às características muito específicas de suas causas externas de um modo que lhes permite representar suas causas de forma bastante *distinta*; e algumas dessas afeições têm uma relação de *poder* para determinar o comportamento de autopreservação sofisticado e extremamente discriminante dos indivíduos de maneiras que são muito sensíveis às características específicas de suas causas. Já que as plantas e os animais ocupam diversos pontos na escala entre os indivíduos rudimentares e os seres humanos, a representação não é, segundo o relato de Espinoza, uma adição repentina da natureza em um determinado nível de complexidade. Em vez disso, ela representa um desenvolvimento e uma articulação de um fenômeno que já está presente inclusive nos indivíduos menos complexos, todos os quais são mecanismos de autopreservação pelo menos em uma determinada extensão. Em que grau de distinção ou confusão a representação ocorre dependerá, naturalmente, de como uma ideia, de forma específica ou limitada, serve para distinguir sua verdadeira causa de outras coisas.[22] Saber como uma representação *poderosa* ocorrerá depende do poder da ideia de determinar a atividade de autopreservação.

Consciência

O terceiro enigma era este: como Espinoza pode considerar alguns exemplos de imaginação como sendo mais conscientes do que outros? Considerando a abrangência da imaginação espinozista, sua disposição em inferir proposições da forma "M tem consciência de O" das proposições da forma "M tem uma ideia de O" certamente o faz se comprometer com a visão de que todos os indivíduos finitos têm consciência de determinada coisa ao menos até certo ponto. Mais uma vez, porém,

---

22. O *erro* ocorre quando uma ideia é confundida entre diversas causas possíveis *e* a ideia faz com que a mente trabalhe de modo a parecer se autopreservar caso uma das outras possíveis causas tivesse sido a verdadeira causa. Embora não haja espaço suficiente para desenvolver essa ideia aqui, acredito que ela seja o elemento-chave para explicar como uma simples confusão ou inadequação pode criar a oportunidade de um verdadeiro *erro*.

isso não é um obstáculo para Espinoza. Em vez disso, é um resultado que está inteiramente de acordo com seu naturalismo incremental: ele pretende elevar a consciência humana a uma posição de destaque em uma escala que tem seus primórdios no nível mais rudimentar de natureza. Além disso, ele pode fazer isso, em seu sistema, simplesmente por meio da identificação de graus de *consciência* com graus de *poder de raciocínio*. Essa identificação é quase irresistivelmente implicada pela conjunção de 2p13s com 5p39s, ambos os quais foram citados anteriormente. Na primeira passagem, ele afirma que o grau de "realidade" ou perfeição de uma mente – que é seu *poder de raciocínio* – aumenta "na proporção em que um Corpo é mais capaz do que outros de fazer muitas coisas de uma só vez" e é "mais capaz de compreender de forma distinta". Da mesma maneira, na segunda passagem, ele afirma que a mente de um indivíduo tem *mais consciência* a ponto de ter "um Corpo capaz de realizar inúmeras coisas" e de ter uma imaginação que é "breve em relação ao intelecto". *Ética* 5p31 reforça a identificação de consciência com a perfeição e o poder: "Quanto mais cada um de nós é capaz de alcançar esse [terceiro] tipo de conhecimento, mais temos consciência de nós mesmos e de Deus, isto é, mais *perfeitos* e abençoados somos" (ênfases nossas).[23]

Essa identificação de graus de consciência com graus de poder de raciocínio permite a defesa de Espinoza de muitas das exigências explicativas de sua teoria da consciência. Em primeiro lugar, é possível explicar por que algumas mentes desfrutam de um grau superior de consciência e por que uma determinada mente pode ter seu grau de consciência aumentado ou diminuído, pois, como vimos, o poder de raciocínio varia exatamente assim. Isso acontece porque alguns indivíduos são mais eficientes em sua autoconservação do que outros (isto é, são mais capazes de produzir maiores efeitos por meio dos esforços de se autopreservarem); e o *conatus* de um indivíduo, ou poder de autopreservação, pode aumentar ou diminuir ao longo do tempo – sobretudo se o indivíduo for extremamente complexo com sistemas altamente complexos de autoconservação. Em segundo lugar, é possível explicar por que algumas ideias têm mais consciência do que outras em uma determinada mente, além de mostrar por que o grau de consciência de uma ideia em uma determinada mente pode aumentar ou diminuir, pois, como vimos, o poder de raciocínio também varia dessa forma. Isso acontece porque algumas ideias podem

---

23. Vale a pena enfatizar também que a explicação de Espinoza, na Definição dos Afetos, por sua inclusão da frase "de qualquer determinada afeição dele" na definição de "desejo" parece indicar que sua frase nos permite aceitar a inferência de que o desejo tem *consciência* exatamente pelo fato de explicar como o desejo consegue seu *poder*.

exercer mais força na determinação da atividade de autopreservação de um indivíduo do que de outros e o grau de força de uma ideia de agir assim pode mudar com outras alterações no indivíduo. Por exemplo, uma ideia de um objeto pode, de repente, tornar-se mais poderosa e, assim, mais consciente, quando é reconhecida como a ideia de um objeto perigoso. Em terceiro lugar, é possível explicar por que tanto as ideias confusas como as distintas podem ter consciência, pois os dois tipos de ideias *podem* representar uma função importantíssima na determinação da atividade de autopreservação. Em quarto lugar, é possível explicar por que ideias relativamente distintas têm *mais chances* de ter graus maiores de consciência do que ideias relativamente confusas, pois, quanto mais distinta for uma ideia, melhor ela é para orientar a atividade de autopreservação sofisticada dos indivíduos que têm um nível elevado de poder de raciocínio. Em quinto lugar, é possível explicar por que graus elevados de consciência devem ser correlacionados, como Espinoza diz que eles são, com o fato de "terem um corpo que é capaz de realizar muitas coisas de uma só vez", pois somente os indivíduos que têm esses corpos terão graus elevados de *conatus*, que são expressos com o desenvolvimento do intelecto, com altos graus de poder de raciocínio. Por fim, é possível explicar por que os mais elevados graus de consciência estão correlacionados ao desenvolvimento do intelecto, pois, apesar de a teoria de Espinoza exigir (segundo Wilson) que todos os indivíduos *tenham* as ideias intelectuais que constituem as noções comuns, aqueles indivíduos que conseguem ter essas ideais com um poder maior de raciocínio são capazes de alcançar o tipo mais elevado de força para perseverar no ser, porque são capazes de maximizar as partes de suas mentes que são eternas.

Expressão no comportamento

O quarto e último enigma era este: como Espinoza pode explicar por que os estados mentais de muitos indivíduos, como a percepção imaginativa, aparentemente nunca são expressos em seu comportamento? É claro que a independência causal dos atributos na metafísica de Espinoza garante que nenhuma ideia individual *cause*, de forma estrita, o comportamento corpóreo desse indivíduo; para Espinoza, as ideias só geram outras ideias (que podem ou não estar na mesma mente de suas causas). No entanto, o comportamento do corpo certamente pode ser causado por estados corpóreos que são comparáveis (e que, pela *Doutrina da Identidade do Modo*, são idênticos) aos estados mentais de um indivíduo e, nesse sentido, o comportamento corpóreo pode ser visto como a "expressão" dos estados mentais como a percepção imaginativa. Assim que conseguimos entender a teoria de Espinoza da universalidade do *conatus*, porém, vemos que todos os indivíduos desempenham ao menos *algumas* atividades de autopreservação que são o resultado de seu *conatus* ou de sua perfeição e, portanto, em uma atividade que expressa algum tipo de poder de raciocínio. Não somos capazes de reconhecer as tendências de indivíduos rudimentares a resistir à destruição e persistir em seus padrões distintos de comunicação de movimento como tendências de atividades de autopreservação somente pelo fato de o comportamento ser muito mínimo e indiscriminado. Se Espinoza estiver certo, porém, apesar de tudo, esse é o comportamento rudimentar do qual uma atividade intencional mais reconhecível representa um desenvolvimento sofisticado.

V. Conclusão

Concluo que Espinoza possui recursos surpreendentemente ricos para responder à questão inicial de Wilson, ou seja, a pergunta que quer saber se ele é capaz de identificar a mente de uma coisa com a ideia de Deus dessa coisa, enquanto, ao mesmo tempo, "reconhece e explica" a ocorrência desses "fenômenos específicos da mentalidade humana" como ignorância de muitos estados corpóreos, representações do mundo externo, consciência e expressão no comportamento. A identificação em si resulta, em parte, de compromisso conjunto do monismo da substância e de uma exigência de que Deus é um ser infinitamente pensante. Apesar de alguns de seus leitores compartilharem de seu compromisso com uma ou outra dessas duas doutrinas, talvez pouquíssimos deles compartilhem de seu compromisso com ambas. No entanto, se a interpretação que ofereci estiver correta, Espinoza foi estimulado por sua identificação das mentes com as ideias de Deus para desenvolver os traços de um naturalismo incremental surpreendente com relação à percepção, à representação, à consciência e ao comportamento intencional que são capazes de se mostrar de considerável interesse independente para os naturalistas filosóficos em sua busca da compreensão da mente humana e da imaginação.[24]

---
24. Apresento meus sinceros agradecimentos pelos comentários de Edwin Curley a respeito da versão mais antiga desse artigo, apresentado em um simpósio na Eastern Division Meetings of the American Philosophical Association [Encontros da Divisão Oriental da Associação Filosófica Norte-Americana] em dezembro de 2001. Também quero agradecer a Béatrice Longuenesse, Martin Lin, Michael LeBuffe, Aaron Garrett e aos ouvintes da Universidade de Toronto, da Universidade de Georgetown, da Universidade de Boston e da Universidade A&M, do Texas.

Capítulo 2

Racionalismo em fúria: a representação e a realidade das emoções segundo Espinoza

Michael Della Rocca

Everytime we say goodbye,
[Toda vez que dizemos adeus,]
I die a little.
[Eu morro um pouquinho.]

Cole Porter

Consideremos duas diferentes dimensões pelas quais um relato naturalista das emoções poderia ser desenvolvido.

De acordo com a primeira dimensão, as emoções são expressões da razão; elas são, ou ao menos podem ser, uma resposta racional e razoável a um conjunto de situações. Irei (vagamente) descrever essa (vaga) visão naturalista como a visão de que as emoções são inerentemente racionais.

De acordo com a segunda dimensão de um relato naturalista das emoções, elas – apesar de poderem ser até certo ponto racionais, até mesmo inerentemente racionais – são um tanto inferiores à operação irrestrita da razão. Talvez, com base nessa visão, as emoções sirvam para anuviar nosso julgamento e nos levar a compreender mal a verdade e agir de maneiras que são – de uma forma ou de outra – contrárias à razão. Irei (vagamente) descrever essa (vaga) visão naturalista como a visão de que as emoções são inferiores à razão.

Essas duas dimensões racionalistas, naturalmente, não são completas: talvez haja muitas outras maneiras de articular uma abordagem racionalista das emoções. Além disso, essas duas dimensões são compatíveis: uma delas pode afirmar que as emoções são inerentemente racionais, mas não de maneira perfeita, *e* que outras respostas mais puramente racionais de uma determinada situação são, de algum modo, superiores. Por fim, essas ideias são independentes, de forma que uma delas pode defender uma visão sem defender a outra.[25]

Não tentarei atribuir qualquer uma dessas visões racionalistas (ou suas negações) a nenhum outro filósofo que não Espinoza. Isso só me causaria problemas. Entretanto, acredito que essas visões de fato proporcionam uma ideia de grande utilidade para compreendermos a maneira como o racionalismo de Espinoza conduz seu tratamento das emoções. Meu ponto de vista mostra que Espinoza defende versões racionalistas extremas da ideia de que as emoções são inerentemente racionais e da visão de que elas são, de alguma forma, inferiores à razão. Assim, Espinoza oferece uma explicação das emoções que é, de uma só vez, muito positiva em um aspecto *e* muito negativa em outro. Em cada estágio, as posições de Espinoza são ditadas por seu compromisso com o Princípio da Razão Suficiente (a partir daqui: "o PRS"), a ideia de que tudo que existe tem uma explicação e é inteligível.

Além de investigar a explicação de Espinoza das emoções com relação ao PRS, um de meus objetivos nesse ensaio é estabelecer os fundamentos para uma nova interpretação da relação entre a causalidade e a inerência ou a relação segundo a qual uma coisa está *em* outra coisa ou está *nela* mesma. Como veremos, as ideias de Espinoza a respeito da racionalidade das emoções instigam suas visões racionalistas profundas acerca da causalidade e da inerência. Uma vantagem importante dessa leitura é que ela nos leva a uma nova defesa surpreendente de um aspecto central da compreensão extremamente influente e controversa de Ed Curley da relação entre a substância e o modo em Espinoza.

Antes de iniciar minha análise das ideias de Espinoza, dois pontos a respeito da terminologia. Em primeiro lugar, até aqui falei das emoções, mas esse não é o termo preferido de Espinoza. O termo que

---

25. Assim, é possível considerar as emoções como inerentemente racionais e não inferiores às respostas puramente racionais, e até mesmo superiores a estas. Essa combinação de ideias seria, em nosso espectro, a análise mais positiva das emoções. Por outro lado, é possível afirmar que as emoções são inferiores às respostas puramente racionais e que não são nada racionais em si. Essa combinação de ideias seria a análise mais negativa das emoções.

ele usa com maior frequência é "afeto" (*affectus*).²⁶ Por razões que irão surgir, esse é um termo especialmente adequado e, portanto, a partir de agora, irei falar a respeito dos afetos.

Em segundo lugar, quando disse no título que o racionalismo entrou em estado de fúria, não pretendo transmitir minha própria avaliação pessoal, mas aquilo que imagino ser a opinião geral. Entendo que as visões racionalistas extremas que encontro em Espinoza parecerão, para muitos leitores, na melhor das hipóteses, loucas. No entanto, eu não as vejo assim. Na verdade, considero-as, sob muitos aspectos, muito aceitáveis. Até onde estou disposto a trilhar o caminho de Espinoza, não me sinto preparado para dizer, mas sem dúvida acredito que, se estivermos interessados nas emoções – nos afetos –, é nossa obrigação explorar as razões quase sempre firmes das visões racionalistas "loucas" de Espinoza a respeito delas.

I. Três Classes de Envolvimento Racional

Nesta primeira parte do ensaio, mostrarei como o compromisso de Espinoza com o PRS dita três caminhos pelos quais os afetos são as operações da razão.

Afetos como itens representativos

Vamos fazer um percurso rápido pela metafísica de Espinoza. Para ele, existe somente uma coisa no sentido desenvolvido, somente uma substância, que é Deus ou a natureza. Espinoza tem um argumento absolutamente incrível dessa visão que acredito ser amplamente correta e profundamente racionalista, mas, infelizmente, devemos passar por ela em silêncio.²⁷ Os objetos finitos que conhecemos e amamos são aquilo que Espinoza chama de *modos* da substância única. Esses modos dependem da substância ou são concebidos por ela e, de certa forma, estão *dentro* dela. Voltarei a abordar a dependência dos modos em relação à substância mais adiante. Os modos são divididos em diferentes tipos ou são classificados de acordo com o que Espinoza chama de diferentes atributos da substância única. Em meio a uma infinidade de outros atributos, temos aqueles que classificamos como do pensamento e aqueles da extensão. As mentes individuais e os estados mentais que as mentes têm são os modos de pensamento, ao passo que os corpos individuais e os estados corpóreos são os modos de extensão.

---

26. Em alguns momentos ele usa o termo "*commotio*", que pode ser traduzido como emoção. Veja a explicação de 3da27 e 5p2.
27. Analiso esse argumento em Della Rocca, 2002.

É um princípio fundamental da metafísica de Espinoza que, embora todos os modos dependam de uma única substância, nenhum modo de um atributo depende ou interage com os modos de outro atributo. Assim, não existem causas mentais e físicas ou relações de dependência para Espinoza. Essa separação explicativa é central para a crítica de Espinoza do interacionismo cartesiano e, assim como o monismo da substância de Espinoza em si, está profundamente baseada no racionalismo de Espinoza. Existe outra linda história que podemos contar aqui, embora, na minha opinião, não seja tão bonita quanto a história do monismo da substância. No entanto, mais uma vez, devo me conter.[28]

Apesar da falta de interação entre os aspectos mentais e estendidos, Espinoza afirma que existe um paralelismo extremo entre os modos de pensamento e os modos de extensão: segundo Espinoza em E 2p7, a ordem e a relação das ideias (ou modos de pensamento) é a mesma da ordem e das relações das coisas (que incluem os modos de extensão). Essa doutrina controversa também possui uma excelente genealogia racionalista que não tenho como descrever aqui. Em vez disso, analisemos a maneira como o paralelismo se manifesta no caso de minha mente e de meu corpo.

Para Espinoza, minha mente é um modo de pensamento e, na verdade, é simplesmente uma ideia, uma ideia no intelecto de Deus.[29] Minha mente é, se você assim preferir, uma ideia na mente de Deus. Essa ideia é complexa, composta por muitas ideias "menores" no intelecto de Deus. Para Espinoza, não existe mais nada para a mente além dessas ideias (veja, em especial, 2p11, 2p15).

Para Espinoza, ideias como essas representam coisas, elas são de coisas: Espinoza especifica em 2d3 que uma ideia é "um conceito da mente". O que as ideias que constituem minha mente representam? Espinoza afirma que cada ideia ou modo de pensamento representa o modo de extensão que é paralelo a ela. O modo de extensão paralelo à minha mente é apenas meu corpo. E os modos de extensão paralelos a cada uma das ideias constituintes em minha mente são apenas os estados do meu corpo.[30] Portanto, tudo o que minha mente representa são meu corpo e seus estados. Espinoza afirma que sou capaz de representar as

---

28. Exploro a barreira explicativa de Espinoza entre os atributos em Della Rocca, 1996.
29. Mais adiante, veremos Espinoza oferecendo uma modificação crucial dessa alegação.
30. Os modos paralelos também incluem as partes de meu corpo e os eventos que ocorrem nele. No entanto, irei me concentrar principalmente nos estados corpóreos. Na verdade, não fica claro se Espinoza reconheceria qualquer distinção marcante entre estados, partes e eventos. Veja a explicação de 3da1: "por meio de uma afeição da essência humana, entendemos *qualquer constituição* dessa essência" (ênfase minha).

coisas fora do meu corpo, mas que faço isso por meio da representação de um estado do meu corpo que é causado por outros corpos externos. Isso porque, para Espinoza, os efeitos são representados nos termos de suas causas – um ponto crucial que voltarei a discutir –, que representam alguns de meus estados corpóreos, ou seja, ao ter como parte de minha mente uma ideia que representa esse estado do corpo, estarei também representando alguns corpos externos que causalmente interagem com meu corpo.

Consideremos uma ideia em minha mente que me possibilita representar um estado corpóreo e alguma causa externa desse estado. Como essa ideia está, de uma só vez, em minha mente e na mente mais ampla e abrangente de Deus, podemos nos perguntar não apenas o que essa ideia representa até o ponto em que está em minha mente, mas também o que ela representa até o ponto em que faz parte da mente de Deus. Como veremos, o conteúdo representativo dessa ideia em minha mente difere de seu conteúdo na mente de Deus. É isso que eu chamo de relatividade da mente de seu conteúdo e que tem sido alvo de intrigas e, na verdade, de implicações drásticas para a posição metafísica dos afetos, conforme veremos mais adiante neste ensaio.

Com esse pano de fundo metafísico, passaremos a abordar os afetos. Cada corpo e cada mente, cada modo, têm aquilo que Espinoza chama de um determinado poder de ação. Esse é o poder de realizar coisas de um determinado tipo. Eu, ou meu corpo, agora tenho a capacidade de levantar algo com peso, digamos, de 10 quilogramas, mas não tenho condições de levantar algo com o peso de 100 quilogramas. Esse é o poder de ação (ou sua ausência) no nível estendido. No nível mental, minha mente possui o poder de ter qualquer ideia que seja paralela (ou que seja de fato igual) à minha capacidade de levantar 10 quilogramas, mas não tem a capacidade de ter qualquer ideia que seja paralela à minha capacidade de levantar 100 quilogramas. Afinal, eu posso me exercitar, o que poderá me proporcionar a força para levantar 100 quilogramas. Se eu fizer isso, minha força física de ação aumentaria nesse aspecto e haveria um aumento correspondente de força mental de ação.

É nesse ponto que surgem os afetos. Espinoza oferece-nos esta definição:

> Por afeto entendo as afeições do corpo por meio das quais o poder de ação do corpo é aumentado ou diminuído, auxiliado ou restringido, e, ao mesmo tempo, as ideias dessas afeições.[31] (3d3)

---

31. As traduções são a partir das encontradas em Espinoza, 1985.

Podemos logo entender por que Espinoza prefere o termo "afeto" no lugar do termo "emoção". O fenômeno considerado por ele é fundamentalmente aquele em que uma mente tem determinadas *afeições*, em que ela é *afetada*, seja por fora ou por dentro, e, portanto, o termo "afeto" é mais sugestivo da noção que Espinoza deseja transmitir.

Sob esse aspecto, Espinoza fala da felicidade como "a passagem de um homem de uma perfeição inferior para uma superior" (3da2). Por perfeição é claro que Espinoza quer dizer poder de ação.[32] Da mesma forma, a tristeza é a passagem para um poder de ação menor (3da3). Essas definições são oferecidas segundo os termos do poder de ação de um *homem* e, sendo assim, para Espinoza, um homem "é formado por uma mente e um corpo" (2p13c); a transição envolvida na alegria (e na tristeza) é aqui vista como uma transição mental e uma transição física paralela.

Entretanto, Espinoza geralmente fala da alegria e da tristeza de acordo com termos especificamente mentais como a transição *da mente* para um poder de ação maior ou menor (3p11s) e, portanto, ele normalmente se mostra disposto a encarar a alegria como um fenômeno especificamente mental, apesar de haver um fenômeno paralelo estendido. Pelo fato de estarmos aqui interessados na relação entre os afetos, as emoções e a *razão,* e como a razão é, para Espinoza, um fenômeno mental, seguirei Espinoza em sua ênfase do aspecto mental da alegria, da tristeza e dos afetos em geral.

Sendo assim, vista de forma mental, a alegria envolve uma transição de uma ideia em minha mente para outra ideia em minha mente, de uma representação de um estado corpóreo para outro. Dessa maneira, a alegria é fundamentalmente representacional. O mesmo acontece com a tristeza.

A alegria e a tristeza são dois dos três principais afetos para Espinoza. O outro é o desejo que, no nível mental, é simplesmente a tendência ou o empenho da mente de ir de uma ideia ou representação a outra. Assim, o aspecto crucial do desejo também é representacional.[33]

Para Espinoza, o desejo, a alegria e a tristeza são os afetos primordiais a partir dos quais todos os demais afetos – medo, esperança, luxúria, raiva, inveja, compaixão, etc. – são constituídos. Assim, o amor é uma alegria acompanhada da ideia de uma causa externa. A compaixão é "uma tristeza, acompanhada da ideia de um mal que foi praticado a

---

32. Veja a maneira usada por Espinoza para falar do poder de ação em 3p11 e depois para falar da perfeição quando ele define a "felicidade" em 3p11s.
33. Para mais detalhes com relação ao desejo em particular, veja 3p9s e 3da1.

outra pessoa que imaginamos ser como nós" (3da18). No final, todos os afetos são representativos, conforme enfatizado por Espinoza ao oferecer sua definição geral dos afetos em termos de ideias:

> Um afeto que é chamado de uma paixão da mente é uma ideia confusa, por meio da qual a mente reafirma seu corpo, ou alguma parte dele, com uma força maior ou menor de existência do que antes que, quando é apresentada, determina que a mente pense nisso em vez de naquilo.

Quero aproveitar este momento em que temos a definição geral diante de nós para expor uma importante complicação. Espinoza aqui oferece uma definição generalizada dos afetos como estados *passivos*, como paixões ou desejos. Entretanto, essa não é, segundo Espinoza, uma caracterização completamente geral dos afetos, pois, em outro momento, ele admite – e até mesmo insiste – a existência de afetos que não são paixões, mas sim ações da mente. Se a transição de uma alegria ou tristeza é causada por algo fora da mente humana ou se a tendência que é um desejo tem sua origem em algum objeto externo, então o afeto é uma paixão (3d3). Entretanto, Espinoza indica a existência de afetos que não são causados de modo externo dessa maneira. Esses afetos seriam ações da mente. A possibilidade de afetos ativos é explicitamente proposta na segunda parte de 3d3: "Se pudermos ser a devida causa de qualquer dessas afeições [que são os afetos], entendo pelo afeto uma ação; caso contrário, uma paixão". Espinoza, mais adiante, afirma que nós realmente temos afetos que são ativos (3p58). De acordo com sua ênfase aqui, a tristeza jamais pode ser uma ação, já que nada pode, por sua própria conta, causar uma diminuição em seu poder de ação. Essa é uma implicação da doutrina do *conatus* de Espinoza segundo a qual cada coisa se esforça para perseverar. No entanto, segundo essa sua explicação, a alegria e o desejo podem ser ações da mente. Se Espinoza tem boas justificativas para afirmar que podemos ser ativamente afetados é um problema que voltarei a abordar em breve.

Entretanto, o ponto crucial aqui é de que os afetos são representativos para Espinoza. Além disso, conforme explicado de maneira distinta por Curley, Espinoza costuma considerar essas representações como proposicionais.[34] Desse ponto de vista, os afetos podem ser verdadeiros ou falsos, justificados ou não. Em outras palavras, os afetos como representativos são suscetíveis à avaliação racional. Por exemplo, meu

---

34. Veja, por exemplo, a forma utilizada em sua definição geral dos afetos, no final da Parte 3, como Espinoza define um afeto como uma ideia por meio da qual a mente *afirma* algo do corpo. Veja também Curley, 1975.

amor por Henrietta é constituído em parte pelo pensamento de que ela me traz benefícios e, se eu não tiver de fato boas razões para acreditar nisso, então seria possível dizer que o amor que sinto por ela não é justificado.[35] A representatividade dos afetos é a primeira classe de envolvimento racional.

Por que Espinoza acredita que os afetos são representativos (e, portanto, racionais)? Voltarei a essa questão depois de apresentar a segunda classe de envolvimento racional.

Os afetos apenas como representativos

A segunda classe de envolvimento racional é derivada da primeira. Os afetos não apenas são representativos, mas, para Espinoza, são *somente* representativos. Não existe nada mais a respeito de um afeto do que uma representação de algum estado de ocorrências aliado às transições relevantes entre essas representações. De maneira específica, para Espinoza, não existe um caráter qualitativo dos afetos que não seja inteiramente uma questão de conteúdo representacional. Assim, analisemos a alegria: esse estado simplesmente é uma passagem de uma representação a outra. Essa última representação nada mais é do que uma representação do poder superior de ação do corpo. Não existe uma qualidade extra da alegria ou, se ela existe, essa qualidade deve ser entendida totalmente em termos representativos. Poderíamos dizer que utilizar, como faz Espinoza, somente as representações é o mesmo que perder a essência da alegria, o *sentimento* de felicidade; a simples representação é na verdade algo frio demais para ser um sentimento. É possível dizer isso, mas é exatamente isso que Espinoza nega, e teremos a oportunidade de entender esse ponto e por que ele o nega em alguns instantes.

Essa ideia de que os afetos são apenas representativos é a segunda classe de envolvimento racional. Se os afetos não apenas são representativos, mas também *puramente* representativos, então não há nada a respeito dos afetos que não possa ser avaliado em termos de verdade ou falsidade, nada que não seja passível de justificativa ou de falta de justificativa. Se existe, ao contrário do que diz Espinoza, um aspecto qualitativo irredutível do medo, por exemplo, esse aspecto não seria verdadeiro ou falso e talvez também não pudesse ser, por si mesmo, justificado ou não. As representações podem se aprofundar no espaço das razões de uma maneira que as demais qualidades não conseguem. Dizer, como Espinoza, que as representações não possuem esse caráter qualitativo irredutível é o mesmo que considerar os afetos

---

35. Espinoza chama nossa atenção aos afetos injustificados em diversas ocasiões, principalmente em relação à superestima, ao escárnio, ao orgulho e ao desânimo (3da21, 22, 28, 29).

como mais completamente racionais do que aquele que acredita simplesmente que os afetos são representativos, mas não necessariamente apenas representativos.

É evidente que Espinoza defende essa posição se analisarmos a forma como ele fala dos afetos no início da Parte 2 de *Ética*. Espinoza primeiramente descreve os afetos no Axioma 3 da Parte 2:

> Não há modos de pensamento, como o amor, o desejo ou o que quer que seja designado pela palavra afetos da mente, a menos que haja no mesmo indivíduo a ideia da coisa amada, desejada e assim por diante. No entanto, é possível haver uma ideia, embora não exista outro modo de pensar.

A princípio, esse axioma parece sugerir somente a primeira classe do envolvimento racional, a alegação relativamente sutil de que quando existe um afeto existe também uma representação de uma determinada espécie. Entretanto, a maneira utilizada por Espinoza para empregar esse axioma um pouco mais adiante indica a segunda classe de envolvimento racional. Em 2p11d, ele enfatiza 2a3 da seguinte maneira:

> A essência do homem (por 2p10c) é constituída por determinados modos dos atributos de Deus, isto é (2a2), pelos modos de pensamento, dentre os quais (por 2a3) a ideia é anterior em sua natureza e, quando ela é apresentada, os outros modos (aos quais a ideia é anterior na natureza) devem fazer parte do mesmo indivíduo (por 2a3).

Ao dizer que a ideia relevante é *anterior* ao afeto, o que Espinoza tem em mente é que a ideia explica totalmente a presença do afeto.[36] E, na verdade, ele afirma a mesma ideia em sua definição geral dos afetos, em que, como vimos anteriormente, Espinoza ressalta que um afeto é nada mais que uma ideia determinada (e confusa).[37]

Por que Espinoza defende essa visão extremamente representativa dos afetos? Ao responder a essa pergunta, respondo também à questão que posterguei anteriormente com relação ao motivo pelo qual Espinoza aceita a primeira classe mais fraca do envolvimento racional.

Espinoza não articula por completo suas razões aqui, mas o ponto – de modo grosseiro e breve – é este:[38] imagine que não é verdade que

---

36. Cf. a afirmação de Espinoza em 1p1 de que a substância é anterior aos seus modos. De acordo com as definições da substância e do modo que ele cita aqui, isso significa, em parte, que os modos são concebidos pela substância, isto é, explicados por ela e, conforme Espinoza ainda nos mostra mais adiante na Parte 1, os modos são, na realidade, explicados de maneira detalhada segundo os termos da substância da qual eles são modos.
37. Veja *Tratado Breve*, parte 2, Apêndice 2, seções 5 e 6. Veja também Gueroult, 1968, vol. II: 33.
38. Desenvolvi essa linha de raciocínio com mais detalhes em Della Rocca, 2003a.

os afetos sejam exclusivamente representativos. Imagine que os afetos possuam características representativas *e* não representativas. O que estaria errado nesse cenário do ponto de vista de Espinoza? Bem, se de fato tivermos esses dois tipos de características radicalmente distintas, então, em virtude de que essas características são ambas especificamente características *mentais*? Isso é, por sua vez, a exigência de uma explicação melhor: aqui a exigência é de uma explicação daquilo que faz com que essas características diferentes (características representativas e qualidades não representativas) sejam classificadas como mentais. Por que, por exemplo, as características qualitativas não são características estendidas, ou seja, características de coisas corpóreas em vez de características de itens mentais? Acredito que a exigência dessa explicação seja necessária para a defesa do compromisso de Espinoza com o PRS. Por causa desse compromisso, Espinoza não se sentiria satisfeito em dizer que as características representativas e qualitativas são características mentais e nada mais, isto é, que não há nada em virtude de que elas sejam mentais.

Se concordarmos, em virtude do PRS, que deve haver uma explicação, como ela seria? É difícil imaginarmos que tipo de resposta seria aceita segundo os termos de Espinoza. Seria possível dizer que ambas essas características são mentais pelo fato de cada uma nos permitir termos *consciência* delas. (Talvez essa fosse a resposta proporcionada pelos cartesianos.) No entanto, isso não nos leva muito longe pelo fato de podermos agora perguntar em virtude de que as características representativas e qualitativas são acessíveis à consciência? Sendo assim, essa explicação não representa, aos olhos de Espinoza, absolutamente nada.

Diversas outras possíveis explicações seriam rejeitadas por Espinoza por razões semelhantes, mas não tenho condições de abordar seus detalhes aqui. A lição geral que gostaria de propor é que, para Espinoza, não pode existir um aspecto qualitativo irredutível dos afetos, pois uma distinção como essa entre as características acabaria gerando uma disparidade inexplicável. Podemos então entender como o compromisso racionalista de Espinoza com o PRS faz surgir as duas primeiras classes de envolvimento racional dos afetos.

A representação como compreensão das razões

Os afetos, como disse anteriormente, nada mais são do que representações. Entretanto, o que são representações? A resposta de Espinoza para essa pergunta constitui a terceira classe de envolvimento racional dos afetos. Para Espinoza, representar algo é simplesmente apreciar as razões de sua existência; é o simples fato de conseguirmos explicar a coisa, entendê-la de acordo com os termos de suas causas. Assim, para Espinoza, não somente os afetos são totalmente representativos e, dessa forma, completamente suscetíveis a uma avaliação racional, mas também são, em si, a avaliação das razões que eles representam. Para Espinoza, ter um afeto é simplesmente o mesmo que representar, e representar é o mesmo que explicar, isto é, dar razões para a coisa representada.

A partir de uma passagem importante de sua obra anterior inacabada, o *Tratado da Correção do Intelecto*, fica claro que Espinoza acredita que representar uma coisa é o mesmo que explicá-la:

> Se, por acaso, disséssemos que os homens facilmente se transformam em feras, isso seria algo bastante generalizado, de modo que não há conceito algum na mente, isto é, a ideia, ou a relação do sujeito e do predicado. Pois, se houvesse qualquer conceito, a mente reuniria os meios e as causas que explicam como e por que tal coisa foi feita. (seção 62)

Que Espinoza afirma que representar uma coisa é o mesmo que explicá-la também é algo que emerge de modo explícito do importantíssimo quarto axioma da Parte 1 de *Ética*: "o conhecimento de um efeito depende do conhecimento de sua causa e o envolve".[39] É importante observar que, embora Espinoza fale aqui do conhecimento – literalmente, a cognição –, ele também geralmente destaca essa alegação segundo os termos das ideias.[40] Isso sugere de fato que ele se vê colocando uma exigência na representação em si, naquilo que significa ter uma ideia de algo. Espinoza faz uma afirmação semelhante em Ep 60, em que diz: "a ideia ou a definição (*idea sive definitio*) de uma coisa deve expressar sua causa eficiente" (G IV: 270). Espinoza diz aqui que representar uma coisa, ter a ideia dela, é o mesmo que explicá-la.[41] Nós representamos as coisas vendo-as em uma rede explicativa. Essa é, naturalmente, uma alegação extremamente incomum: parece que somos perfeitamente capazes de ter ideias das coisas que não podemos explicar, de coisas cujas causas não temos conhecimento algum. No entanto, Espinoza está, de algum modo, negando essa visão comum.

---
39. "*Effectus cognitio à cognitione causae dependet, et eandem involvit.*"
40. Veja Ep 72: "*effectus cognitio sive idea, a cognitione sive idea causae pendeat*".
41. Espinoza indica que ver as coisas por meio de suas causas é o mesmo que explicá-las em 2p7s: "até onde as coisas são vistas como modos de pensamento, devemos explicar (*explicare*) a ordem do todo da natureza, ou a relação das causas, por meio do atributo do pensamento isolado. E, até onde elas são vistas como modos de extensão, a ordem do todo da natureza deve ser explicada (*explicari*) por meio do atributo da extensão isolada".

Por que Espinoza recusa essa ideia? Também aqui o PRS age. Para entendermos como, será preciso outra análise rápida e estimulante da metafísica de Espinoza e, em especial, investigar o que é, para Espinoza, a natureza da existência em si. Em seguida, voltaremos a abordar a natureza da representação. Então, o que é preciso para que algo exista? Essa pergunta é, na verdade, a exigência de uma explicação, uma descrição, da natureza da existência, e acredito que seja uma exigência perfeitamente natural a ser feita. Queremos ser capazes de dizer o que é, em geral, que distingue as circunstâncias ou as coisas que de forma geral não existem em relação às circunstâncias ou coisas que existem. O que é que George Bush tem que falta em Harry Potter? Ou o que será que New Haven em Connecticut tem que falta em New Haven na Califórnia? Sem essa explicação, veríamos uma bifurcação inexplicável e primitiva entre as verdadeiras e as falsas proposições: em virtude do que essas proposições são verdadeiras e aquelas, falsas? Não haveria uma boa resposta para essa pergunta se não tivéssemos uma explicação daquilo que precisamos para que uma proposição seja verdadeira, de modo que uma determinada circunstância explicasse como a proposição *existe*.

Acredito que essa necessidade de uma explicação da natureza da existência seja algo natural e plausível que pode ser realmente digno de defesa. Entretanto, quer você aceite ou não a legitimidade dessa exigência de uma explicação da natureza da existência, certamente um racionalista completo – alguém como Espinoza, comprometido com o PRS – iria aceitá-la. Que explicação, então, Espinoza oferece? Para ele, para que uma coisa exista, basta que ela seja inteligível ou concebível, isto é, que seja capaz de ser explicada. Se você está procurando por uma frase de efeito, pense no seguinte: "existência é inteligibilidade". Já apresentei esse caso anteriormente com grande número de detalhes para atribuir essa visão a Espinoza e, portanto, permita-me apresentar alguns dos pontos mais importantes neste momento. Para Espinoza, a essência de Deus é idêntica à existência de Deus, como ele nos mostra de maneira explícita em 1p20: "a existência de Deus e sua essência são a mesma coisa" (*Dei existentia, ejusque essentia unum et idem sunt*). Além disso, a essência de Deus é simplesmente o fato de que Deus é autoconcebido ou inteligível por si mesmo.[42] A visão de Espinoza é a de que aquilo que

---

42. Veja a definição de substância, 1d3, e lembre-se de que Deus é definido como uma substância, sendo que, conforme a declaração de Espinoza em 3p4d por exemplo, a definição de uma coisa declara sua essência. Espinoza, na realidade, define uma substância não apenas como aquilo que é autoconcebido, mas também como aquilo que está em si mesmo. Portanto, a essência de Deus faz com que Deus seja autoconcebido *e* esteja nele mesmo. Talvez, então,

vale para Deus, vale também para outras coisas, ou seja, para os modos de Deus. É claro que os modos não são autoconcebidos como Deus é. Em vez disso, sua essência é a de serem concebidos por meio de alguma outra coisa, a saber, Deus (veja 1d5, a definição de modo). Contudo, assim como a existência de Deus é a sua inteligibilidade, o fato de Deus ser inteligível mostra também que a existência de qualquer outra coisa é simplesmente o fato de que essa coisa é inteligível. Assim, Espinoza diz em 1p25s: "Deus deve ser chamado de a causa de todas as coisas no mesmo sentido em que ele é chamado de a causa de si mesmo". Agora vemos que Deus é a causa dele mesmo no sentido de que sua essência torna Deus concebível ou inteligível e essa inteligibilidade é a existência de Deus. Se, conforme Espinoza nos mostra em 1p25s, Deus é a causa de um modo no mesmo sentido em que ele é a causa de si mesmo, então, Espinoza deve estar dizendo que a essência de Deus torna o modo inteligível e que essa inteligibilidade é a existência do modo. Portanto, considerando-se que a existência de Deus é a sua inteligibilidade, não vejo como Deus poderia ser a causa dos modos no mesmo sentido em que ele é a causa de si mesmo, a menos que a existência dos modos seja sua inteligibilidade. Assim, para Espinoza, a mera inteligibilidade de uma coisa é a existência dessa coisa. Outras coisas diferem de Deus somente no fato de Deus ser inteligível por meio dele mesmo e os modos, não; mas são, ao contrário, inteligíveis somente por intermédio de Deus. Ainda assim, de qualquer maneira, a existência de uma coisa é sua inteligibilidade.[43]

Essa identificação mostra que, quando uma coisa é apenas em parte, e não totalmente, inteligível, ela só existe de maneira parcial. Ainda assim, não temos razão para acreditar que Espinoza aceite, por esse motivo, a ideia incomum de que há, de certo modo, coisas que só existam parcialmente; no entanto, mais adiante, mostrarei que Espinoza aceita sim essa ideia.

Por enquanto, vamos continuar com a visão mais contida e, ainda assim, bastante incomum de que existência é inteligibilidade. Também aqui podemos ver que Espinoza é orientado pelo PRS. Se o PRS é verdadeiro, então a existência e a inteligibilidade são coextensivas. Se tudo tem uma explicação, então cada coisa que existe é inteligível. Da mesma

---

a essência de Deus não seja simplesmente o fato de Deus ser inteligível por ele mesmo, mas também constituído em parte pelo fato de Deus estar nele mesmo. Entretanto, acredito que fundamentalmente a relação de dentro dele não seja diferente da relação em si de que ele é concebido por ele mesmo. Desenvolverei algumas das razões dessa posição na segunda metade deste ensaio.

43. Partes deste parágrafo foram adaptadas de Della Rocca, 2003b.

forma, se o PRS é verdadeiro e se a coisa é inteligível, logo, ela existe. É possível entendermos por que isso acontece desta maneira: se algo é inteligível e, apesar disso, não existe, por que ela não existe? Se uma ocorrência, p, é inteligível e se o estado das questões, não p, não é inteligível, então, naturalmente, p deve existir. Sendo assim, o único caso em que uma circunstância inteligível, p, não existe deve ser aquele em que seu oposto não p também é inteligível. Entretanto, é claro que, em um caso como esse, o p ou o não p deve existir, considerando-se que cada um deles é inteligível. Por que um deve existir e o outro não? O PRS exige uma resposta nesse caso, e qualquer resposta oferecida seria capaz de revelar que a circunstância que não existe é, afinal, ininteligível. Digamos que o não p não existe simplesmente por causa de sua própria natureza ou, em outras palavras, p existe por causa de sua própria natureza. Nesse caso, o não p só pode ser ininteligível. De maneira alternativa, digamos que o não p não existe por causa de alguma outra circunstância q. Sendo assim, "por que q existe?" é o que podemos perguntar com base em nosso deboche racionalista. Dessa forma, q pode ser autoexplicativo ou não. Se q é autoexplicativo, então o não q e, portanto, o não p só podem ser ininteligíveis. Se, de maneira alternativa, q é explicado por alguma outra coisa, digamos por r, então, podemos fazer a mesma pergunta a respeito de r, de modo que o regresso racionalista prossiga. Agora, imaginemos a coleção de todas essas circunstâncias existentes, que não são autoexplicativas, ou seja, p, q, r, etc., e vamos perguntar o que essa coleção nos permite conseguir. Mais uma vez, o PRS exige uma explicação. Essa coisa explicativa não deve ser um dos membros da série de coisas que não são capazes de se explicar. (Se a coisa que explica a série fosse em si parte da série, então ela seria uma coisa autoexplicativa e, portanto, sem a possibilidade de fazer parte da série.) Sendo assim, a coisa explicativa não deve fazer parte da série de coisas que não são autoexplicativas. Entretanto, é claro que deve haver uma explicação para isso. Portanto, a coisa explicativa deve ser autoexplicativa.[44] Assim, p, q, r, etc. – as coisas que não são autoexplicativas – são explicadas por algo autoexplicativo. Assim, p e os demais agem de modo que nos leva a acreditar que sua inexistência iria contra a natureza de algo que é autoexplicativo e, portanto, a inexistência de p seria ininteligível. Assim, o PRS rapidamente nos faz concluir que qualquer circunstância como o não p ou o não q que não existe deve, no final, ser ininteligível. E, sendo assim, podemos entender que, para um defensor do PRS, algo existe se, e somente se, for inteligível. Essa linha racionalista

---

44. Cf. a transição de 1p6 para 1p7.

de pensamento está por trás, acredito, da equação de Espinoza da existência e da inteligibilidade.[45]

Com essa equação em mãos, vamos voltar ao tema da representação, pois agora poderemos identificar as origens da visão de Espinoza de que representar uma coisa é o mesmo que explicá-la. Comecemos pela hipótese plausível de que representar algo é o mesmo que representar sua existência.[46] Em seguida, consideremos que, com base na identidade, para Espinoza, entre a existência e a inteligibilidade de algo, vemos que, quando representamos uma coisa, representamos sua existência, ou seja, representamos sua inteligibilidade, isto é, representamos a forma como ela é explicada. Assim, a identificação racionalista de Espinoza da existência e da inteligibilidade nos leva até sua visão de que representar uma coisa é o mesmo que explicá-la.[47]

Um desafio a esse argumento pode ser o seguinte: mesmo que a existência seja idêntica à inteligibilidade, não é necessário que a representação da existência de algo seja igual à representação de sua inteligibilidade. Talvez não tenhamos consciência da identidade entre a existência e a inteligibilidade e, portanto, a inferência não é válida. Acredito que essa objeção possa ser eliminada quando mostramos que há boas razões para pensarmos não apenas que a existência e a inteligibilidade são idênticas para Espinoza, mas que o conceito da existência de algo é simplesmente o conceito de sua inteligibilidade. Se isso for verdade, a existência e a inteligibilidade não são apenas metafisicamente idênticas, mas, como podemos dizer, conceitualmente idênticas. Essa relação muito mais íntima entre a existência e a inteligibilidade permite que a inferência seja estimulada. Entretanto, onde Espinoza diz que o conceito de existência simplesmente é o conceito de inteligibilidade? Talvez a indicação mais óbvia seja encontrada na definição da substância e do modo (a substância e o modo exaurem todas as coisas que

---

45. Essa linha de argumentação age em paralelo com o espírito do argumento cosmológico a favor da existência de Deus, uma versão que Espinoza desenvolve com vigor em 1p11d3.
46. Talvez Kant destaque esse ponto em sua crítica do argumento ontológico quando diz: "quando penso em uma coisa, por meio de quaisquer métodos e predicados de minha preferência, (...) absolutamente nada é acrescentado à coisa quando apresento também o que essa coisa é" (Kant, 1997: A600/B628). Talvez Hume defenda a mesma posição: "a ideia de existência não é diferente em nada da ideia de qualquer objeto, de modo que, depois da simples concepção de qualquer coisa, passaríamos a considerá-la como existente sem que, na realidade, tenhamos acrescentado nada nem alterado nossa ideia inicial" (Hume, 1978: 94).
47. Talvez haja ainda uma lacuna entre a representação da explicação de uma coisa e a explicação dessa coisa. Talvez. No entanto, de qualquer modo, essa linha de raciocínio nos ajuda ao menos a começar a ver por que Espinoza afirma que representar uma coisa é o mesmo que explicá-la.

existem). Espinoza *define* essas noções – ao menos em parte – segundo os termos em que essas coisas são concebidas ou explicadas. Assim, parece que, para Espinoza, o conceito de uma coisa é o conceito de algo que é explicado de alguma forma. Assim, basta um pequeno passo para dizer que o conceito da existência de uma coisa é o conceito de sua inteligibilidade.[48]

Sendo assim, podemos entender por que, para Espinoza, ter um afeto é simplesmente o mesmo que ter um determinado tipo de representação que, por sua vez, simplesmente é o mesmo que se engajar em um determinado tipo de atividade explicativa. Essa alegação expressa as três classes de envolvimento racional e, a cada estágio, podemos ver Espinoza como sendo orientado pelo PRS. Como vimos, o PRS leva à ideia de que os estados mentais, incluindo os afetos, nada mais são do que representações (se fossem algo diferente de representações, teríamos então, como vimos anteriormente, um fato corpóreo). O PRS pode ser visto como a causa da exigência de haver uma explicação da natureza da existência em si e, assim, a alegação de que existência é inteligibilidade. Essa afirmação, por sua vez, leva à alegação de que as representações e, portanto, os afetos, nada mais são do que a explicação das coisas por meio do pensamento. Dessa maneira, como disse no início, os afetos são, para Espinoza, inerentemente racionais.

II. O Lado Sombrio dos Afetos

Apesar da abordagem extremamente positiva de Espinoza a respeito dos afetos como fundamentalmente racionais, nem tudo é doçura e paz quando se trata desse tema. Chegamos agora na parte negativa da história, em que os afetos passam a ser vistos como inferiores – na verdade, quase inacreditavelmente inferiores – em relação às operações da razão. Para começarmos a entender por que, devemos agora limitar nossa atenção aos afetos *passivos*.

A primeira coisa que devemos observar com respeito aos afetos passivos é que eles são ideias *confusas* e *inadequadas*. Esse não é o momento para iniciarmos um relato detalhado da noção de Espinoza de confusão e inadequação, mas apresento aqui uma descrição bastante geral: imaginemos uma ideia que é causada do lado de fora da mente. Essa ideia, até onde ela me pertence, é confusa e inadequada pelo fato de representar ou por ser de duas coisas diferentes, e minha mente é

---

48. Partes desse e dos três parágrafos anteriores foram adaptadas de Della Rocca, "Spinoza and the Metaphysics of Skepticism" [Espinoza e a Metafísica do Ceticismo] (a ser lançado).

incapaz de ter ideias isoladas dos dois itens de forma individual. Em particular, essa ideia, até onde ela me pertence, é do estado paralelo de meu corpo e também da causa externa, que podemos chamar de c, desse estado do meu corpo. Para Espinoza, ao representar um estado do corpo, nós também, por meio disso, representamos sua causa ou suas causas (1a4), mas, em virtude da capacidade limitada de nossa mente, somos incapazes de ter ideias isoladas do estado corpóreo e de suas causas e, portanto, ao representar essas duas coisas, começamos a confundi-las. Assim, quando amo Henrietta, meu amor é uma ideia de Henrietta como alguém que me beneficia. Essa ideia, porém, é uma ideia confusa não apenas em relação a Henrietta, mas também a meu corpo e a alguns de seus estados. Minha resposta afetiva nesse caso é tanto ou mais a respeito de mim mesmo do que a respeito dos objetos externos que agem em mim (veja 2p16c2, 3p14d, 4p9d, 5p34d).

A razão por que a ideia até onde ela me pertence é confusa, é exatamente que a ideia é causada do lado de fora de minha mente. Espinoza deixa isso claro quando afirma que as ideias que são ações, que são causadas totalmente de dentro da mente, são adequadas e não confusas (veja, em especial, 2p11c, 2p24d, 2p29s). Podemos entender por que isso acontece da seguinte maneira. Para Espinoza, uma coisa é representada segundo os termos de suas causas (como vimos). Consideremos a ideia de um estado corpóreo b. Essa ideia também deve representar sua causa externa c. No entanto, exatamente pelo fato de c ser externo a mim, eu não possuo uma ideia que seja apenas de c. Cada ideia em minha mente é, ao menos em parte, de um estado de meu corpo e, portanto, não tenho ideia alguma que seja, como deve ser, livre para ser apenas da causa externa, c. E, exatamente pelo fato de eu não ter ideia alguma que seja apenas de c e, pela mesma razão, nenhuma ideia que seja apenas de b, pode-se dizer que, para Espinoza, minha ideia de b e de c confunde esses dois objetos.[49]

Para entender aquilo que é tão ruim, aos olhos de Espinoza, a respeito da confusão que a passividade engendra em nossos afetos, tudo o que precisamos fazer é nos concentrar em duas preposições: "de" e "em". Em primeiro lugar, considerarei quais ideias são *de* ou representam até onde elas fazem parte de uma mente e podem diferir daquilo de que elas se originam na medida em que pertencem à outra mente.

---

49. Espinoza deixa claro em 2p40s1 que a falta de confusão na ideia de dois objetos exige a capacidade de ter ideias isoladas de cada um deles. Para mais detalhes a seu respeito no relato de Espinoza da confusão, veja Della Rocca, 1996: capítulo 3.

Em seguida, irei investigar o que é preciso, segundo Espinoza, para que uma ideia esteja *em* uma mente.

De

Iniciemos pela preposição "de". Como vimos anteriormente, cada ideia em minha mente também é uma ideia na mente de Deus e, portanto, podemos perguntar: o que a ideia que é meu afeto representa até o ponto em que ela está na mente de Deus? De modo bastante significativo, para Espinoza, o conteúdo da ideia varia na medida em que se encontra nas duas mentes distintas. Isso é o que chamei anteriormente de relatividade do conteúdo da mente: a ideia, enquanto está em minha mente, é confusa em relação ao estado corpóreo b e também em relação à causa externa c, enquanto essa mesma ideia, na medida em que faz parte da mente de Deus, somente não se mostra confusa em relação ao estado b. Essa ideia – até onde pertence a Deus – está voltada para b exatamente pelo fato de a mente de Deus ser mais capaz do que a nossa e, portanto, Deus tem uma ideia separada que é somente de c, a causa de b. Essa outra ideia simplesmente é a ideia paralela de c, uma ideia que, naturalmente, também está na mente de Deus. Essa diferença entre a mente de Deus e a minha resulta simplesmente do fato de que algumas ideias em minha mente são causadas do lado de fora da minha mente, mas, considerando-se que a mente de Deus é infinita, nenhuma ideia é causada do lado de fora da mente de Deus. A passividade de minha mente é o que gera a confusão de algumas de minhas ideias, e essa falta de passividade da mente de Deus é o que torna todas as ideias de Deus adequadas e claras.[50]

Essa relatividade do conteúdo da mente é uma expressão do holismo de Espinoza a respeito do aspecto mental. Se, como um holista que falasse a respeito do conteúdo diria, o conteúdo de uma ideia é determinado em parte pelo conteúdo de outras ideias na mente que tem a ideia e, como diz Espinoza, se uma única ideia (simbólica) pode estar em duas ou mais mentes, mentes de tamanhos extremamente diferentes com inúmeras outras ideias diferentes para determinar o conteúdo da ideia em questão, acontece e parece natural que o conteúdo dessa ideia varie na medida em que ela se encontra nas diversas mentes.

Seria interessante mostrar como o holismo de Espinoza é um resultado de seu compromisso com o PRS, mas isso nos faria divagar demais nesse momento. Em vez disso, vamos voltar nossa atenção para o outro fator crucial necessário para entender o que há de tão ruim na

---

50. Veja novamente Della Rocca, 1996: cap. 3.

confusão e na passividade características de pelo menos alguns afetos, isto é, vamos voltar nossa atenção para aquilo que é preciso, segundo Espinoza, para que uma ideia esteja *em* uma determinada mente ou, de modo mais geral, o que é preciso para que uma coisa esteja em outra.

Em

A noção de Espinoza de "em" pode ser mais bem esclarecida por meio da consideração da relação entre os modos e a substância.

A primeira coisa que devemos observar é que a relação *"em"* que os modos possuem com referência à substância não é a de uma contenção espacial. Isso fica claro a partir do fato de que coisas como as ideias estão dentro de outras coisas, embora as ideias desse tipo, para Espinoza, não possuam quaisquer propriedades espaciais.

De maneira tradicional, os modos de uma substância são simplesmente estados da substância. Por exemplo, o aspecto arredondado da mesa é um estado da mesa; é um modo, uma maneira como a mesa existe. Acredito que a noção do estado interior da forma como é manifestado na relação de modo e substância é uma versão da noção tradicional da *inerência*: os modos estão dentro da substância no sentido de que são inerentes a essa substância. E acredito também que Espinoza entenda a noção de interioridade nesse sentido. É exatamente isso que sua escolha do termo "modo" indica.[51]

A relação modo-substância é, portanto, uma espécie de relação de dependência: os estados de uma substância têm sua existência dependente da substância em si. Esse estado da redondeza depende da mesa arredondada em si, embora, naturalmente, a mesa não dependa desse estado de redondeza. O ponto geral é que os modos são inteligíveis por aquilo de que fazem parte. Um modo – um ser dependente – não é inteligível sem aquele do qual ele depende.[52]

A relação entre a noção de "em" e a noção de inteligibilidade se torna ainda mais vívida quando entendemos como Espinoza relaciona as noções de uma coisa que se encontra dentro de outra e de uma coisa

---

51. Ele usa *"affectio"* como um termo equivalente (1d5, 1p4d) que também sugere uma noção de inerência. Carriero, 1995, desenvolve com habilidade o tema de que a relação modo-substância em Espinoza é a de inerência e, com cuidado, explica em detalhes como a noção de Espinoza de modo tem origem na noção de acidente da tradição aristotélica.
52. Ao tratar da relação modo-substância como sendo de inerência, mostro-me partidário de Carriero em sua discussão com Curley sobre essa questão. Veja Carriero, 1995, e Curley, 1988, Curley, 1991, além de Curley, 1969. No entanto, como ficará claro, acredito que Curley, apesar de tudo, está certo em um ponto muito importante em que ele discorda de Carriero, a saber, o de que a relação de "em" entre a substância e os modos é a relação de causalidade.

que é concebida por meio de outra. Espinoza define um modo como uma coisa que faz parte de outra e que é concebida por meio da outra (1d5). E ele define a substância como aquilo que está nela mesma e que é concebida por meio de si mesma.⁵³ Conforme Espinoza afirma, não há nada no mundo além da substância única e dos modos e, portanto, vemos que uma coisa está em outra se, e somente se, ela é concebida por meio de outra; se, e somente se, ela é compreendida por meio de outra.

Espinoza também deixa bastante claro que outra noção crucial é coextensiva dessas duas noções coextensivas, a saber: a noção da causalidade. Para Espinoza, considerando-se que os efeitos são concebidos ou explicados por meio de suas causas, acontece que, se uma coisa é causada por outra, ela é concebida por essa outra coisa. Espinoza também deixa claro que ele aceita o inverso: se uma coisa é concebida por meio de outra, ela é então causada por essa outra (veja 1p25d). Considerando-se a coextensão de estar em e ser concebido por meio de, acontece que uma coisa faz parte de outra se, e somente se, ela é causada por essa outra. A relação entre o *em* e a causalidade é manifestada na visão de Espinoza de que os modos – isto é, as coisas que estão em Deus – são causados por Deus (veja, por exemplo, 1p16c1).

Complicações curiosas relevantes à posição dos afetos surgem quando consideramos as relações causais e conceituais não entre o modo e a substância de maneira direta, mas entre um modo e outro modo. Conforme Espinoza enfatiza, existe uma cadeia infinitamente longa de modos finitos. A mesa, por exemplo, é gerada pelo carpinteiro ou pelas ações do carpinteiro.⁵⁴ É claro que o carpinteiro não é a causa completa da mesa. A causa completa inclui, por exemplo, outros modos finitos que causam as ações do carpinteiro e, de forma fundamental, a causa completa é Deus, a única substância que, como vimos, é causa de todos os modos, incluindo a causa dos modos que geram a mesa.

Como a mesa é causada pelo carpinteiro, ela deve ser concebida por meio dele; porém, já que ela é apenas *parcialmente* criada pelo carpinteiro, ela é somente parcialmente concebida por meio dele (veja o segundo "Axioma 1" depois de 2p13). Tudo isso basta, mas as questões ficam

---

53. 1d3. O que é preciso para que uma coisa esteja dentro de si mesma? Isso significa que ela é inerente a si mesma? Se for verdade, o que *isso* pode indicar? Tentarei elucidar essa questão mais adiante (na nota 58).
54. Assim como muitos outros filósofos do período, Espinoza não faz uma grande diferença entre os eventos e as ações como causas, por um lado, e os objetos como causas, por outro lado. No caso de Espinoza, a falta de uma distinção clara é baseada em princípios e não em razão de uma simples forma de negligência. Eu diria que, para Espinoza, os objetos comuns são mais semelhantes aos eventos do que normalmente acreditaríamos.

ainda mais interessantes quando trazemos a noção do *em* de volta ao cenário. Como vimos, o aspecto interior é coextensivo da causalidade e do ser concebido por meio de algo. Portanto, ao que tudo indica, como a mesa é parcialmente criada e parcialmente concebida pelo carpinteiro, a mesa também está parcialmente nele, é *inerente* ao carpinteiro ou é um estado dele, ao menos até certo ponto. E isso parece algo bastante curioso. Para parafrasearmos uma famosa declaração de Curley em um contexto semelhante: a mesa parece ter um tipo errado de lógica para ser inerente ao carpinteiro ou para ser um estado dele, mesmo que só até determinado ponto (Curley, 1969: 18).

Por causa dessa estranheza, os comentaristas têm se mostrado bastante contrários a chegar a essa conclusão. Don Garrett, que prestou um excelente trabalho ao apresentar o poder da relação do "em" de Espinoza, concebida como incrência, além de enfatizar que essa relação acontece em graus distintos, interrompe sua discussão exatamente nesse ponto. Garrett aceita que a relação do "em" é coextensiva da relação de algo que é concebido por meio de outra coisa, além de aceitar, de modo especial, que, se y é concebido por x, então y está em x. Garrett também admite que, embora as coisas finitas façam parte delas mesmas somente até um determinado ponto, Deus é em si irrestrito. É assim que Garrett dá sentido àquilo que Espinoza fala das coisas finitas *até o ponto em que* elas estão dentro delas mesmas (com maior destaque na declaração de Espinoza de sua doutrina do *conatus* em 3p6). Concordo totalmente com Garrett em relação a esses pontos. Contudo, Garrett nega que fazer parte de outra coisa seja uma questão de grau. Ao discutir a ideia de que "se y é concebido por x, então y está em x", Garrett diz:

> Isso se aplica, porém, somente nos casos em que y é *completamente* concebido por x. Pois, embora um modo finito possa ser parcialmente concebido pelos outros modos finitos que são suas causas parciais, não é possível que ele esteja *dentro* desses modos finitos. Em vez disso, ele está *dentro* da substância por meio da qual ele – assim como os modos finitos que ajudam a gerá-lo – pode ser *completamente* concebido. (Garrett, 2001: 156n21)

Sendo assim, segundo a visão de Garrett, embora a concepção e a causalidade possam ser apenas parciais e, apesar de uma coisa poder estar apenas parcialmente nela mesma, estar em outra é tudo ou nada. Isso parece ser um passo razoável, pois evita a dificuldade aparentemente inevitável de dizer que a mesa, de qualquer forma, está *dentro* ou é inerente ao carpinteiro. Entretanto, *Espinoza* não é do tipo que se esquiva dessas dificuldades inevitáveis ou, mais que isso, aquilo que as pessoas podem considerar como dificuldades que tenham de ser evitadas. Espinoza geralmente considera que as conclusões lógicas e racionais devem ser aceitas em virtude de sua racionalidade, de sua inevitabilidade lógica. E, sem dúvida, acredito que temos boas razões para vermos Espinoza apoiando essas conclusões.

Em primeiro lugar, permita-me observar uma pequena indicação de evidência textual. Espinoza diz no TTP:

> Quanto mais sabemos a respeito das coisas naturais, maior e mais perfeito é o conhecimento de Deus que adquirimos ou (já que o conhecimento de um afeto por meio de sua causa nada mais é do que o conhecimento de alguma propriedade da causa), quanto mais sabemos a respeito das coisas naturais, mais perfeitamente conhecemos a essência de Deus, que é a causa de todas as coisas. (TTP, cap. 4, seção II; G III: 60.)[55]

A alegação parentética de Espinoza é bastante geral: ele fala aqui dos efeitos e das propriedades das causas de modo geral. Ele não diz de modo explícito que a propriedade da causa é o efeito em si. Entretanto, o contexto total da passagem em que os efeitos são coisas naturais e a causa é Deus sugere exatamente isso, pois as coisas naturais, para Espinoza, são modos, propriedades ou algo semelhante a propriedades e, sem dúvida, são os modos de Deus. Sendo assim, é natural entendermos que Espinoza diz nessa passagem que a propriedade da causa que passamos a conhecer é, na verdade, o efeito da causa, cujo efeito é, nesse caso, um modo de Deus. Isso, por sua vez, sugere que, quando Espinoza faz a alegação parentética geral de que o conhecimento de um efeito é o conhecimento de uma propriedade da causa, ele está afirmando de forma geral que os efeitos são as propriedades das causas desses efeitos. E essa afirmação geral indica que Espinoza estaria disposto a aceitar, por exemplo, que a mesa está, ao menos até certo ponto, no carpinteiro.

Entretanto, não quero enfatizar demais essa passagem parentética e seu contexto. Em vez disso, quero mostrar que negar que a mesa está parcialmente no carpinteiro – como Garrett parece indicar – seria uma forma de ameaçar o próprio fundamento metafísico de Espinoza, ou seja, ameaçar seu naturalismo e o PRS.

---

55. Veja também ST, parte 2, capítulo 26 (G I: 111): "Todos os efeitos que produzimos fora de nós mesmos são mais perfeitos à medida que são capazes de se unirem a nós para formar uma única e a mesma natureza, pois, dessa maneira, eles se aproximam mais dos efeitos internos". Essa passagem sugere que temos graus de internalidade de efeitos. Sinto-me endividado com Yitzhak Melamed por chamar minha atenção para a relevância dessas passagens.

Imaginemos que, embora a mesa faça parte de Deus, seja completamente causada por ele e seja totalmente concebida por ele, e apesar de a mesa ser parcialmente causada e parcialmente concebida pelo carpinteiro, ainda assim, a mesa não faz parte do carpinteiro, tampouco é de modo algum inerente a ele. Como eu disse, para Garrett, a qualidade de fazer parte é uma questão de tudo ou nada ou, ao menos, estar em outra coisa é uma questão de tudo ou nada. Com base nessa ideia, apesar de a relação de inerência – a relação entre uma coisa e um estado dessa coisa – ser uma espécie de relação causal, ela não deve, de modo algum, ser encontrada entre a mesa e o carpinteiro. Assim, com base nessa visão, temos dois tipos fundamentalmente distintos de relação causal para Espinoza: aquele que pode ser chamado de causalidade não inerente do tipo entre a mesa e o carpinteiro e também outro tipo de relação causal, ou seja, de inerência.

Ao menos duas consequências inconvenientes resultam disso tudo. Em primeiro lugar, considerando-se que, com base nessa visão, temos esses dois tipos muito distintos de relações causais, podemos agora naturalmente perguntar: em virtude de que a dependência que é inerência difere da dependência causal de modo geral? O que faz com que a relação de inerência que existe entre a mesa e Deus não seja mantida – em qualquer grau – entre a mesa e o carpinteiro? Considerando-se que ambas as relações são relações de causalidade e que ambas são, igualmente, relações de dependência conceitual, parece muito intrigante que essa relação em si, de particularidade ou inerência, não apareça de modo algum entre a mesa e o carpinteiro como aparece entre a mesa e Deus. Sob a luz da continuidade no caso da causalidade de modo geral e no caso de ser concebida, parece intrigante e, na verdade, arbitrário que essa particularidade interior não seja, de forma alguma, manifestada na relação entre a mesa e o carpinteiro. Assim, até onde consigo entender, não existe uma boa resposta para a pergunta por que isso que pode ser chamado de dependência de inerência difere das demais formas de dependência causal. E, portanto, essa diferença pareceria se referir a um fato bruto, em violação ao PRS. Considerando-se a aversão profunda de Espinoza aos fatos brutos, cabe a nós olhar para Espinoza como não elaborando essa distinção fundamentalmente arbitrária.

É possível ver essa distinção como uma violação do naturalismo de Espinoza, que é, grosso modo, a tese de que todas as coisas na natureza seguem as mesmas regras; não há nada que opere segundo princípios que não estão, de algum modo, operando em algum outro lugar. (Para ler a declaração clássica de Espinoza, veja o prefácio da Parte 3.)

Se a inerência é encontrada somente em algumas relações causais e não em outras, isso é o mesmo que encontrar um tipo especial de princípio causal que opera em alguns casos e não em outros, e isso – além de ser arbitrário – só serviria para violar o espírito do naturalismo de Espinoza. Podemos comprovar isso parafraseando o próprio Espinoza: as relações causais são as mesmas em todos os lugares.[56]

Permita-me tentar mostrar de outro ângulo qual seria o problema de não assimilarmos a inerência com a causalidade de maneira geral. Segundo a visão a que me oponho, temos dois tipos daquilo que podemos chamar de relações de dependência ontológica: a inerência e a causalidade que não é inerência. Entretanto, agora no nível conceitual, que tipos de relações de dependência existem? Parece haver apenas uma: a mesa é concebida por intermédio de Deus e a mesa é concebida por intermédio do carpinteiro. No primeiro caso, a dependência conceitual é total; no outro, a dependência conceitual não é total. No entanto, em ambos os casos, no nível conceitual, o tipo de dependência parece ser o mesmo. Não existe uma mudança radical dos tipos de relações de dependência no nível conceitual da maneira como existe no nível ontológico entre as relações de dependência que são relações de inerência e aquelas que não são. Assim, na visão à qual me oponho, a homogeneidade das relações de dependência conceitual não é comparável – não é, se me permite dizer, paralela – a qualquer homogeneidade das relações de dependência ontológica. E isso serviria para ameaçar o paralelismo de Espinoza das coisas e das ideias, segundo o qual "a ordem e a relação das coisas é igual à ordem e à relação das ideias" (2p7). De acordo com a visão a que me oponho, a relação entre as coisas – que às vezes envolve a inerência e às vezes não – não é igual à relação mais homogênea entre as ideias, ou seja, entre os conceitos das coisas de que as ideias são, para Espinoza, conceitos da mente.[57] O paralelismo de Espinoza é – de acordo com a visão geral – uma de suas posições mais fundamentais. Essa é mais uma razão que nos leva a negar a ideia de que a mesa não é, de maneira alguma, inerente ao carpinteiro.

É claro que podemos preservar a homogeneidade no nível ontológico simplesmente por meio da negação de que a relação de "em" seja de inerência, uma relação entre uma coisa e seus estados. Isso é, então, aquilo que Curley nos mostra em sua obra pioneira. Para Curley, a relação de "em" de Espinoza nada mais é do que uma relação causal e não

---

56. Cf. Espinoza em 1p15s: "a matéria é igual em toda parte" (*materia ubique eadem est*) (G II: 59).
57. 2d3.

se trata de uma relação de inerência. Apesar de Curley não apresentar as questões dessa maneira, sua visão possui a vantagem de preservar o paralelismo, o naturalismo e o PRS de Espinoza.

Entretanto, a visão de Curley não faz justiça ao significado tradicional do termo "modo" como algo que representa um estado da substância, um significado com que, eu diria, Espinoza, seguindo Descartes e outros, concorda. Além disso, é ainda mais importante que a ideia de Curley deixa Espinoza sem uma explicação da relação entre uma coisa e seus estados, sem uma explicação da natureza da inerência. Espinoza, um racionalista convicto, certamente buscaria uma explicação para a natureza da inerência. E, segundo minha visão, uma explicação assim é exatamente o que ele nos oferece. Acredito que Espinoza assimile a inerência à causalidade ou à dependência de modo geral: a inerência simplesmente é a relação por meio da qual uma coisa depende de outra.[58] De acordo com a visão que defendo, existe uma homogeneidade de relações de dependência nos níveis ontológico e conceitual, como Curley diria, a relação de "em" é uma relação causal, como Curley também diria, *e* existe uma relação de inerência verdadeira entre a causa e o efeito, como Curley não diria. Isso significa que a mesa, até certo ponto, está no carpinteiro, e o meu argumento aqui é que Espinoza aceita essa conclusão como sendo ditada por seu paralelismo, por seu naturalismo e, em especial, pelo PRS.

Afinal, de quem é esse afeto?

Vamos voltar das profundezas da metafísica de Espinoza, dessa discussão do "de" e do "em", e retomar o tópico dos afetos. Gostaria de abordar agora a seguinte questão: de quem é esse afeto afinal? De maneira mais técnica, minha pergunta é: em que está um afeto? Essa é uma pergunta importante porque aquilo em cujo interior está uma coisa é o que a torna inteligível. Então, o que estamos de fato querendo saber é: o que torna os afetos inteligíveis? Mais uma vez, voltarei minha atenção um momento para os afetos passivos e retomarei mais tarde os ativos.

Começando pela perspectiva menos abrangente, podemos ver que um afeto passivo certamente não faz parte de si mesmo por completo, pois o afeto não é causado por ele mesmo. Ele não é, afinal, uma

---

58. Pelo fato de Espinoza assimilar a relação de "em" à dependência ontológica de forma geral, podemos entender o que ele quer dizer por uma substância estar dentro dela mesma: uma substância está dentro dela mesma porque depende somente de si mesma para existir; os modos estão em outras coisas, pois dependem de outras coisas para existir.

substância. Sendo assim, o afeto deve, ao menos em parte, estar em outras coisas, ou seja, em suas causas.

Portanto, vamos considerar uma certa causa *finita* do afeto. Uma dessas causas finitas nada mais é do que minha própria mente. Como Espinoza afirma, cada mudança em uma coisa é, ao menos em parte, o resultado da natureza da coisa em questão (veja mais uma vez o segundo "Axioma I" depois de 2p13). Sendo assim, já que os efeitos estão em suas causas, o afeto está em minha mente. Apesar disso, não podemos dizer que ele está totalmente em minha mente, uma vez que o afeto – como afeto passivo – é causado por coisas externas a nossa mente. Voltemos nossa atenção para uma causa externa específica de meu afeto: vamos voltar a pensar em Henrietta, o objeto de meu amor responsável por minha transição para um poder de ação superior.

Considerando-se que os afetos estão em suas causas, como vimos, o afeto deve estar em Henrietta. Entretanto, Henrietta é apenas uma causa parcial do afeto; como vimos, eu também represento uma causa parcial. Portanto, o afeto, até certo ponto, está em Henrietta, da mesma forma como está em mim de certo modo. Isso é compreensível, mas ainda não conseguimos descobrir onde de fato está o afeto. Afinal, o afeto é causado do lado de fora tanto de Henrietta como de mim. Na verdade, não importa quanto possamos retroceder pela cadeia de causas *finitas* do afeto, não iremos chegar a um indivíduo ou a uma coleção de indivíduos em que o afeto de fato esteja. Sendo assim, não tivemos sucesso ainda em descobrir onde de fato o afeto está e, então, não foi possível mostrar como ele é totalmente inteligível.

No entanto, parece que o sucesso aqui não é algo difícil de ser alcançado. A razão por que o afeto não está totalmente em qualquer série de causas finitas é que ele parece ser causado por algo infinito; em particular, parece ser causado por Deus.[59] Assim, o afeto parece estar em Deus e, já que o afeto certamente não é causado fora de Deus – afinal, nada está fora de Deus –, parece que o afeto está totalmente em Deus. Aqui, por fim, descobrimos o que é importante: descobrimos o que torna o afeto totalmente inteligível, onde de fato ele está.

Entretanto, exatamente quando temos a impressão de ter alcançado esse sucesso, vemos também que nada disso pode estar certo, que os afetos não podem de fato estar em Deus de forma alguma. Por que não?

---

59. O afeto também parece ser causado por determinados modos infinitos que seguem – de maneira direta ou indireta – a natureza absoluta de Deus. No entanto, esse passo intermediário entre Deus e os afetos pode ser ignorado aqui porque o problema que quero questionar surge de forma mais clara a partir da aparente causa infinita, Deus.

Lembre-se de que estamos falando de um afeto *passivo* e, assim, o afeto é, por essa razão, uma ideia confusa e inadequada. No entanto, como vimos, nenhuma ideia que faça parte de Deus pode ser confusa ou inadequada. Ao contrário, as ideias – na medida em que estão em Deus – são todas adequadas e claras.[60] Como vimos, a inadequação e a confusão não podem fazer parte de Deus e não podem caracterizar ideias que Deus tem porque a inadequação e a confusão são, para Espinoza, o resultado da passividade e Deus, naturalmente, não é de forma alguma passivo. O ponto fundamental então é que, exatamente pelo fato de um afeto passivo ser passivo, ele não pode estar em Deus, isto é, não pode se tornar inteligível por intermédio de Deus. Entretanto, como vimos, um afeto passivo não pode ser totalmente interiorizado nem totalmente inteligível segundo os termos de nada que não seja Deus. E, assim, parece que os afetos passivos não podem fazer parte de nada de maneira completa. Para Espinoza, ninguém e nada pode agir de modo que um afeto passivo faça parte total dele. E também porque, como vimos, para que algo seja inteligível, deve fazer parte de alguma coisa; a consequência disso é que os afetos passivos não são completamente inteligíveis.

Contudo, como isso pode acontecer? O PRS de Espinoza estabelece seu compromisso com a inteligibilidade de todas as coisas que existem. Portanto, como pode haver afetos que não são totalmente inteligíveis? Veremos como isso acontece ao tornarmos a conclusão de Espinoza aqui ainda mais extrema.

Como se a conclusão de que os afetos passivos não são totalmente inteligíveis já não fosse suficientemente surpreendente, ela ainda nos leva a outra alegação ainda mais contundente: os afetos passivos não existem de maneira plena. Para entendermos por que isso acontece, lembremo-nos da equivalência, segundo Espinoza, entre existência e inteligibilidade. Para que uma coisa exista, basta que ela seja inteligível. Portanto, como mostrei de maneira breve, se alguma coisa não é inteligível, então, ela não existe *e* acontece que, se alguma coisa não é *totalmente* inteligível, então ela não existe *de maneira plena*. Exatamente como o racionalismo de Espinoza nos oferece a possibilidade de que fazer parte ou ser inerente não é uma questão de tudo ou nada, ele também nos oferece a possibilidade de que a existência em si não é uma questão de tudo ou nada; não se trata de um interruptor que podemos ligar ou desligar. Em vez disso, para Espinoza, existem graus de existência, de

---

60. Joachim, 1940: 114-15.

modo que os afetos, na medida em que são passivos, não existem de maneira plena.

Aqui podemos ver como a afirmação de Espinoza de que os afetos não são totalmente inteligíveis é compatível com seu compromisso com a inteligibilidade de todas as coisas: o compromisso com a inteligibilidade de todas as coisas é um compromisso com a inteligibilidade de todas as coisas que existem; conforme Espinoza diz em 1a1, "tudo o que existe está em si mesmo ou em outra coisa".[61] Isso indica que uma coisa que possui apenas um determinado grau de inteligibilidade ou de interioridade também deve ter um grau limitado correspondente de existência. De fato, em um sistema racionalista, é possível acreditar que haja, de algum modo, coisas com todos os graus de inteligibilidade e, portanto, de existência. Isso simplesmente resulta do compromisso de Espinoza com um princípio de plenitude que pode ser visto como consequência de seu PRS.[62]

Mas espere! A situação fica ainda pior. Não apenas nossos afetos passivos não existem de maneira plena, mas, na medida em que temos esses afetos, nós mesmos não existimos de maneira plena. Lembre-se de que, para Espinoza, minha mente é apenas uma coleção de ideias. Essa coleção consiste, em parte, em determinados afetos passivos, afetos que não são totalmente inteligíveis e não existem de maneira plena. Assim, na medida em que tenho afetos que não são totalmente inteligíveis e não existem em sua plenitude, eu mesmo não sou totalmente inteligível e não existo de modo pleno. Para entender isso, basta perguntar: eu faço parte de quê? Na medida em que sou passivo e tenho afetos passivos, não faço parte de mim mesmo ou de qualquer outro objeto finito, assim também como não estou em Deus, que, naturalmente, não possui passividade alguma em si. Portanto, na medida em que sou passivo, não faço parte total de absolutamente nada e, sendo assim, não sou totalmente inteligível e não existo de maneira plena. Alguém que consegue de fato compreender esse ponto é o idealista britânico e excelente comentarista de Espinoza, H. H. Joachim, que diz: "Nossa mente real, com suas emoções, volições e desejos, é como algo irreal e passional. Em sua realidade, ela faz parte da *infinita idea Dei*, mas na integridade dessa 'ideia' toda a paixão desaparece" (Joachim, 1940: 96). Outra pessoa que capta essa ideia com extrema habilidade é o filósofo e compositor

---

61. *Omnia, quae sunt, vel in se, vel in alio sunt.*
62. A relação entre o PRS e um princípio de plenitude em Espinoza foi demonstrada de maneira distinta por Samuel Newlands, "The Harmony of Spinoza and Leibniz" [A Harmonia de Espinoza e Leibniz] (não publicado).

Cole Porter, que dá expressão para um tipo de tristeza ou afeto passivo ao escrever a famosa letra de música que diz: "Every time we say goodbye, I die a little" [Toda vez que dizemos adeus, eu morro um pouquinho].

Ao dizer que meus afetos não existem na medida em que são passivos e que eu não existo na medida em que tenho afetos passivos, não estou dizendo que não existe nenhuma forma em que o estado que é meu afeto e eu próprio não somos totalmente inteligíveis e existimos de modo pleno. Pois o estado que, na medida em que está em minha mente, é um afeto passivo e uma ideia confusa e inadequada é também, na medida em que faz parte de Deus, uma ação (de Deus) e uma ideia clara e adequada. Essa é uma manifestação da relatividade do conteúdo da mente. Na medida em que esse estado é claro, adequado e ativo, ele está *totalmente* em Deus e, assim, é totalmente inteligível e existe em sua plenitude. Entretanto, até onde esse estado é passivo, confuso e inadequado, ele não se encontra totalmente em Deus ou em qualquer outra coisa e, assim, não é totalmente inteligível e não existe de maneira plena. Pontos semelhantes se aplicam à minha mente em si, que, na medida em que consiste de ideias passivas, não está totalmente em Deus ou em qualquer outra coisa e não existe de modo pleno, mas que, na medida em que consiste de ideias ativas, isto é, ideias ativas *de Deus*, está totalmente em Deus e existe em sua plenitude.

Não apenas a lógica do sistema de Espinoza o compromete com essa posição, mas nós também sabemos que ele diz algo ao longo dessas linhas em 5p40s1:

> Nossa mente, até o ponto de seu entendimento, é um modo eterno de pensamento, que é determinado por outro modo eterno de pensamento, que, por sua vez, também é determinado por outro modo e assim por diante, até a infinidade; sendo assim, todos juntos, eles constituem o intelecto eterno e infinito de Deus.

Ao falar de minha mente até o ponto do entendimento dela, Espinoza refere-se à minha mente até o ponto em que ela é ativa (3p1). Portanto, ele está dizendo que essa minha mente, na medida em que é ativa, é um modo eterno de pensamento e, assim, ajuda a constituir o intelecto *de Deus*. E isso indica que ele afirma que, até o ponto em que minha mente é ativa, ela faz parte do intelecto de Deus. A sugestão é que, por contraste, a mente – na medida em que é passiva – não ajuda a constituir o intelecto de Deus e, portanto, não está *em* Deus.[63] E isso é

---

63. Aqui, então, está a modificação, aludida na nota 29, da ideia de que minha mente é uma ideia no intelecto de Deus: minha mente, *na medida em que é ativa*, é uma ideia no intelecto de Deus.

o mesmo que dizer que minha mente, na qualidade passiva, não é totalmente inteligível e não existe de modo completo.

Voltei minha atenção, até o presente momento, para as ideias que são passivas na medida em que estão em minha mente. Essas ideias são ações na medida em que estão na mente de Deus, mas são passivas na medida em que estão em minha mente. Será que temos ideias que são ações na medida em que estão em nossas mentes? Uma ideia assim não seria causada do lado de fora de minha mente e, desse modo, seria adequada e clara, pois faz parte de minha mente. Espinoza, de maneira clara, acredita na existência dessas ideias totalmente ativas e adequadas (2p38, 2p45, etc.). Contudo, não está completamente claro para mim que Espinoza tenha designado a visão de que eu tenho ideias que não são, de certo modo, geradas do lado de fora de minha mente. O principal ponto aqui, porém, é que, mesmo entre as ideias passivas de minha mente, algumas delas dependem menos de causas externas do que outras. Essas ideias, por estarem em minha mente, seriam mais ativas, mesmo que não totalmente ativas, e, portanto, elas seriam, na medida em que estão em minha mente, mais inteligíveis e de existência mais plena.

Esses pontos a respeito dos graus de inteligibilidade e de existência se aplicam não apenas aos afetos passivos e a mim, na medida em que os tenho. Os afetos são simplesmente ideias consideradas até o ponto em que são passivas, consideradas na medida em que são geradas do lado de fora de uma determinada mente. A moral a ser tirada disso é que as coisas, ou os estados em geral, consideradas até o ponto em que são passivas, consideradas até o ponto em que são geradas do lado de fora de uma coisa finita, não são totalmente inteligíveis. O argumento é o mesmo de antes. Consideremos um estado determinado, s. Ele não está de modo pleno em um objeto finito ou em uma coleção de objetos finitos porque, fundamentalmente, é gerado do lado de fora de qualquer objeto finito. No entanto, ele não tem como estar totalmente em Deus, isto é, s não pode estar totalmente em Deus na medida em que s é passivo. Isso acontece porque nada em Deus é gerado do lado de fora de Deus. Deus não possui estados passivos. Contudo, da mesma forma como acabamos de ver, nenhum estado passivo encontra-se totalmente em qualquer objeto finito. Portanto, estados passivos como esses não estão totalmente em nada e, portanto, não são totalmente inteligíveis e não existem de maneira plena. O que existe de fato é s na qualidade de ativo, s na medida em que representa um estado de Deus. No entanto, na qualidade de paixão ou de um estado passivo, isto é, como estado de um objeto finito que é gerado do lado de fora desse objeto, s não existe em sua plenitude. E, pela mesma razão, o objeto finito em si não existe totalmente na medida em que possui esse estado passivo.

Resumindo, a principal queixa de Espinoza a respeito dos afetos – afetos passivos em especial – não é que eles confundam nosso julgamento e tenham consequências ruins. Eles sem dúvida causam essas coisas, mas as causam exatamente pelo fato de possuírem o defeito mais profundo de serem – até certo ponto – ininteligíveis e por não terem uma existência plena. O que é ainda pior, na medida em que temos os afetos, nós mesmos somos ininteligíveis e não existimos. Os afetos, para Espinoza, literalmente eliminam nossa existência ou, no mínimo, extirpam nossa existência até certo ponto. Essa é a principal acusação de Espinoza contra os afetos. E ela nada mais é do que um exemplo da percepção mais generalizada de que a passividade não é totalmente real, de que a passividade faz com que as coisas percam sua existência até certo ponto.

Essa acusação é estimulada pelo PRS de Espinoza. A alegação de que não existimos de maneira plena na medida em que temos afetos passivos surge, em parte, da equação de Espinoza da existência e da inteligibilidade, que, como vimos, ele defende em função do PRS. Essa afirmação a respeito de nossa inexistência também resulta, em parte, da ideia de Espinoza de que os afetos passivos não estão totalmente em nada, tampouco são inteligíveis em termos de coisa alguma. E essa visão, por sua vez, resulta da equação de Espinoza da relação do "em" ou da inerência e de ser causado por algo, uma equação que também é ditada, como mostrei, pelo PRS de Espinoza.

Como vimos na primeira metade do artigo, Espinoza também tem coisas extremamente boas para dizer a respeito dos afetos – que eles são exclusivamente representativos e, portanto, sujeitos a uma avaliação racional e que são apreciações das razões. Essas posições também são os resultados da aplicação geral de Espinoza do PRS. Assim, aos olhos de Espinoza, quando ele fala dos afetos – e assim também como de muitas outras coisas –, todos os julgamentos metafísicos, positivos ou negativos, são ditados pelo PRS. Para Espinoza, o PRS dá e o PRS tira.[64]

---

64. Assim como todos os outros estudiosos de Espinoza, agradeço imensamente a Ed Curley pela importância monumental de sua pesquisa e também por toda a sua generosidade em nos estimular a realizar novas pesquisas. Este artigo foi apresentado na segunda conferência anual da NYU a respeito do início da filosofia moderna, em novembro de 2005. Os comentários de Lilli Alanen naquela ocasião foram extremamente úteis, assim como as conversas e as trocas de informações com George Bealer, Shelly Kagan, Sam Newlands, Yitzhak Melamed, Sean Greenberg, Sukjae Lee, Tad Schmaltz, Andrew Janiak, Karen Detlefsen e Alison Simmons.

Capítulo 3

"Tudo o que existe está em Deus": a substância e as coisas na metafísica de Espinoza

Steven Nadler

Edwin Curley realizou algo com que a maioria dos estudiosos da história da Filosofia só consegue sonhar: chegar a uma interpretação do pensamento de um filósofo que é impressionantemente ousada e original e, ainda, ao mesmo tempo, tão eficiente e natural que, às vezes, simplesmente é considerada como ponto pacífico.[65] Na verdade, pode-se dizer que a interpretação criteriosa e convincente de Curley da metafísica de Espinoza e, em especial, de sua explicação nomológica da natureza e da relação entre a substância e os modos alcançaram, por assim dizer, a posição de uma leitura padronizada.[66]

Apesar disso, embora me orgulhe de me colocar entre os admiradores da leitura de Curley, ainda tenho algumas dúvidas e acredito que ela possa não fazer jus ao que Espinoza estava tentando dizer. Neste ensaio, considero o que acredito representar alguns problemas sérios a respeito da explicação de Curley. Como ele mesmo foi o primeiro a admitir, temos importantes questões que sua interpretação não consegue responder, além de objeções que ela deve enfrentar. Algumas delas,

---

65. Primeiramente em Curley, 1969, e, em seguida, em Curley, 1988.
66. Ela é adotada por uma série de comentaristas recentes, incluindo Allison, 1987. Também é rejeitada por outros, incluindo Jonathan Bennett, em Bennett, 1984.

ele mesmo, de maneira explícita, propõe e questiona.[67] Deixarei esses pontos de lado, entretanto, e discutirei outros problemas que ele parece não ter considerado. Irei me concentrar na questão da relação entre a substância e o modo na metafísica de Espinoza e a maneira como todas as coisas devem estar relacionadas com (ou "em") Deus. Também analisarei algumas outras questões mais amplas – a respeito da compreensão de Espinoza de Deus ou da Natureza (*Deus sive Natura*) e seu suposto panteísmo – que estão fundamentalmente relacionadas com a maneira como interpretamos as alegações de Espinoza acerca da relação de substância/modo (ou de Deus/coisa).

I. As Duas Interpretações

Na Proposição 14 de *Ética*, Espinoza determina que há apenas uma substância necessariamente existente, ativa, eterna e infinita da Natureza, e que ela é Deus. No entanto, se somente Deus é a substância e se tudo deve ser substância (que é identificada com seus atributos) ou um modo, ou "afeição", da substância ("exceto substâncias e modos não existe nada"), então segue-se (conforme Espinoza diz em 1p15[68]) que todas as coisas estão "em" Deus: "Tudo o que existe está em Deus e nada pode ser concebido sem Deus".

Essa proposição é, com certeza, irritantemente confusa. O que pode significar dizer que algo está em Deus? Há diversas maneiras de entendermos como uma coisa pode estar *em* outra coisa: é possível entender que as partes estão no todo que elas compõem, ou que um objeto está em um recipiente que o envolve (que é algo semelhante a como Newton, por exemplo, imaginava que as coisas ocupam um espaço absoluto), ou que as propriedades ou qualidades pertencem a um sujeito (como a sabedoria está em Sócrates ou a dureza está na rocha).

É importante lembrar das "coisas" a respeito das quais estamos falando. As coisas[69] que devem estar *em* Deus ou na Natureza exatamente da maneira como os modos ou as afeições estão *na* substância incluem todos aqueles itens conhecidos que preenchem nosso mundo e que nós, em nossa maneira pré-espinozista de pensar, consideramos como sendo substanciais segundo sua própria natureza: objetos físicos (árvores, cadeiras, corpos humanos) e as mentes ou as almas. Assim como Aristóteles (e, de certo modo, Descartes), nós acreditamos que

---

67. Veja, por exemplo, Curley, 1969: 78-81.
68. As traduções de Espinoza nesse artigo são de Espinoza, 1985.
69. Estou usando a palavra "coisa" aqui de maneira livre, já que, no sentido estrito (para Espinoza), somente Deus é uma coisa de verdade (isto é, a entidade substancial).

essas coisas estavam "nelas mesmas", coisas em que outros itens (como as propriedades) existiam, mas que elas mesmas não existiam em nada mais. Agora, Espinoza parece estar nos dizendo que, em todo o rigor metafísico, nós estávamos enganados. Entretanto, qual é a maneira certa de concebermos a posição ontológica desses itens?

Uma possível interpretação da concepção de Espinoza da relação entre a substância e seus atributos (Deus ou Natureza), por um lado, assim como seus modos (tudo o mais que existe), por outro, talvez seja a maneira mais natural de pensarmos a seu respeito. Segundo essa interpretação, para Espinoza, as coisas estão em Deus ou na substância no sentido de que são propriedades, estados ou qualidades de Deus. Elas são inerentes a Deus assim como em um sujeito ou em um substrato. Conforme Curley descreve a posição, ela consiste na "identificação da distinção [entre a substância e o modo] com a distinção entre as coisas e as propriedades".[70]

Essa interpretação torna o relato de Espinoza da relação substância-modo semelhante ao de Descartes, para quem os modos de uma substância são propriedades inerentes a ela – ou, de forma ainda mais precisa, são inerentes ao principal atributo ou natureza – e, por essa razão, são confirmados por ele.[71] Para Espinoza, então, assim como a ação é um estado do corpo em movimento, o corpo em movimento em si seria uma propriedade ou um estado de Deus (em um dos atributos infinitos de Deus, a Extensão). E, assim como meu pensamento particular neste momento é uma propriedade ou um estado de minha mente, minha mente também é uma propriedade ou um estado de Deus (em um outro atributo infinito de Deus, o Pensamento). O corpo em movimento e a minha mente simplesmente *são* a natureza de Deus (ou, de maneira ainda mais exata, a*s* naturez*as* de Deus), que existe ou se expressa de uma maneira (modo) ou de outra. Conforme Espinoza diz em 1p25c, "As coisas particulares nada mais são do que as afeições dos atributos de Deus, ou os modos por meio dos quais os atributos de Deus são expressos de uma forma certa e determinada".

Era assim que o empresário teatral e intelectual do século XVII, Pierre Bayle, lia Espinoza.[72] Bayle admirava o caráter de Espinoza,

---

70. Curley, 1969: 13.
71. Veja a apresentação geométrica nas Segundas Respostas, Descartes, 1974, vol. VII: I6I.
72. Essa também é, conforme observado por Curley, a interpretação oferecida por Joachim, 1940. Uma versão mais recente (apesar de idiossincrática) dessa maneira de ler Espinoza pode ser encontrada em Bennett, 1984. Charles Huenemann oferece a defesa de uma leitura como a de Bayle, por meio de uma compreensão quase aristotélica da natureza da Extensão como um atributo; veja Huenemann, 2004. John Carriero também apela para a

mas abominava sua filosofia. Ele a chamava de "a mais monstruosa que poderia ser imaginada, a mais absurda e a mais diametralmente contrária às noções mais evidentes de nossa mente". Bayle se sentia especialmente ofendido por aquilo que considerava como a concepção de Espinoza de Deus e da relação de Deus com as coisas. A respeito de Espinoza, Bayle diz:

> Só existe um ser e somente uma natureza; e essa natureza produz em si, por meio de uma ação imanente, tudo aquilo que chamamos de criaturas (...) Ela não produz nada que não sejam suas próprias modificações. Existe uma hipótese que ultrapassa todo o amontoado de todas as extravagâncias que podem ser imaginadas. As coisas mais infames que os poetas pagãos ousaram proclamar contra Vênus e Júpiter não se comparam à terrível ideia que Espinoza nos oferece a respeito de Deus.[73]

Bayle afirmava que, se as coisas e suas propriedades nada mais são do que propriedades de Deus e, portanto, predicados de Deus, então, uma série de conclusões inaceitáveis passam a surgir. Em primeiro lugar, temos o problema lógico de que Deus teria propriedades incompatíveis. A pessoa feliz e a triste seriam igualmente estados de Deus; dessa forma, o próprio Deus seria feliz e triste, ou uma pessoa feliz e uma triste, ao mesmo tempo; isso, Bayle insiste, é absurdo. Em segundo lugar, existe um problema teológico de que o próprio Deus estaria sujeito à mudança, à divisão e à moção, já que as coisas que são os modos de Deus são divisíveis e em constante mudança e movimento. O Deus de Espinoza, segundo Bayle, é então "uma natureza que de fato muda e que, de maneira contínua, passa por diferentes estados que diferem uns dos outros de forma interna e real. Ela, portanto, não é de maneira alguma o ser supremo e perfeito, 'com quem não há inconstância, nem sombra de mudança' (Tiago 1:17)".[74] Esse não é apenas um problema teológico, mas (segundo Bayle) também uma questão de consistência filosófica no sistema de Espinoza, já que o próprio Espinoza parece dizer que Deus é imutável e não está sujeito à mudança (1p20c2). Por fim, (aos olhos de Bayle) o aspecto mais problemático de todos consistiria que Deus seria o sujeito fundamental de todos os pensamentos, intenções e ações dos

---

tradição aristotélica para mostrar que "a concepção de Espinoza da dependência modal é fundamentalmente a mesma da concepção tradicional da inerência"; veja Carriero, 1995. Por fim, Martial Gueroult observa que, para Espinoza, a relação entre a causa (Deus) e o efeito (os modos) é a da substância e da propriedade inerente; veja Gueroult, 1968: vol. I, 297.
73. Bayle, 1965: 301.
74. Bayle, 1965: 308.

seres humanos, de todos os nossos amores, ódios e desejos, incluindo os piores pensamentos e ações que possamos imaginar. "Temos aqui um filósofo que acha bom que Deus seja tanto o agente quanto a vítima de todos os crimes e infortúnios do homem."[75] Quando uma pessoa mata outra, Deus é, de acordo com a explicação de Espinoza, o verdadeiro autor do crime, ou ao menos é isso que diria Bayle.

Bayle, ao enxergar essas coisas como as implicações necessárias da ideia que Espinoza tinha de Deus, basicamente concluiu que "o pior disso tudo fica por conta de Espinoza". Curley, em resposta, basicamente diz que "o pior disso tudo fica por conta dessa leitura de Espinoza". Certamente concluiríamos que Espinoza não poderia ter defendido uma teoria que tivesse implicações filosóficas e teológicas tão clara e obviamente problemáticas. Curley, então, mostra que as consequências que Bayle considera tão assustadoras também seriam inaceitáveis para Espinoza e, portanto, não formariam uma posição que pudesse ser defendida por ele.[76]

Além disso, Curley também apresenta sua própria objeção referente a essa explicação da relação de Deus e das coisas.[77] Ele diz que é um tanto estranho analisarmos os itens que consideramos como "coisas" e como indivíduos reais (casas, cadeiras, almas humanas) como de fato representando propriedades ou estados de alguma outra coisa. Esse parece ser um erro bastante sério de categoria, do qual Espinoza não deve ser acusado. "Os modos de Espinoza são, à primeira vista, do tipo lógico errado para serem relacionados com a substância da mesma forma como os modos de Descartes são relacionados com a substância, pois eles são coisas particulares, não qualidades. E é difícil saber o que significaria dizer que as coisas particulares são inerentes à substância (...) O que significaria dizer que uma coisa é predicada de outra é um mistério que precisa ser solucionado."[78]

Para aqueles que poderiam rejeitar a interpretação da inerência de Bayle, uma segunda interpretação daquilo a que Espinoza se refere quando diz que "tudo o que existe está em Deus" se torna possível por meio de uma mudança sutil, apesar de bastante importante, na linguagem de Espinoza de 1p16, e é exatamente isso que Curley parece

---

75. Bayle, 1965: 311.
76. Curley, 1969: 13.
77. Ele também se posiciona contra a interpretação de Wolfson da relação substância/modo segundo os termos de gênero/espécie (Curley, 1969: 28-36).
78. Curley, 1969: 18. Em Curley, 1988, ele modera sua posição de alguma forma e diz que essa leitura "não é irremediavelmente ininteligível" (p. 31), embora continue a considerá-la inaceitável.

dizer ao defender sua leitura alternativa da relação substância/modo. Nessa proposição intermediária ("Da necessidade da natureza divina deve resultar uma infinidade de coisas de uma infinidade de modos distintos"), assim como em proposições subsequentes, uma linguagem tão sugestiva de propriedades inerentes a um substrato dá lugar a um novo tipo de modelo. A relação entre Deus e as coisas, ou entre a substância e os modos, é agora descrita em termos causais. A mudança não é completa, já que Espinoza continuará a se referir às coisas específicas como "afeições dos atributos de Deus" (por exemplo, em 1p25c), mas é algo que não pode ser ignorado. Na demonstração de 1p18, Deus é descrito como "a causa de todas as coisas"; em 1p24, aprendemos que as coisas são "geradas" por Deus; e 1p28 descreve as maneiras como as coisas foram "determinadas" por Deus ou pelos seus atributos. Segundo esse modelo, Deus, ou a substância e seus atributos, não é o sujeito em que as coisas são inerentes como as propriedades, mas, na verdade, a causa infinita, eterna e necessariamente existente (ou autogerada) de todas as coisas. De maneira ainda mais específica, os atributos de Deus podem ser vistos como os princípios causais universais de tudo aquilo que é influenciado por eles, que é absolutamente tudo. Em resumo, de acordo com a leitura de Curley, a inerência abre espaço para a dependência causal.

Analisemos mais de perto os detalhes dessa interpretação. Segundo Curley, os atributos da substância devem ser identificados de acordo com as leis mais gerais da natureza que regem os fenômenos que são influenciados por eles. De maneira mais exata, quaisquer atributos nada mais são do que as características e os fatos mais básicos, necessários e universais de um aspecto da realidade. Curley chama esses fatos de "nomológicos" porque são descritos por leis. Assim, o atributo da Extensão é constituído pelos fatos necessários e universais que caracterizam todos os corpos estendidos e, portanto, envolve (ou tem "inscritas" nele, para usarmos o termo de Curley) as leis que regem todas as coisas materiais (incluindo, supostamente, as verdades da geometria, já que os objetos geométricos nada mais são do que objetos estendidos). Da mesma forma, o atributo do Pensamento é constituído pelos fatos necessários e universais que caracterizam todos os pensamentos ou ideias e, assim, envolvem as leis que regem todas as formas de pensar.

Os modos infinitos de cada atributo, por sua vez – aquelas "coisas que resultam da natureza absoluta de qualquer um dos atributos de Deus" (1p21, que se refere àqueles que passaram a ser chamados de modos infinitos imediatos) e "tudo aquilo que resulta de algum atributo de Deus na medida em que é modificado por uma modificação" (1p22, os famosos modos infinitos mediatos) –, devem ser identificados com aquilo que Curley chama de "fatos nomológicos derivativos", ou seja, características universais e necessárias que não são as mais básicas de um atributo, mas que derivam (seja direta ou indiretamente) das características universais e necessárias mais básicas; elas incluem, por exemplo, o movimento e o descanso sob o atributo da Extensão e o intelecto infinito sob o atributo do Pensamento, além das leis subsidiárias da natureza que estão "inscritas" nesses fatos derivativos:

> Segundo essa interpretação, a tese de Espinoza de que todo modo infinito e eterno do atributo da extensão resulta de maneira direta da natureza absoluta do atributo da extensão ou de forma indireta de algum outro modo infinito que resulta da natureza da extensão (1p23) – em termos lógicos – representa a tese de que todas as leis científicas relacionadas aos objetos estendidos podem ser derivadas de maneira direta das leis fundamentais que regem os objetos estendidos ou de uma série finita de proposições nomológicas que terminam essencialmente nas leis fundamentais.[79]

Isso nos dá uma espécie de aninhamento de leis subordinadas da natureza no âmbito de leis de ordem superior das quais elas são derivadas, culminando nas leis mais universais da natureza, ou seja, aquelas leis que estão inscritas nos atributos, todas as quais correspondem a determinados fatos gerais na natureza que são causados por fatos de ordem superior, os quais culminam nos fatos mais universais da natureza. "Nós identificamos os fatos nomológicos básicos com o atributo da extensão [e] os fatos nomológicos derivativos com os modos infinitos e eternos desse atributo."[80] Curley conclui que "Espinoza (...) está identificando o poder ou a essência de Deus com as leis científicas que governam os fenômenos (...) [ou], melhor dizendo, com os fatos gerais descritos por essas leis mais fundamentais".[81]

O que tudo isso significa para a relação entre Deus, ou a substância, e as coisas? De que maneira as coisas ou os modos finitos devem estar "em" Deus? De acordo com a leitura de Curley, Deus é somente substância e atributos, isto é, os fatos nomológicos mais básicos e as leis que os descrevem. "[Espinoza] identificou Deus com (os atributos em que estão inscritos) as leis fundamentais da natureza."[82] Os modos

---

79. Curley, 1969: 59.
80. Curley, 1969: 55.
81. Curley, 1969: 49, 55.
82. Curley, 1988: 42.

finitos, por outro lado, não são idênticos a Deus, tampouco são inerentes a ele. Em vez disso, eles são, insiste Curley, fatos singulares e estão "em Deus" somente no sentido de que são causalmente criados pelos fatos nomológicos de nível mais elevado (ou as leis que os descrevem) que constituem os atributos, em conjunção com (a) os fatos nomológicos de nível mais inferior (ou leis) que constituem os modos infinitos da substância e que resultam desses fatos superiores (leis) e (b) outros fatos singulares. A natureza é regida por uma ordem necessária como o fundamento ativo de todas as coisas e falar de Deus ou da substância nada mais é, segundo a interpretação de Curley, do que se referir a essa estrutura causal mais universal. Para Curley, as coisas estão "em" e "resultam" da natureza divina no sentido de serem fatos que são "causalmente determinados e que se tornam inteligíveis pelas" leis científicas.

> Os fatos singulares que existem em qualquer momento específico são determinados pelos fatos singulares previamente existentes e por determinados fatos gerais, mas (...) nem os fatos singulares previamente existentes nem somente os fatos gerais bastam para determinar quais fatos existem agora. Os fatos singulares previamente existentes nos dão a série infinita de causas finitas. Os fatos gerais nos dão a série finita de causas infinitas, que terminam em Deus.[83]

Assim, quando Espinoza diz que "tudo o que existe está em Deus", o que isso significa, de acordo com a interpretação causal de Curley, é simplesmente que "(1) Deus é a causa aproximada dos modos infinitos, (2) Deus é a causa remota dos modos finitos, no sentido de que ele é sua causa por meio da mediação dos modos infinitos".[84]

Além das passagens citadas acima, em que Espinoza parece reduzir a relação ontológica entre Deus e o mundo a uma alegação causal, existe também um apoio textual para a leitura especificamente nomológica de Curley, como em 1p15s, em que Espinoza parece identificar o ato de estar *em* Deus com o ato de ser causalmente gerado por determinadas leis: "Todas as coisas, eu digo, estão em Deus, e todas as coisas que acontecem, acontecem somente por intermédio das leis da natureza infinita de Deus e resultam (como irei mostrar) da necessidade de sua essência".

II. A Causalidade Imanente de Deus

Há algo que deve ser dito sobre essas duas leituras – o modelo da inerência de Bayle e o modelo causal de Curley – da relação entre a substância e o modo (ou Deus e as coisas) na metafísica de Espinoza.

---
83. Curley, 1969: 66.
84. Curley, 1969: 71.

Cada um deles deve também encontrar algumas dificuldades, embora não sejam problemas necessariamente insuperáveis. Naturalmente, temos os enigmas que Bayle propõe para o modelo de "inerência de sujeito/propriedade". No entanto, Espinoza obviamente poderia responder à primeira objeção de Bayle dizendo que certamente não é o caso de Deus possuir as propriedades incompatíveis em absolutamente quase todos os aspectos, o que seria de fato necessário para gerar a suposta contradição. Simplesmente pelo fato de Deus ser feliz na medida em que é uma pessoa e de Deus ser triste na medida em que é outra pessoa, não acontece de o próprio Deus ser feliz e triste sob o mesmo aspecto, pois fica explicitamente especificado que Deus é feliz e triste sob *diferentes* aspectos.[85] E, analisando a segunda objeção de Bayle, apesar de Espinoza de fato dizer que "Deus ou todos os atributos de Deus são imutáveis" (1p20c), isso não significa que não exista e não possa existir qualquer mudança em Deus; em vez disso, essa é uma alegação a respeito da permanência da existência e da natureza de cada atributo. Espinoza está dizendo que, apesar da variabilidade no nível dos modos (finitos), os atributos em si não mudam.[86] Quanto à terceira objeção de Bayle, baseada na aparente impiedade de tornar Deus a causa de todos os males, Espinoza, como bem se sabe, afirma que os adjetivos "mau" e "pecaminoso" não se referem a nada real na natureza – eles são apenas projeções de nossos julgamentos subjetivos das coisas – e se recusa a aceitar que Deus tenha quaisquer características morais que precisem ser respeitadas e preservadas antes de mais nada; portanto, ele não iria se sentir tão incomodado com essa objeção. Espinoza também não teria se incomodado com a estranheza ontológica de pensar em coisas comuns como propriedades de alguma outra coisa; na verdade, é exatamente parte de seu projeto nos fazer repensar nossa percepção ontológica. Afinal, como Jonathan Bennett (que defende uma versão da leitura da inerência[87]) afirmou, em sua própria crítica da posição de Curley, Espinoza é "original, audacioso e profundo" e agia com um certo "tipo de negligência".[88] A suposta estranheza ou o erro categórico de considerar as coisas como inerentes a um sujeito substancial pode, assim, por

---

85. Veja Bennett, 1984: 96; e Carriero, 1995: 263.
86. Carriero oferece uma defesa um pouco diferente da defesa de Espinoza nesse ponto; veja Carriero, 1995: 264-66.
87. Para a interpretação de Bennett, veja Bennett, 1984, e Bennett, 2001, vol. I: cap. 7, além de Bennett, 1991.
88. Bennett, 2001, vol. I: 145. Da mesma forma, John Carriero acredita que a interpretação de Curley torna a posição de Espinoza menos radical ou, "de maneira frustrante, [a] calunia", fazendo com que ela se torne "comparativamente um senso comum desinteressante"; veja Carriero, 1995: 254-273.

si só, representar uma objeção a essa maneira de interpretar Espinoza somente por meio da provação da pergunta.

A interpretação de Curley certamente evita as supostas implicações desagradáveis do modelo da inerência. Além disso, sua leitura nos faz lembrar de que toda interpretação deve cuidar para fazer justiça à compreensão de Espinoza da natureza total e exata da relação *causal* de Deus com as coisas. Deus (ou substância, ou Natureza) é, acima de tudo, a causa eficiente fundamental e geral de todas as coisas, o agente ativo cujo poder explica o início de sua existência. Tudo isso é absolutamente real, certo e inegociável a respeito da explicação de Espinoza. Não importa qual interpretação da relação substância/modo seja adotada, é preciso preservar a relação *causal* especial que existe entre Deus e as coisas. A questão que divide as duas interpretações é se ela também é uma relação de *inerência*.

Curley diz *não* para essa possibilidade. Entretanto – e é isto o que considero o problema fundamental de sua interpretação –, Espinoza insiste que Deus ou a substância também é a causa *imanente* de seus modos. Enquanto Bennett e outros estudiosos direcionam suas críticas para uma série de outros aspectos da leitura de Curley,[89] eu gostaria de me ater aqui a essa questão particular, já que ela parece não ter recebido qualquer atenção na literatura.

Espinoza diz que "Deus é a causa imanente, e não a transitiva, de todas as coisas" (1p18). Uma causa imanente é normalmente vista como uma cujos efeitos pertencem ou fazem parte de si mesma (algo muito parecido com o que podemos dizer da mente cartesiana como a causa de suas próprias ideias): ela é uma causa que gera um estado em si mesma ou dentro de si mesma.[90] Uma causa transitiva, por outro lado,

---

89. Entre outros pontos, Bennett insiste que, no século XVII, a distinção da substância/modo era equivalente à distinção da coisa/propriedade, e que as próprias palavras de Espinoza (por exemplo, em 1d5) confirmam que ele considerava os modos como "afeições" da substância, em que "afeição" quer dizer estado ou qualidade. Assim, conclui ele, o Espinoza de Curley estaria "usando de maneira equivocada" os termos (Bennett, 2001, vol. I: 141). Carriero mostra que os supostos problemas com a leitura da inerência propostos por Bayle e Curley resultam de uma assimilação enganosa da inerência em relação à predicação, e, além disso, afirma que (de maneira contrária à que parece ser a preocupação de Curley) Espinoza de fato estava disposto a aceitar os particulares que também são acidentes (e, assim, inerentes a uma substância); veja Carriero, 1995: 256-59.

90. Uma causa imanente não deve ser confundida com uma causa que é imanente nas coisas. Harry Wolfson apresenta uma boa discussão disso em Wolfson, 1934, em que ele mostra que a causalidade imanente (em especial no caso de Espinoza, mas também na tradição medieval) não é uma questão de a causa ser inerente ao efeito, mas de o efeito ser inerente à causa (vol. I: 319-28). O próprio Curley parece cético de que qualquer sentido possa ser tirado dessa causalidade imanente: "Como um sujeito pode fazer com que ele mesmo tenha

surte efeitos que são ontologicamente distintos de si mesma (assim como o jogo de beisebol é a causa da janela quebrada e o calor do sol é a causa do gelo derretido). Pode parecer que, a menos que pensemos nas coisas como sendo causalmente geradas por Deus como propriedades ou estados de Deus – ou seja, a menos que adotemos a interpretação da inerência –, não seremos capazes de explicar a causalidade de Deus das coisas como uma causalidade imanente, como nos manda Espinoza.

Agora, a demonstração da causalidade imanente de Deus em 1p18 se baseia exatamente na alegação de que nossas interpretações concorrentes estão em desacordo: "Tudo o que existe está em Deus". Considerando-se que tudo o que Deus gera está "em" Deus, a causalidade de Deus é uma causalidade imanente. Assim, ao que tudo indica, não podemos usar a causalidade imanente de 1p18 para defender uma interpretação da frase problemática, "Tudo o que existe está em Deus", em relação a outra sem utilizar a questão. Entretanto, será que a interpretação causal de Curley, que rejeita o modelo da inerência, ainda assim, de maneira consistente, é capaz de dar sentido à causalidade imanente? Talvez sim, mas somente se puder interpretar a imanência de modo que não implique que o efeito pertença ou seja inerente à causa como seu estado ou propriedade.

Uma característica importante e peculiar da causalidade imanente é a inseparabilidade da causa e do efeito.[91] Sem a existência e a operação contínuas da causa, o efeito deixaria de existir. Os filósofos medievais chamavam isso de *causalitas secundum esse*, ou causalidade com respeito ao ser, e a contrastavam com a *causalitas secundum fieri*, ou causalidade com respeito à transformação (ou o início da existência).[92] O sol é uma *causa secundum esse* de sua luz e de seu calor; quando as reações de fusão no sol são estagnadas, o mesmo acontece com seus efeitos. Ao contrário, um construtor é uma *causa secundum fieri* de uma casa. Assim que a casa é construída, o construtor não precisa continuar trabalhando para manter a casa em existência; em vez disso, a casa concluída (o efeito) possui uma independência ontológica da atividade do construtor (a causa). Agora, Espinoza certamente acredita que Deus

---

as propriedades que tem? Como a relação de inerência que uma propriedade tem com relação ao seu sujeito pode ser de qualquer maneira parecida com a relação que um efeito tem com sua causa?" (Curley, 1988: 36). No entanto, Carriero refere-se a essas preocupações em Carriero, 1995: 259-61. Além disso, a alegação de que Deus é uma causa imanente (o tópico de 1p18) não deve ser confundida com a afirmação relacionada, apesar de distinta, de que as coisas são imanentes em Deus (1p14-15); Gueroult defende bem esse ponto em Gueroult, 1968: vol.I: 295-96.
91. Veja Wolfson, 1934: vol. 1: 321-22.
92. Veja São Tomás de Aquino, *Summa Theologiae* I, q. 104-a1.

honra todas as coisas em uma relação de *causalitas secundum esse*. Na conclusão de 1p24, ele insiste que "Deus não é apenas a causa do início do surgimento das coisas, mas também sua perseverança na existência, ou (para usar um termo escolástico) Deus é a causa do ser (*causa essendi*) das coisas". No escólio da conclusão de 2p10, ele nos lembra que "Deus não é apenas a causa do início do surgimento das coisas (*causa rerum secundum fieri*), como eles dizem, mas também de seu ser (*secundum esse*)". Portanto, pode ser que tudo o que Espinoza está tentando dizer ao chamar Deus de causa imanente de todas as coisas é que essa é a relação de *causalitas secundum esse*, e que a atividade causal de Deus é contínua e necessária com relação à existência e à operação intermitentes de todas as outras coisas, sem também implicar que tudo o mais esteja *em* Deus da maneira como as propriedades são inerentes a um sujeito.

Isso parece, porém, uma concepção um tanto fraca e insuficiente de Deus como uma causa *imanente*. Deve haver mais a respeito da causalidade imanente de Deus do que apenas a *causalitas secundum esse*. (Isso deve ficar claro a partir do fato de que Descartes também considera Deus como uma *causa secundum esse* – de minha alma, por exemplo, como ele afirma na Terceira Meditação –, mas não acredita que Deus seja, portanto, uma causa imanente; o Deus de Descartes é uma causa transitiva e transcendente das criaturas.) Em vez de esgotar a causalidade imanente de Deus de todas as coisas, a *causalitas secundum esse* iria parecer apenas uma de suas características essenciais, como aquela que diz que, *já que* Deus é uma causa imanente e todas as coisas geradas por Deus estão *em* Deus, segue-se que a atividade de Deus é a de uma *causa secundum esse*.

O resultado, gostaria de sugerir, é que a leitura de Curley envolve uma interpretação de 1p15, "Tudo o que existe está em Deus" – na qual, "em" é redutível de "causado por" –, que nos oferece uma compreensão limitada demais da maneira como as coisas estão "em" Deus para sustentar um sentido expressivo da causalidade imanente.

Acredito que Curley poderia tentar aprofundar sua explicação do "em" de 1p15 sem abrir mão de sua tese principal da seguinte maneira. Considerando-se aquilo que Espinoza vê como a natureza lógica das relações causais, em que a necessidade causal é equivalente à necessidade lógica,[93] segue-se que o conceito do efeito fica contido de maneira lógica

---

93. Veja, por exemplo, 1p17s2: "Mostrei de maneira bastante clara (veja 1p16) que, a partir do poder supremo de Deus, ou de sua natureza infinita, uma quantidade infinita de coisas de uma quantidade infinita de modos, isto é, todas as coisas, têm necessariamente fluído,

e resulta do conceito da causa. No entanto, já que Deus é a causa primordial de todas as coisas, isso significa que tudo está *em* Deus, exatamente da mesma forma como um consequente está *em* seu(s) antecedente(s) ou *em* seu fundamento lógico. *B* está em *A*, nesse sentido, apenas caso *B* seja logicamente implicado por *A*.[94] Se, em última instância, tudo possui seu fundamento causal em Deus, então tudo está causalmente – isto é, logicamente – em Deus.

É claro que as únicas coisas que são logicamente implicadas apenas por Deus (isto é, pela "natureza absoluta de qualquer um dos atributos de Deus") são os modos infinitos imediatos e (por meio deles) os modos infinitos mediatos. Como o próprio Curley mostra com habilidade, qualquer modo finito particular é gerado e logicamente implicado por Deus (atributos) e os modos infinitos somente em conjunção com outros modos finitos. Contudo, a série infinita de modos finitos ("a face de todo o universo") é em si um dos modos infinitos mediatos; assim, a totalidade de coisas finitas – "todas as coisas [finitas]" – estão "em" Deus no sentido de que essa totalidade não se aplica de maneira lógica aos atributos e tudo o que é imediatamente implicado por eles.

Acredito, porém, que até mesmo essa leitura *lógica* ainda seja uma compreensão externalista demais de como as coisas podem estar *em* Deus, não fazendo jus à ousadia *ontológica* pretendida da alegação de Espinoza. No final, poderá ser simplesmente difícil demais manter a causalidade imanente sem a inerência. Consideremos, por exemplo, a discussão de Espinoza da imanência no *Tratado Breve*, em que ele diz que "[Deus] é uma causa imanente e não transitiva, já que ele realiza tudo em si mesmo e não fora de si" (G I: 35; Espinoza, 1985: 80). Ele cita como exemplo de causalidade imanente (em que a causa "de modo algum produz nada fora de si") "o intelecto [como] a causa de seus conceitos" (G I: 30; Espinoza, 1985: 76). Na verdade, parece que até mesmo Curley reconhece que, sem a inerência, a imanência – e um sentido mais forte da forma como as coisas estão "em" Deus – fica praticamente perdida; em um determinado ponto, ele admite que, de acordo com sua ideia, devemos pensar em Deus produzindo e agindo "em coisas além de Deus".[95] Para resumir, quando Espinoza fala de Deus agindo "em coisas além de Deus", parece-me um preço alto demais para ser pago para que uma interpretação deixe de considerar a inerência.

---

ou sempre resultam, pela mesma necessidade e da mesma forma como, da natureza de um triângulo, resulta-se, da eternidade e para a eternidade, que seus três ângulos são iguais a dois ângulos retos".
94. Curley parece querer ler isso dessa maneira; veja Curley, 1969: capítulo 2.
95. Curley, 1988: 38.

III. "Tudo o Que Existe Está em Deus"

Algo importante para a compreensão da filosofia de Espinoza depende dessa questão de como interpretar o *em* de 1p15, "Tudo o que existe está *em* Deus". Uma das questões mais difíceis e recorrentes levantadas pela *Ética* é exatamente como entender a identificação de Espinoza de Deus com a Natureza, principalmente da maneira como ela é expressa pela mal-afamada frase *Deus sive Natura*, "Deus ou Natureza" (4p4d). Não há dúvidas de que a identidade que ele tem em mente é estrita e liberal. Ele está negando que Deus seja algo distinto em relação à Natureza, independentemente de entendermos que isso signifique "distinto do lado de fora da Natureza" (como um Deus transcendente normalmente é concebido) ou até mesmo "distinto, porém de dentro da Natureza", como uma espécie de elemento sobrenatural na natureza. Como Espinoza diz em uma carta a Henry Oldenburg de abril de 1662, "eu não separo Deus da natureza como todas as pessoas que conheço costumam fazer" (Ep 6; G IV: 36; Espinoza, 1985: 188). O *"sive"* da frase *"Deus sive Natura"*[96] claramente representa o "ou" da identificação: "Deus, isto é, a Natureza", ou "Deus, ou – o que é a mesma coisa – a Natureza".

Entretanto, qual é exatamente a extensão da identificação dos dois? Será que Deus é o *todo* da Natureza, o universo inteiro e tudo o que existe nele? Ou será que Deus é um conjunto dos aspectos fundamentais, imutáveis, eternos e universais da Natureza? Com base na interpretação da inerência da frase "Tudo o que existe está em Deus", isto é, na interpretação de Bayle da relação entre Deus/substância e os modos, segundo a qual todas as coisas estão em Deus como as propriedades estão em um sujeito, Deus deve ser idêntico ao todo da Natureza, incluindo todos os seus conteúdos. Isso acontece porque as propriedades, ou os estados, de uma coisa *são* a coisa, que existe de uma determinada maneira. Assim, Deus é a união dos elementos universais da Natureza – substância, seus atributos e tudo o que eles envolvem –, bem como todas as coisas que são (de maneira imanente) causadas e pertencentes a essas naturezas, bem no nível mais inferior de particularidade. Deus é a natureza material (Extensão) e suas características mais gerais, assim como toda coisa material e estado particular de uma coisa material que expressa essa natureza; e Deus é a natureza pensante (Pensamento) e suas características mais gerais, bem como todas as "ideias" individuais ou mentes que expressam essa natureza e

---

96. Em *Ética*, Parte 4, Prefácio (G II: 206; Espinoza, 1985: 544), Espinoza diz *Deus, seu Natura*.

todas as ideias particulares que elas têm, de modo que o mesmo que se aplica a todos os atributos.

Segundo a interpretação causal de Curley, em que a relação entre Deus e as coisas particulares é mais externa, Deus é identificado somente com a substância e seus atributos, as naturezas universais e os princípios causais que regem todas as coisas.[97] Deus não é literalmente idêntico às coisas particulares, já que elas não estão *em* Deus do modo como as propriedades estão em um sujeito. Em vez disso, essas coisas são simplesmente necessárias e eternamente geradas de maneira causal e eterna por Deus (e, assim, perpetuamente dependentes dele). Deus é a dimensão infinita, invisível e ativa da Natureza, suas essências e leis mais universais e básicas. Todo o restante, incluindo o mobiliário visível do mundo, nada mais é do que um efeito dos poderes de Deus.

Assim, Espinoza certamente reconhece os aspectos ativos e passivos da Natureza. Existe, de fato, uma distinção importante que ele apresenta em 1p29s, em que vemos que o termo "Natureza" é, quando não qualificado, ambíguo.

> Quero explicar aqui (...) aquilo que deve ser compreendido como *Natura naturans* (literalmente, Natureza que natura) e *Natura naturata* (Natureza naturada) (...) Por *Natura naturans* devemos entender aquilo que está em si mesmo e é concebido por si mesmo, ou aqueles atributos da substância que expressam uma essência eterna e infinita, isto é, Deus, na medida em que ele é considerado uma causa livre.
>
> Entretanto, por *Natura naturata* entendo tudo o que resulta da necessidade da natureza de Deus, ou de qualquer um dos seus atributos, isto é, todos os modos dos atributos de Deus na medida em que são vistos como coisas que estão em Deus e que não podem existir nem serem concebidos sem ele.

De acordo com a interpretação puramente causal de Curley da relação de Deus com as coisas, Deus deve ser identificado não com toda a Natureza, mas somente com a *Natura naturans*. Deus é só a substância e seus atributos. Tudo o que resulta da substância ou é causado por ela – ou ainda, para usarmos o particípio passivo empregado por Espinoza, *naturado* por ela – (ou seja, absolutamente todo o resto) pertence à *Natura naturata* e é, portanto, diferente (apesar de causalmente dependente) de Deus. De acordo com a interpretação de inerência da substância/

---
97. Veja Curley, 1969: 42.

propriedade defendida por Bayle, Deus é tanto *Natura naturans* como *Natura naturata*.

Apesar da polidez e da sofisticação da interpretação causal de Curley, deve-se entender que, à luz dessa distinção entre *Natura naturans* e *Natura naturata*, existe uma certa vantagem para a leitura na qual Deus é idêntico a todo o universo, tanto em seu aspecto invisível ativo como no visível passivo. Espinoza identifica *Deus* com *Natura*. Assim, quando ele nos diz que *Natura* inclui tanto um aspecto *naturans* como um aspecto *naturata*, a conclusão natural seria que *Deus* deve ser identificado com esses dois aspectos. Deus simboliza tanto a dimensão ativa como a passiva da Natureza, aquilo que causa (ou "natura") e aquilo que é causado (ou "naturado"). Se, conforme afirma o escólio em 1p29, *Natura naturans* é simplesmente Deus, "na medida em que ele é considerado como uma causa livre", a consequência aparente seria que *Natura naturata* também fosse Deus, na medida em que é considerado de alguma outra forma. Vejo isso como sendo a conclusão de alegações de Espinoza, como a seguinte:

> Quando dizemos que a mente humana percebe isso ou aquilo, não estamos dizendo nada além de que Deus, não na medida em que é infinito, mas na medida em que é explicado por meio da natureza da mente humana, ou na medida em que constitui a essência da mente humana, tem essa ou aquela ideia. (2p11c)

No final, então, a leitura causal oferecida por Curley (e adotada por Allison e outros) parece não conseguir fazer justiça a elementos importantes da metafísica de Espinoza de Deus e da relação de Deus ou da substância com as coisas finitas.

IV. O Suposto Panteísmo de Espinoza

Gostaria de encerrar com algumas observações a respeito de uma questão interessante e de grande importância que tem uma relação com minha discussão até aqui: será que a identificação de Espinoza de Deus com a Natureza indica que ele é, assim como muitas pessoas insistiram por tanto tempo, desde o início do século XVIII até a mais recente edição do *Dicionário de Filosofia de Cambridge*, um panteísta?

No geral, o panteísmo é a visão que rejeita a transcendência de Deus. De acordo com o panteísta, Deus é, de algum modo, idêntico ao mundo. Pode haver aspectos de Deus que são ontológica ou epistemologicamente distintos do mundo, mas, para o panteísmo, isso não deve implicar que Deus é, em si, essencialmente separado do mundo.

O panteísta também tem grandes chances de rejeitar qualquer tipo de antropomorfização de Deus ou a atribuição à divindade de características psicológicas e morais moldadas na natureza humana. O Deus do panteísta (normalmente) não é um Deus pessoal.[98]

No âmbito dessa estrutura geral, é possível distinguir duas variedades de panteísmo. Em primeiro lugar, o panteísmo pode ser visto como a negação de qualquer distinção imaginável entre Deus e o mundo natural e a afirmação de que Deus é, na verdade, idêntico a tudo o que existe. "Deus é tudo e tudo é Deus."[99] Com base nessa visão, Deus é o mundo e todo o seu conteúdo natural e nada além disso. Chamarei essa ideia de panteísmo redutivo. Em segundo lugar, o panteísmo pode ser compreendido como a confirmação de que Deus é diferente do mundo e de seu conteúdo *natural*, mas, apesar de tudo, "contido" ou "imanente" neles, talvez da maneira como a água está contida em uma esponja saturada. Deus está em tudo e em todos, segundo essa versão, em virtude de estar dentro de tudo. Chamarei essa ideia de panteísmo imanentista; ela envolve a alegação de que a natureza contém, dentro de si, além de seus elementos naturais, um elemento sobrenatural e divino.[100]

Então, será que Espinoza é um panteísta? Qualquer análise adequada da identificação de Espinoza entre Deus e Natureza irá mostrar, de maneira clara, que Espinoza não pode ser um panteísta no segundo sentido, o imanentista. Para Espinoza, não existe nada além da Natureza, seus atributos e modos. E, dentro da Natureza, certamente não pode haver nada que seja sobrenatural. Se Espinoza está tentando eliminar alguma coisa, deve ser aquilo que está acima ou além da natureza, que escapa das leis e dos processos da natureza. Entretanto, será que ele é um panteísta no primeiro sentido redutivo?

A questão sobre se Deus deve ser identificado com o *todo* da Natureza ou somente com uma *parte* dela (isto é, *Natura naturans*) pode ser vista como crucial para a questão do suposto panteísmo de Espinoza. Afinal, se o panteísmo é a ideia de que Deus está em tudo, então Espinoza é um panteísta somente se ele identificar Deus com *tudo* na Natureza, ou seja, somente se adotarmos a interpretação da inerência

---

98. Para uma análise do panteísmo, em especial com relação a essas duas características, veja Levine, 1994: 1-22.
99. Owen, 1971: 74.
100. Com frequência, sugere-se que a filosofia de Espinoza seja, na verdade, um *panenteísmo*, simplesmente pelo fato de ele afirmar que tudo está "em Deus". No entanto, isso não pode estar certo, uma vez que o panenteísmo, da maneira como é tradicionalmente compreendido (por Charles Hartshorne, por exemplo), reconhece que, apesar de o mundo estar em Deus, existe muito mais a respeito de Deus do que o mundo e, assim, Deus transcende a natureza.

da relação entre a substância e os modos em sua metafísica. Na verdade, é exatamente assim que a questão é articulada na literatura recente. Tanto aqueles que acreditam que Espinoza *é* um panteísta como aqueles que acreditam que ele *não é* um panteísta prendem-se à questão que tenta responder se Deus deve ser identificado com o todo da Natureza, incluindo os modos finitos, ou somente com a substância e os atributos, mas não os modos. Assim, Curley insiste que Espinoza não é um panteísta, pois (de acordo com sua interpretação) Deus deve ser identificado somente com a substância e seus atributos, os princípios causais mais universais da Natureza, e não com quaisquer modos da substância. "A 'substância' denota não o todo da natureza, mas apenas sua parte ativa, seus elementos primários."[101] Por outro lado, Jonathan Bennett afirma que Espinoza *é* um panteísta, exatamente pelo fato de identificar Deus com o todo da natureza.[102]

Gostaria de sugerir, porém, que essa discussão a respeito da *extensão* da identificação de Espinoza entre Deus e a Natureza não é de fato a mesma de quando questionamos o suposto panteísmo de Espinoza. Para termos certeza, se com "panteísmo" nos referimos à ideia de que Deus é tudo e se, assim como Curley, lemos Espinoza como dizendo que Deus é somente *Natura naturans*, então o Deus de Espinoza não é tudo e, por consequência, ele não é um panteísta, ao menos não no sentido comum. As coisas finitas, de acordo com essa leitura, apesar de serem causadas pelos aspectos eternos, necessários e ativos da Natureza, não são idênticas a Deus ou à substância, mas, em vez disso, são seus efeitos. Entretanto, esse não é o sentido *interessante* que mostra que Espinoza não é um panteísta, pois, mesmo que Espinoza de fato identifique Deus com o todo da Natureza, não é o caso de dizer que Espinoza *seja* um panteísta. A verdadeira questão não é qual seria a leitura mais adequada da metafísica da concepção de Espinoza de Deus e de sua relação com os modos finitos. Em qualquer das interpretações, a abordagem de Espinoza é naturalista e redutiva. Deus é idêntico ao todo da Natureza ou somente a uma parte dela; por essa razão, Espinoza compartilha de alguns aspectos do panteísta redutivo. Contudo, o ponto importante é

---

101. Curley, 1969: 42. Veja também Curley, 1991: 35-60.
102. Veja Bennett, 1984: 58. Yovel segue uma linha parecida (Yovel, 1989: 76). Gueroult, apesar de não dizer explicitamente que Espinoza identifica Deus com o todo da natureza, ainda assim considera Espinoza como defensor de um *panthéisme* apenas porque (considerando sua leitura de Espinoza a respeito da atividade causal imanente de Deus) os modos/efeitos são *intérieur* ou inerentes a Deus; veja Gueroult, 1968: vol. I: 295-99. Por outro lado, basicamente concordando com Curley, temos Alan Donagan, que afirma que "Espinoza não é um panteísta", uma vez que nega que "a totalidade das coisas finitas é Deus" (Donagan, 1988: 90); e Zac, 1991: 238.

que até mesmo os ateístas podem, sem grandes dificuldades, admitir que Deus nada mais seja do que a Natureza. O panteísmo e o ateísmo redutivo defendem ontologias extensivamente equivalentes.

Em vez disso, a questão do panteísmo de Espinoza irá de fato ser respondida de acordo com o aspecto psicológico das coisas, com relação à devida atitude a se tomar com referência a *Deus sive Natura*. Eu diria que, independentemente de qual das duas leituras da relação substância/modo se decida adotar, a de Bayle ou a de Curley, é um erro chamar Espinoza de "panteísta", uma vez que o panteísmo ainda é um tipo de teísmo religioso. O que de fato distingue o panteísta do ateísta é que este não considera inadequadas as atitudes psicológicas religiosas exigidas pelo teísmo. Em vez disso, o panteísta simplesmente afirma que Deus, concebido como um ser diante do qual se deve adotar uma atitude de respeito reverente, é ou está na Natureza. E nada poderia ser mais distante do espírito da filosofia de Espinoza, que não acredita que o respeito reverente ou a adoração sejam uma atitude adequada para assumirmos diante de Deus ou da Natureza.[103] Não há nada santo ou sagrado a respeito da Natureza, além de certamente não ser o objeto de uma experiência religiosa. Em vez disso, devemos nos esforçar para entender Deus ou a Natureza com o tipo de conhecimento intelectual adequado ou claro e distinto que revele as verdades mais importantes da Natureza e mostre como tudo depende essencial e existencialmente de causas naturais superiores. O segredo para descobrir e experimentar Deus, segundo Espinoza, são a filosofia e a ciência, não o respeito religioso ou a submissão reverente. Estes últimos só fazem surgir o comportamento supersticioso e a subserviência às autoridades eclesiásticas; os primeiros conduzem à iluminação, à liberdade e à verdadeira felicidade (isto é, à paz de espírito).

Para termos certeza, Espinoza, às vezes, é capaz de utilizar uma linguagem que parece profundamente religiosa. Ele diz que "sentimos e conhecemos por experiência que somos eternos" (5p23s) e que a virtude e a perfeição vêm acompanhadas por um "amor de Deus (*amor*

---

103. Bennett discorda dessa leitura. Ele, com razão, considera que a maior parte da questão do panteísmo de Espinoza é referente à devida atitude a ser tomada com relação a Deus ou à Natureza. Entretanto, ele afirma que Espinoza é, na verdade, um teísta (panteísta) apenas por esta razão: "Espinoza tinha outro motivo para usar o nome 'Deus' para a Natureza como um todo, ou seja, sua visão da Natureza como um objeto digno de reverência, respeito e amor humilde (...) Ele poderia, então, considerar a Natureza não apenas como o melhor tema das *descrições* metafísicas aplicadas a Deus na tradição judaico-cristã, mas também como o melhor objeto das *atitudes* que, nessa tradição, são adotadas somente com relação a Deus". "Espinoza", conclui ele, "aceitava sim o panteísmo como uma forma de religião" (Bennett, 1984: 34-35).

Dei)" (5p15, 5p32s, 5p33). No entanto, essas frases não devem receber seu significado religioso tradicional. O projeto naturalista e racionalista de Espinoza exige que consideremos essas noções com uma interpretação intelectualista adequada. Assim, o amor de Deus nada mais é do que uma conscientização da causa natural primordial da felicidade que acompanha a melhoria de nossa condição que o terceiro tipo de conhecimento (*intuitus*) proporciona; amar a Deus nada mais é do que compreender a Natureza. E a eternidade da qual participamos é representada unicamente pelo conhecimento das verdades eternas que compõem uma parte da mente de uma pessoa racional.[104]

Não existe lugar no sistema de Espinoza para o sentido reverencial do mistério diante da Natureza. Uma atitude como essa deve ser dissipada pela inteligibilidade das coisas. A curiosidade religiosa nasce da ignorância, acredita ele. No importantíssimo apêndice da primeira parte de *Ética*, Espinoza compara a pessoa que "está ansiosa, assim como um homem educado, para compreender as coisas naturais" com a pessoa que "se admira (*admirari studet*) diante delas, como um tolo".[105] Parece óbvio que, para Espinoza, qualquer pessoa que se aproximasse da Natureza com o tipo de respeito reverente geralmente exigido pela atitude religiosa seria representante do segundo grupo de pessoas.

Por definição, panteísmo não é ateísmo. E é bastante óbvio, ao menos para mim, que Espinoza é um ateísta. Novalis estava enganado quando disse que Espinoza era um "homem intoxicado por Deus". Espinoza não promovia a natureza como algo divino. Ao contrário, ele reduzia o divino à natureza – ele naturalizava Deus – na esperança de diminuir o poder das paixões e das crenças supersticiosas que as concepções tradicionais de Deus fazem surgir. Se existe um teísmo em Espinoza, ele não passa de algo nominal. Ele usa a palavra "Deus" para se referir à "Natureza", mas somente porque as características básicas da Natureza ou Substância – eternidade, necessidade, infinidade – são aquelas normalmente atribuídas a Deus. Era uma maneira de esclarecer sua visão da Natureza e da Substância, não de introduzir uma dimensão divina ao mundo.[106]

---

104. O amor intelectual de Deus e a eternidade da mente são duas das doutrinas mais complexas de Espinoza, de modo que uma devida análise delas vai além da abrangência deste artigo. Para um exame da eternidade da mente, veja Nadler, 2002.
105. G II: 81; Espinoza, 1985: 443. Veja também TPP, cap. 6, em que a admiração (*admiratio*) é relacionada a uma ausência de compreensão (G III: 83-84).
106. Gostaria de agradecer a Charlie Huenemann e John Carriero por seus comentários em versões anteriores deste artigo.

Capítulo 4

O necessitarismo em Espinoza e Leibniz

Michael V. Griffin

O necessitarismo é a posição de que tudo que é real é necessário, ou de que o mundo real é o único mundo possível. A necessidade e a possibilidade são compreendidas aqui como absolutas ou metafísicas. Bennett chama isso de uma ideia "tremendamente implausível".[107] E Curley e Walski dizem que "ideias que são tremendamente implausíveis não devem ser atribuídas a grandes filósofos já falecidos sem que tenhamos fortes evidências textuais" (Curley e Walski, 1999: 242). No entanto, as evidências textuais para atribuirmos o necessitarismo a Espinoza parecem bastante fortes. Além disso, não acredito que o necessitarismo de Espinoza seja tremendamente implausível. Irei defender a posição que atribuo a Espinoza analisando em primeiro lugar o argumento de Leibniz referente ao necessitarismo. Leibniz passou muito mais tempo do que Espinoza tentando esclarecer melhor suas ideias desse tema. Entretanto, acredito que a posição desses dois filósofos, com relação à necessidade de todas as coisas, é substancialmente a mesma. Em poucas palavras, os dois filósofos distinguem entre o fato de algo ser intrinsecamente necessário, ou necessário somente em virtude de sua essência ou conceito, e de ser extrinsecamente necessário, ou necessário somente em virtude de estar vinculado a algo necessário. Os dois filósofos afirmam que a existência de Deus, e somente sua existência, é intrinsecamente necessária. E acredito que ambos estão comprometidos com a afirmação de que tudo o mais é extrinsecamente necessário, pois sua

---
107. Bennett, 1996: 75.

existência está vinculada à existência de Deus. Contudo, os dois filósofos acreditam na existência de coisas irreais que são possíveis, no sentido de que seu conceito ou essência são internamente consistentes, embora sua inexistência esteja vinculada à existência de Deus. Acredito que a diferença mais fundamental e importante entre Leibniz e Espinoza com relação à questão do necessitarismo seja sua concepção do Deus de cuja natureza resulta a necessidade de todas as coisas.

I. O NECESSITARISMO DE LEIBNIZ

Leibniz defende doutrinas lógicas que parecem ter consequências necessitárias. Por exemplo, ele garante que todas as verdades são analíticas e que todas as propriedades de um indivíduo estão contidas em seu conceito individual. Entretanto, essas doutrinas não levam diretamente ao necessitarismo, a menos que acreditemos que a existência é uma propriedade ou um predicado. Essa é uma questão de desacordo entre os leitores de Leibniz e nada tenho a dizer a esse respeito aqui.[108] Minha preocupação é com um conjunto de doutrinas leibnizianas que de fato parecem nos levar diretamente ao necessitarismo. Elas são suas doutrinas teológicas de que Deus necessariamente existe, é necessariamente perfeito e é necessitado por sua perfeição para agir da melhor maneira possível.

O argumento teológico-necessitário pode ser construído a partir das duas passagens a seguir:

> A Como, porém, Deus é a mente mais perfeita, é impossível que ele não seja afetado pela harmonia mais perfeita e, assim, necessitado para realizar o melhor por meio da mesma idealidade das coisas (...) Por conseguinte, vemos que tudo o que aconteceu, está acontecendo ou irá acontecer é melhor e, portanto, necessário.[109]

---

108. Veja, por exemplo, Curley, 1972, e Adams, 1994, cap. 1, seção 2.6; cap. 2, seção 3; e cap. 6.
109. A II, i, 117-18/L. 146-47. Estou usando as seguintes abreviações convencionais para as referências das obras de Leibniz (as referências completas podem ser encontradas na bibliografia):

A	*Gottfried Wilhelm Leibniz: Sämtliche Schriften und Briefe*. Akademie der Wissenschaften. Citado por série, volume e número da página.
AG	*Philosophical Essays* [Ensaios Filosóficos]. Trad. [para o inglês] e ed. Roger Ariew e Daniel Garber.
GP	*Die philosophischen Schriften von G. W. Leibniz*. Ed. C. I. Gerhardt. Citado por volume e número da página.
Grua	*Textes inédits d'après les manuscrits de la Bibliothèque provinciale de Hanovre*.
L	*Philosophical Papers and Letters* [Documentos e Cartas Filosóficas]. Trad. [para o inglês] e ed. Leroy E. Loemker.

B A existência de Deus é necessária; os pecados incluídos na série de coisas resultam disso; tudo o que resulta de algo necessário é em si necessário. Portanto, os pecados são necessários.[110]

O argumento básico é este: (1) a existência e a perfeição de Deus são necessárias. Naturalmente, essa é uma ideia tradicional. (2) É necessário que um ser perfeito escolha o melhor, isto é, decida realizar o melhor de todos os mundos possíveis. Essa é uma ideia mais peculiarmente leibniziana. A seguir, examinaremos uma passagem que a defende. Portanto, (3) a realização do melhor de todos os mundos possíveis está vinculada à existência e à perfeição de Deus. Assim, (4) é necessário que o melhor de todos os mundos possíveis seja real. (4) resulta de (3) pelo princípio de que a necessidade é fechada pelo vínculo, ou seja, tudo que está vinculado a algo necessário é necessário.

A passagem A é tirada da carta a Wedderkopf, escrita em maio de 1671. As palavras são do próprio Leibniz. A passagem B é tirada do diálogo intitulado *A Confissão de um Filósofo*, rascunhado pela primeira vez em 1672 ou 1673 e revisado em 1678 ou 1679. As palavras pertencem ao oponente de Leibniz e apresentam uma objeção às suas doutrinas metafísicas e teológicas. Minha tese é de que a ideia de Leibniz não mudou de maneira substancial desde a carta de Wedderkopf até a reedição da *Confissão*. O que mudou foi a maneira usada por Leibniz para expressar a doutrina de que tudo o que é real é necessário.

No primeiro rascunho da *Confissão*, Leibniz responde à objeção necessitária da seguinte forma:

> Respondo que não é verdade que tudo o que resulta daquilo que é necessário seja necessário. Das verdades, podemos estar certos, nada resulta que não seja verdadeiro. Contudo, (...) por que algo contingente não pode resultar de algo necessário?[111]

É impressionante que, com o intuito de evitar as consequências necessárias dessas doutrinas teológicas, Leibniz acha necessário negar o que Bennett chama de "o teorema mais fundamental de qualquer lógica modal" (Bennett, 1984: seção 27.1). Acredito que isso mostra o

---

LA   *The Leibniz-Arnauld Correspondence* [A Correspondência de Leibniz-Arnauld]. Trad. [para o inglês] H. T. Mason. Citado por número da página em GP II (incluído nas margens de Mason).

T   *Essais de Théodicée*. GP VI, 1-436. Tradução para o inglês: *Theodicy*. Trad. E. M. Huggard. Citado pelo número da seção.

VE   *Gottfried Wilhelm Leibniz. Vorausedition zur Reihe VI – Philosophischen Schriften*.

110. A VI, iii, 127.
111. A VI, iii, 127.

compromisso sério de Leibniz com a doutrina de que a natureza perfeita de Deus gera sua escolha do melhor. A resposta mais óbvia e mais plausível para a objeção é negar que a perfeição de Deus esteja vinculada à realidade do melhor mundo possível. Logo depois de rascunhar a *Confissão*, porém, Leibniz rejeitou sua negação desqualificada do princípio da conclusão. Em um ensaio de 1675, ele escreve: "Tudo o que é incompatível com aquilo que é necessário é impossível".[112] Para Leibniz, "X é incompatível com Y" significa que a conjunção (ou coexistência) de X e Y é impossível. Entendido dessa forma, o que Leibniz diz aqui é logicamente equivalente ao princípio de que "tudo o que resulta de algo necessário é em si necessário". E, ao revisar a *Confissão*, Leibniz corrige a negação do princípio da conclusão da seguinte forma:

> Respondo que não é verdade que tudo o que resulta daquilo que é necessário *por si mesmo* seja necessário *por si mesmo*. Das verdades, podemos estar certos, nada resulta que não seja verdadeiro. Contudo, (...) por que algo contingente, *ou necessário na hipótese de alguma outra coisa*, não pode resultar de algo necessário *por si mesmo*?[113]

Ele também adicionou esta passagem ao texto:

> Nesse lugar, chamamos de necessário somente aquilo que é necessário por si mesmo – ou seja, aquilo que tem a razão de sua existência e a verdade em seu interior. As verdades da geometria são desse gênero. No entanto, em meio às coisas existentes, somente Deus é desse gênero; todo o restante, que resulta das suposições da série de coisas – isto é, da harmonia das coisas ou da existência de Deus –, é contingente por si mesmo e somente hipoteticamente necessário.[114]

Uma coisa, X, é necessária *por si mesma* somente no caso de a existência de X resultar de seu conceito ou de sua essência. Chamarei algo que é necessário por si mesmo de *intrinsecamente necessário*. Deus é um exemplo – o único exemplo, para Leibniz – de algo que é intrinsecamente necessário. Y é *necessário na hipótese de X* somente no caso de que (a existência real de) X exija (a existência real de) Y. O caso que é mais interessante para nós é quando Y não é intrinsecamente necessário e, portanto, contingente por si mesmo ou intrinsecamente contingente. Nesses casos, direi que Y é *extrinsecamente necessário*. O argumento de Leibniz, na versão revisada da *Confissão*, é o seguinte:

---

112. A VI, iii, 464/Pk7.
113. A VI, iii, 127-8, ênfase minha.
114. A VI, iii, 128.

Deus é intrinsecamente necessário. Imaginemos que o melhor dentre todos os mundos possíveis é necessário na hipótese da existência de Deus, isto é, a existência de Deus exige a realidade do melhor dentre todos os mundos possíveis. Essa é uma suposição da objeção proposta em B, a qual Leibniz não nega aqui. Contudo, *não acontece* de o mundo real ser *intrinsecamente* necessário. A realidade do melhor mundo possível resulta da perfeição de Deus, não de sua própria essência ou de seu próprio conceito.[115]

Essa não é uma resposta satisfatória para a objeção necessitária. Sequer parece ser uma tentativa plausível de uma resposta satisfatória, a menos que Leibniz tenha a intenção de definir a necessidade nos termos daquilo que chamei de necessidade intrínseca. Em muitos lugares, Leibniz parece fazer exatamente isso. Por exemplo, na versão revisada da *Confissão*, ele diz: "chamamos de necessário somente aquilo que é necessário por si mesmo". E, no mesmo lugar, ele escreve:

> Acabo de definir o necessário como aquilo que é o contrário daquilo que não pode ser concebido; portanto, *a necessidade e a impossibilidade das coisas devem ser buscadas nas ideias das coisas em si e não no lado de fora dessas coisas*.[116]

Além disso, em seu comentário de 1678 a respeito da *Ética* de Espinoza, Leibniz escreve: "Pois, se a essência de uma coisa não envolve a existência, ela não é necessária"[117] e "Eu uso o termo 'contingente', assim como outras pessoas, para aquilo cuja essência não envolve a existência".[118] E, na *Teodiceia*, de 1710, vemos que:

> Em uma palavra, quando falamos da *possibilidade* de uma coisa, não estamos nos referindo à questão das causas que podem gerar ou impedir sua real existência; caso contrário, poderíamos mudar a natureza dos termos e tornar inútil a distinção entre o possível e o real.[119]

---

115. Não está claro para mim se Leibniz acha que o mundo real possui uma essência, mas ele sem dúvida acredita que possui um conceito; veja, por exemplo, LA 41.
116. Ênfase minha. Uma coisa que vale a pena ser observada é que essa passagem está presente no primeiro rascunho de *Confissão*. Isso indica que Leibniz já estava pensando na necessidade segundo os termos da necessidade intrínseca quando escreveu o original. Sendo assim, a negação de Leibniz do princípio da conclusão em 1672/73 pode não ter sido tão radical como parece à primeira vista. Acredito que sua afirmação de que não é verdadeiro tudo aquilo que resulta daquilo que é necessário *por si mesmo* é necessário *por si mesmo* simplesmente expressa de forma mais nítida aquilo que ele quis dizer quando escreveu: "não é verdadeiro que aquilo que resulta daquilo que é necessário seja necessário".
117. A VI, iv, 1773/L. 205 n.9.
118. A VI, iv, 1775/L. 203.
119. T 235.

A afirmação de que a necessidade ou a possibilidade de uma coisa devem ser buscadas em sua essência ou em seu conceito é repetida diversas vezes na obra de Leibniz. Contudo, não acredito que ele tenha se entregado à tentação de identificar a necessidade absoluta com a necessidade intrínseca. Há passagens que discutem as noções correlativas de possibilidade e impossibilidade em que Leibniz, de maneira explícita, distingue entre algo ser intrínseca ou extrinsecamente (im) possível. Por exemplo:

> A impossibilidade é um conceito de duas mãos: aquilo que não tem uma *essência* e aquilo que não tem *existência*, isto é, aquilo que não foi, não é e não será, *pelo fato de ser incompatível com Deus* (...) Tudo o que é incompatível com aquilo que é necessário é impossível.[120]

E, na *Confissão*, Leibniz diz:

> Portanto, se a essência de uma coisa pode ser concebida, considerando-se que possa ser concebida de maneira clara e distinta, (...) então, certamente ela deve ser considerada possível, e seu contrário não será necessário, mesmo se talvez *sua existência for contrária à harmonia das coisas e à existência de Deus*.[121]

Por fim, em uma passagem adicionada à margem da *Confissão*, mas posteriormente rasurada, ele escreveu:

> O impossível é aquilo cuja essência é incompatível com si mesmo. O incongruente ou rejeitado (como aquilo que não foi, não é e nem será) é aquilo *cuja essência é incompatível com a existência, isto é, com a coisa Existente, ou seja, a primeira das coisas existentes, ou seja, aquilo que existe por si mesmo, ou seja, Deus*.[122]

Nessas passagens, Leibniz afirma que algo que é, ao contrário, intrinsecamente possível, pode ser impossível em virtude de ser incompatível com algo necessário (por exemplo, Deus). A impossibilidade e a necessidade, assim como a incompatibilidade, aqui devem ser vistas como absolutas ou metafísicas.

Há ainda muitas outras evidências filosóficas para a rejeição da identificação da necessidade metafísica e intrínseca. Leibniz afirma que a necessidade metafísica segue o princípio da conclusão. Ele também afirma que a necessidade intrínseca não segue esse princípio. Sendo assim, a necessidade intrínseca não é uma necessidade metafísica. Na

---
120. A VI, iii, 463-64/Pk 7, ênfase minha.
121. A VI, iii, 127-8, ênfase final minha.
122. A VI, iii, 128, ênfase minha.

verdade, essa é uma boa razão para acreditarmos que a necessidade intrínseca sequer chega a ser um *tipo* de necessidade, já que o princípio da conclusão é "o teorema mais fundamental de qualquer lógica modal". A necessidade intrínseca é, na realidade, *uma boa razão para* que a existência de uma coisa seja absoluta ou metafisicamente necessária.[123] Isso é o mesmo que dizer que a distinção entre a necessidade intrínseca e a extrínseca tem o objetivo de distinguir entre duas explicações diferentes o fato de uma coisa ser metafisicamente necessária e não de identificar dois tipos diferentes de graus de necessidade. Embora Leibniz, às vezes, tente definir a necessidade nos termos de uma necessidade intrínseca, sua forma mais comum de definir a necessidade é como aquilo cuja negação envolve uma contradição, sem a qualificação de que a contradição deva ser, de algum modo, interna à negação. Essa noção mais ampla da necessidade envolve tanto a necessidade intrínseca como a extrínseca. As necessidades intrínsecas são aquelas cuja negação é autocontraditória. As necessidades extrínsecas são aquelas cuja negação, somente em conjunção com algumas outras necessidades, implica uma contradição.

Para entender a posição de Leibniz, precisamos reforçar que seus principais interesses referentes ao necessitarismo são teológicos. É importante para ele que o mundo real seja intrinsecamente contingente, já que, do contrário, a sabedoria e a benevolência de Deus não representariam nenhuma função na explicação de por que esse mundo é real. No entanto, mesmo que todas as coisas reais fossem metafisicamente necessárias, contanto que sua necessidade seja extrínseca, existe um lugar para a sabedoria e a benevolência de Deus na explicação de sua realidade. Na verdade, a sabedoria e a benevolência de Deus explicam não apenas sua realidade, mas também sua necessidade. É somente pelo fato de Deus ser sábio e bom que esse mundo é real. E é somente pelo fato de a sabedoria e a benevolência de Deus serem essenciais que a verdadeira existência desse mundo é metafisicamente necessária. Se minha interpretação estiver correta com relação a esse ponto, Leibniz não altera de modo substancial sua posição desde o tempo da carta a Wedderkopf. Ele chegou a uma formulação mais clara de sua posição assim que descobriu a distinção entre "necessário por si mesmo" e "necessário na hipótese de alguma outra coisa". Ele, então, também conseguiu rejeitar a antiga negação da *Confissão* do princípio da conclusão, em que acredito

---

123. Um ponto semelhante é apresentado por Garrett quando ele discute a distinção de Espinoza entre as coisas que são necessárias em função de sua essência e as coisas que são necessárias em função de sua causa (Garrett, 1991: 199.)

que ele estava considerando, mas não formulando de maneira explícita, essa distinção. Temos agora mais evidências de que a doutrina básica da carta a Wedderkopf ainda é válida, mesmo depois de Leibniz ter desenvolvido maneiras mais matizadas de falar a respeito da necessidade e da possibilidade.

No final da década de 1680, Leibniz escreve: "Eu estava muito próximo da ideia daqueles que acreditam que tudo é absolutamente necessário (...) No entanto, a consideração dos possíveis que não são, não eram e não serão trouxe-me de volta do precipício".[124] No entanto, a consideração dos possíveis irreais já faz parte da carta explicitamente necessitária a Wedderkopf: "Pois Deus espera que as coisas que ele entende sejam as melhores e as mais harmoniosas e, assim, escolhe-as, como deve ser, dentre uma série infinita de todas as possibilidades".[125] Apesar de tudo, então, a carta de Wedderkopf traz a afirmação de que tudo o que é real é necessário e a afirmação de que há possibilidades irreais. Será que Leibniz se contradiz em um pequeno espaço dessa carta tão breve? Não acredito nisso. Acho que ele consegue encontrar uma maneira de tornar clara a consistência de sua posição quando adota a distinção entre a necessidade intrínseca e a extrínseca. As ideias são mais bem expressas em um diálogo imaginário apresentado em uma obra do início da década de 1680. Decidi chamar o personagem de Leibniz de "L" e seu oponente de "M".

L: Devemos dizer que *Deus espera o melhor por intermédio de sua natureza* (...)

M: Mas certamente vemos resultar disso o fato de que as coisas existem da necessidade.

L: Como assim? Será que a inexistência daquilo que Deus deseja que exista indica uma contradição? Eu nego que essa proposição seja absolutamente verdadeira, pois, do contrário, aquilo que Deus não deseja não seria possível. *Pois as coisas permanecem possíveis, mesmo quando Deus não as escolhe. De fato, mesmo quando Deus não deseja que algo exista, é possível que isso exista, já que, por sua natureza, poderia existir se Deus assim desejasse.*

M: Mas Deus não pode desejar que isso exista.

L: Concordo com isso; contudo, *uma coisa assim permanece possível em sua natureza, mesmo quando ela não é possível em*

---

124. A VI, iv, 1653/AG 94.
125. A II, i, 117/L 146.

relação ao desejo divino, já que definimos como possível em sua natureza qualquer coisa que, em si mesma, não indique qualquer contradição, muito embora possamos dizer que sua coexistência com Deus, de alguma forma, indique uma contradição. No entanto, será necessário usar significados inequívocos para as palavras no intuito de evitar todos os tipos de locuções absurdas.[126]

Leibniz admite aqui que Deus deseja o melhor por sua natureza. Tudo aquilo que Deus realiza por meio de sua natureza, ele o faz de maneira necessária. Assim, o desejo do melhor de Deus é absolutamente necessário. Ele afirma, porém, que isso não indica a necessidade daquilo que é real, pois as possibilidades irreais permanecem possíveis "em sua própria natureza". Podemos dizer que essas coisas são *intrinsecamente possíveis*.

Esse é um argumento ainda menos antinecessitário do que aquele que encontramos na *Confissão*. A necessidade intrínseca e a possibilidade intrínseca são questões internas do conceito ou da essência das coisas que as contêm. Imagine que o mundo real é intrinsecamente necessário, de modo que sua existência resulta apenas de seu conceito. A existência de qualquer mundo possível intrinsecamente irreal não alteraria esse fato, pois a possibilidade intrínseca de um mundo assim é externa ao conceito do mundo real. O necessário para fazer funcionar o argumento de Leibniz é a existência de mundos irreais *metafisicamente* possíveis, em que X seja metafisicamente possível somente no caso de X ser consistente com aquilo que é metafisicamente necessário. Sendo assim, o mundo real seria intrínseca e metafisicamente contingente. Entretanto, a possibilidade metafísica de um possível irreal parece ser exatamente o que Leibniz está negando na passagem anterior, quando ele diz que "uma coisa assim permanece possível em sua natureza, mesmo quando ela não é possível em relação ao desejo divino (...), muito embora possamos dizer que sua coexistência com Deus, de alguma forma, indique uma contradição".

Leibniz, apesar de tudo, acredita que existe uma pluralidade de mundos possíveis e que isso é relevante para a questão do necessitarismo. De maneira específica, ele acredita que a afirmação de que existe uma pluralidade de mundos intrinsecamente possíveis é suficiente para suas preocupações. Para entendermos de que forma, analisemos primeiramente suas concepções de um mundo possível com mais detalhes. Para Leibniz, um mundo possível é uma coleção máxima composta de substâncias intrinsecamente possíveis. Uma coleção de substâncias possíveis é compossível somente quando a coexistência das substâncias

---

126. A VI, iv, 1447/AG 20-1, ênfase minha.

na coleção não indica nenhuma contradição, ou seja, somente quando a coleção é *intrinsecamente* possível.[127] Uma coleção é máxima somente quando contém tudo o que é compossível com aquilo que ela contém. Em outras palavras, nenhum subgrupo adequado de uma coleção que constitui um mundo possível é um mundo possível.[128] Para Leibniz, existe uma restrição crucial: Deus não é um membro de qualquer mundo possível concebido dessa maneira. No registro de Leibniz de uma conversa com Gabriel Wagner, ele diz: "considerar a palavra 'mundo' de modo que ela inclua Deus também (...) não é adequado. Pelo termo 'mundo' normalmente entendemos o agregado de coisas que são mutáveis ou sujeitas à imperfeição".[129] A razão disso pode ser a de preservar a possibilidade intrínseca dos mundos irreais. Se o conceito de um mundo possível inclui o conceito de Deus, veremos que todos os mundos irreais são intrinsecamente impossíveis, já que a "coexistência com Deus" de qualquer coisa irreal "pode, de alguma forma, indicar uma contradição". Além disso, o mundo real acaba sendo não apenas metafisicamente necessário, mas intrinsecamente necessário, pois contém a razão de sua existência dentro de si. De maneira equivalente, o mundo real será o único intrinsecamente possível, já que será o único mundo cujo conceito é consistente.[130]

Entretanto, acredito na existência de boas razões para essa restrição que é mais central do pensamento de Leibniz. Em sua filosofia, os mundos possíveis são basicamente mecanismos de discussão de questões teológicas, em especial da doutrina da criação. O desenho mais famoso de Leibniz da criação é o de Deus avaliando o reino dos mundos determinados inteiramente possíveis e decidindo tornar um deles,

---

127. "Existem os mesmos números de mundos quanto de séries possíveis de coisas que podem ser postuladas sem que indiquem uma contradição. Essa é uma tese idêntica (isto é, uma verdade lógica) para mim, pois considero possível aquilo que não implica uma contradição" (Grua 390).
128. "Existe, na verdade, um número infinito de série de coisas possíveis. Além disso, uma série certamente não pode estar contida em outra, já que cada uma delas é completa" (A VI, iv, 1651/AG 29 (1689)).
129. Grua 396. Cf. GP VI, 440: "um [mundo] abraça para nós todo o universo de coisas criadas em qualquer tempo e qualquer lugar, e é nesse sentido que usamos a palavra 'mundo'". Leibniz também chama o mundo de "o composto de todas as coisas criadas" (A VI, vi, 567), "o agregado de existentes limitados" (VE 1339) e "a coleção de coisas finitas" (GP VII, 302/AG 149).
130. Considerações assim podem ter levado Leibniz a adotar a teoria da análise infinita da contingência em 1686. Uma consequência dessa teoria é que o mundo real, mesmo quando seu conceito inclui o conceito de Deus, será contingente pelo fato de não existir uma demonstração finita de que esse é o melhor dentre todos os mundos possíveis. Mesmo depois de adotar a teoria da análise infinita, porém, Leibniz continua afirmando que a escolha de Deus do melhor é necessitada por sua natureza.

o melhor deles, real. É natural, nesse cenário, pensar em Deus postado à parte dos mundos possíveis. Para que esse cenário exista, entretanto, é preciso haver uma pluralidade de mundos possíveis; do contrário, dizer que Deus escolheu o melhor mundo é algo vazio. E o que importa a respeito desses mundos é que eles são intrinsecamente possíveis, ou seja, não há nada em *sua* natureza que impeça Deus de escolhê-los. Contudo, é consistente com a teoria da criação de Leibniz que a natureza *de Deus* é tal que o impossibilita de escolher qualquer mundo que não seja o melhor. Ao escrever em dezembro de 1676, pouco depois de seu encontro com Espinoza, Leibniz expressa a motivação teológica da tese da pluralidade:

> Se todos os possíveis pudessem existir, não seria preciso nenhuma razão para sua existência, de modo que apenas a possibilidade bastaria. Portanto, não haveria Deus algum, exceto na medida em que ele é possível. No entanto, um Deus do tipo em quem os piedosos acreditam não seria possível, se a opinião daqueles que acreditam que todos os possíveis existem fosse verdadeira.[131]

Conforme li nessa passagem, Leibniz está atacando a tese de que somente a possibilidade intrínseca de uma coisa basta para explicar sua real existência. O necessitarismo visto dessa forma é inconsistente com a existência de um Deus em quem os piedosos acreditam. O Deus dos devotos é um Deus pessoal cujas decisões criativas são orientadas por sua sabedoria e benevolência. A piedade filosófica de Leibniz implica que essas características essenciais exigem que Deus escolha o melhor. E a necessidade do mundo real deriva disso e não apenas de sua natureza ou de sua essência.

II. O Necessitarismo de Espinoza

Passo a analisar agora o necessitarismo de Espinoza. Permita-me começar por uma breve amostra dos famosos textos que defendem uma interpretação necessitária de Espinoza:

1. Quero explicar, em poucas palavras, de que maneira defendo a necessidade crucial de todas as coisas e ações. Eu não submeto Deus ao destino de qualquer forma, mas de fato acredito que todas as coisas resultam com necessidade inevitável da natureza de Deus, da mesma maneira como de sua natureza resulta que ele entenda de si mesmo. (Ep 75)[132]

---
131. A VI, iii, 582/Pk 105.
132. Carta 75, G IV, 311-12.

2. (...) se as coisas pudessem ter sido de outra natureza, ou se pudessem ter sido determinadas para surtir um efeito de outra maneira, de modo que a ordem da Natureza fosse diferente, fazendo com que a natureza de Deus também pudesse ter sido diferente da que conhecemos agora (...) isso é absurdo. (E 1p33d)[133]
3. Entretanto, acredito ter mostrado com bastante clareza (E 1p16) que, do poder supremo de Deus, ou de sua natureza infinita, uma grande infinidade de coisas de uma grande infinidade de modos, ou seja, todas as coisas, fluem de maneira necessária, ou sempre resultam, pela mesma necessidade e da mesma forma como da natureza de um triângulo resulta, da eternidade e para a eternidade, que seus três ângulos sejam iguais a dois ângulos retos. (E 1p17s)

A autocompreensão de Deus é, imagino, algo absolutamente necessário. Portanto, se *todas as coisas* resultaram da natureza divina "da mesma maneira como de sua natureza resulta que ele entenda de si mesmo", parece que *todas as coisas* são absolutamente necessárias. Em seguida, se pensarmos que Espinoza defende a conclusão da necessidade sob o fator da causa lógica, então, tudo o que indica que uma coisa é absolutamente impossível é absolutamente impossível. Sendo assim, a passagem 2 diz que é absolutamente impossível que "as coisas pudessem ter sido de uma natureza diferente ou pudessem ter sido determinadas para surtir um efeito de outra maneira". Na terceira passagem, Espinoza compara a maneira como as coisas resultam da natureza divina à maneira como resulta da natureza de um triângulo que seus ângulos interiores sejam iguais a dois ângulos retos. Esse fato a respeito dos triângulos é absolutamente necessário, resultando, como deve ser, de uma necessidade absoluta dos princípios da geometria. Por fim, em 1p33s1, Espinoza vangloria-se: "mostrei de maneira mais clara do que a luz do meio-dia que não existe absolutamente nada nas coisas em função do que elas podem ser chamadas de contingentes", dizendo ainda que "uma coisa é chamada de contingente somente por causa de um defeito de nosso conhecimento".[134]

---

133. As traduções de Espinoza mostradas neste ensaio são [baseadas nas] de Edwin Curley, tanto em Espinoza, 1985, como em diversos artigos de Curley.
134. Em uma nota de rodapé da tradução da última passagem, Curley chama essa afirmação de "provisional" e nos manda ler 4d3,4, em que Espinoza oferece definições mais objetivas que distinguem o contingente do possível. É interessante, então, observar que, nos *Pensamentos Metafísicos*, as concepções subjetivas e objetivas são apresentadas lado a lado. Depois de mostrar quase as mesmas definições de "possível" e "contingente" que são encontradas em 4d3,4, Espinoza escreve: "E, se alguém deseja chamar de *contingente* o que eu chamo de *possível*, ou *possível* o que chamo de *contingente*, não irei concordar. Pois não

Por outro lado, temos evidências textuais que apontam para a ideia de que Espinoza considerava algumas das coisas que resultam da natureza divina como sendo objetivamente contingentes e não necessárias. Por exemplo:

4. A essência do homem não envolve a existência necessária. (E 2a1)
5. A essência das coisas geradas por Deus não envolve a existência. (E 1p24)
6. Chamo as coisas singulares de contingentes desde que não encontremos nada, enquanto cuidamos apenas de sua essência, que necessariamente postule sua existência ou necessariamente a exclua. (E 4d3)

Quando juntamos todos esses elementos, concluímos que, para Espinoza, as coisas singulares (isto é, finitas, por 2d7) geradas por Deus são contingentes. Entretanto, uma distinção que Espinoza estabelece entre o que é necessário em função de sua essência e o que é necessário em função de sua causa mostra como as passagens 4 a 6 podem se tornar consistentes com a tese de que tudo que é real é absolutamente necessário, como parecem dizer as passagens 1 a 3. Espinoza escreve:

> Uma coisa é chamada de necessária pela razão de sua essência ou pela razão de sua causa, pois a existência de uma coisa necessariamente resulta de sua essência e definição ou de uma determinada causa eficiente. (E 1p33s1)

O fato de uma coisa ser "necessária em função de sua essência" é aquilo que chamei de *necessidade intrínseca*. Para Espinoza, Deus e os atributos de Deus são intrinsecamente necessários. Como podemos entender o fato de uma coisa ser "necessária em função de sua causa"? Isso não é claramente equivalente à necessidade extrínseca (apesar de absoluta) desenvolvida na discussão de Leibniz. Entretanto, considerando-se as demais passagens que analisamos até aqui, não seria totalmente ilógico esperar que as coisas acabassem dessa maneira. As passagens 1 a 3 sugerem que a necessidade de todas as coisas geradas por Deus é absoluta ou metafísica, da mesma forma como a necessidade da autocompreensão de Deus ou dos teoremas a respeito dos triângulos é absoluta ou metafísica. As passagens como as de 4 a 6 sugerem que sua necessidade é extrínseca.

---

estou acostumado a discutir palavras. Basta que se entenda que esses dois termos nada mais são do que um defeito de nossa percepção e nada reais" (*Pensamentos Metafísicos*, parte II, capítulo III; G I: 242).

Curley desenvolveu e defendeu uma leitura antinecessitária de Espinoza, de maneira mais completa em Curley e Walski, 1999.[135] De acordo com Curley e Walski, tudo o que os textos exigem que digamos é que o fato de uma coisa ser necessária em função de suas causas é simplesmente o fato de ser causalmente necessitada. Sendo assim, eles acreditam que, quando Espinoza afirma a necessidade de todas as coisas geradas por Deus, ele está afirmando a plausível tese de que, no mundo das coisas finitas, é o determinismo causal, e não a necessidade absoluta, que reina. Voltaremos a abordar o argumento da negação da necessidade absoluta das coisas finitas em breve. Neste momento, gostaria de propor um ponto a respeito de uma característica geral da interpretação de Curley e Walski.

Parece que uma razão que explica por que Curley e Walski resistem à identificação daquilo que é "necessário em função de sua causa" com o "absolutamente (apesar de extrinsecamente) necessário" é que eles parecem tentados a considerar como sinônimos os seguintes termos: "necessário no mais forte sentido disponível", "absolutamente necessário" e "necessário em função de sua essência". Por exemplo, ao comentar a respeito de um dos argumentos centrais na defesa de Garrett da interpretação do necessitarismo, Curley e Walski escrevem:

> ["'A necessidade da natureza divina' é algo necessário"] evidentemente significa que a presença da palavra "necessidade" em ["Tudo que é classificado como um intelecto infinito resulta da necessidade da natureza divina"] indica que Espinoza acredita que a natureza ou a essência de Deus é necessariamente aquilo que é. Se algo é certo em Espinoza, é que ele afirma [que "'A necessidade da natureza divina' é algo necessário"], interpretado assim. Acrescentamos apenas que a necessidade aqui atribuída à natureza de Deus deve ser entendida no sentido mais forte disponível. A natureza de Deus é necessária, não em função de qualquer causa externa, mas em razão de seu caráter intrínseco (cf. 1p33s1). Podemos chamar essa noção forte de necessidade de "necessidade absoluta (ou incondicional)" e usar a frase "necessidade relativa (ou condicional)" para aquela espécie de necessidade que temos quando um objeto só é necessário em função de sua causa.[136]

---

135. Curley e Walski não chamam a posição que atribuem a Espinoza de "antinecessitarismo", mas sim de "necessitarismo moderado". Entretanto, a necessidade, por exemplo, de modos finitos não é absoluta. Portanto, o necessitarismo moderado não é o necessitarismo que escolhi para usar como termo.
136. Curley e Walski, 1999: 244-45. Os textos em colchetes são as proposições da reconstrução de Garrett de 1p16 que Curley e Walski estão comentando. Garrett reconstrói o argumento de Espinoza da seguinte maneira: (1) Tudo o que classificamos como intelecto infinito resulta da necessidade da natureza divina. (2) "A necessidade da natureza divina"

Aqui, a necessidade "no sentido mais forte disponível" é identificada com a necessidade que a essência de Deus possui "em razão de seu caráter intrínseco". Em outra passagem, Curley e Walski dizem:

> Imagine que concordemos que a natureza de Deus é aquilo que ela necessariamente é, no sentido mais forte da necessidade disponível no sistema de Espinoza (apesar de entendermos exatamente essa noção de necessidade). Por que disso deve *resultar* que, quando Espinoza diz que *tudo o mais* na natureza é necessário, ele deve estar afirmando que também essas coisas são necessárias no sentido mais forte e não simplesmente inevitáveis à luz de suas condições antecedentes (isto é, condicionalmente necessárias)? (...) De modo mais específico, por que devemos esperar isso quando 2a1, de maneira explícita, nos diz que as essências das coisas finitas particulares não envolvem a existência? (Curley e Walski, 1999: 252)

A passagem 2a1 é citada como uma prova contra a proposição de que os modos finitos são necessários "no sentido mais forte da necessidade disponível no sistema de Espinoza". Entretanto, não é isso o que Espinoza diz. Espinoza diz que a existência dos homens em particular não está envolvida em seu conceito.[137]

Curley e Walski observam, porém, que a identificação entre a necessidade absoluta e a necessidade intrínseca faz surgir problemas sistemáticos com relação à posição dos modos infinitos. Observe, primeiramente, que os modos infinitos, assim como todos os modos, podem ser classificados como "as coisas geradas por Deus". Assim, de acordo com a passagem 5, sua "essência" não envolve a existência.[138] Portanto, elas não são intrinsecamente necessárias. Em vez disso, os modos infinitos resultam da natureza absoluta dos atributos de Deus. Entretanto, Curley e Walski escrevem: "os modos infinitos devem ser necessários exatamente no mesmo sentido que os atributos são necessários. Se igualarmos a 'necessidade absoluta' à necessidade lógica da lógica modal moderna e se igualarmos o 'resultar de' à relação de

---

é algo necessário. (3) Tudo aquilo que resulta de algo que é necessário é, em si, necessário. (4) Tudo o que é real é classificado como um intelecto infinito. (5) Tudo o que é real é necessário.

137. Conforme Garrett indica, "o axioma não afirma que a *existência* de homens particulares não seja necessária; ele afirma, na verdade, que a existência necessária não está "envolvida" *na essência* dos homens. Esse é, portanto, um exemplo particular da distinção apresentada em E Ip33s1" (Garrett, 1991: 199). Aqui e ao longo de toda a obra de Garrett, "necessidade" se refere a uma coisa "absoluta ou metafisicamente necessária".

138. Não está claro se os modos infinitos possuem essências. No entanto, acredito que podemos dizer tal coisa se nos referirmos a seus conceitos ou se dissermos que a proposição que nega sua existência não é autocontraditória.

exigência nessas lógicas, isso é inescapável" (Curley e Walski, 1999: 248). Isto é, se a necessidade é fechada por exigência, então os atributos de Deus transmitem sua necessidade para seus modos infinitos. Entretanto, os atributos de Deus são intrinsecamente necessários: existir faz parte de sua natureza. Portanto, devemos entender que os modos infinitos são intrinsecamente necessários. Isso, porém, está em contradição com sua posição de modos. "Talvez isso mostre que", dizem Curley e Walski, "a necessidade de Espinoza em função da essência da coisa não deve ser equacionada com a necessidade racional da lógica modal moderna, já que uma proposição que possui esse tipo de necessidade não transmite o mesmo tipo de necessidade (sequer) para suas consequências lógicas (incondicionais)" (Curley e Walski: 249).

Não sei com certeza o que Curley e Walski têm em mente aqui. Eles poderiam estar dizendo que a concepção de Espinoza da necessidade absoluta – isto é, o sentido mais forte da necessidade disponível no sistema de Espinoza – não deve ser comparada à necessidade racional da lógica modal moderna, pois o sentido mais forte da necessidade disponível no sistema de Espinoza é a necessidade intrínseca, que, diferentemente da necessidade racional na lógica modal moderna, não é fechada pela exigência. Eu discordo disso, naturalmente, pois acredito que, para Espinoza, a necessidade intrínseca não é uma espécie de necessidade. Em vez disso, como em Leibniz, dizer que algo é intrinsecamente necessário é o mesmo que dar razão para sua necessidade absoluta ou metafísica. "X é intrinsecamente necessário" é uma forma abreviada de "X é absolutamente necessário porque sua existência resulta de sua essência". Portanto, X transmite sua necessidade – sua necessidade absoluta – para suas consequências lógicas. E "X é extrinsecamente necessário" é uma forma abreviada de "X é absolutamente necessário porque sua existência está vinculada a algo absolutamente necessário". Portanto, a necessidade de X – sua necessidade absoluta – é transmitida por sua causa por meio de sua exigência. Fica claro, a partir de 1a3, que Espinoza acredita na relação entre a causa e o efeito como uma espécie de exigência: "De uma determinada causa, o efeito resulta de maneira necessária; e, de modo contrário, se não existe uma causa determinada, é impossível haver um efeito". É verdade, então, que a necessidade intrínseca não deve ser igualada à necessidade racional da lógica modal moderna. Contudo, acredito que também seja verdade que a necessidade intrínseca não deve ser equacionada com a "necessidade no sentido mais forte disponível", pois os modos infinitos são necessários no sentido mais forte disponível, embora não sejam intrinsecamente necessários. Curley reconhece isso em *Behind the Geometrical Method* [Por trás do Método Geométrico]:

> [Os princípios envolvidos nos modos infinitos] são eternos no sentido de que sua existência é necessária. No entanto, a natureza da necessidade aqui não é exatamente a mesma daquela dos atributos. Os atributos envolvem princípios que, por razões puramente lógicas, não poderiam ter uma causa e não poderiam ter sido diferentes. Os modos infinitos envolvem princípios que têm uma causa e poderiam ter sido diferentes, *se* essa causa pudesse ter sido diferente. No entanto, essa causa não poderia ter sido outra. Portanto, eles são necessários, mas sua necessidade é derivada da necessidade dos atributos. (Curley, 1988: 46)

Como os modos infinitos são modos, sua existência não resulta de sua essência ou de seu conceito. Sendo assim, não há como haver uma contradição interna na negação de sua existência. Eles são, portanto, intrinsecamente contingentes. Esse é o sentido pelo qual poderiam ser diferentes. Contudo, a causa vinculada a eles também não poderia ser diferente no sentido mais forte possível no sistema de Espinoza. Assim, eles são absolutamente necessários, ou necessários no sentido mais forte possível no sistema de Espinoza.

Com base nessas considerações, modificações são necessárias à crítica de Curley e Walski da reconstrução de Garrett do argumento de 1p16. A reconstrução de Garrett inclui o princípio da conclusão, "Tudo o que resulta de algo que é necessário é, em si, necessário". Curley e Walski recomendam que o princípio da conclusão seja confirmado da seguinte maneira:

> (3') [i] Tudo o que incondicionalmente resulta de algo que é absolutamente necessário (isto é, necessário em função de sua essência) é, em si, absolutamente necessário; [ii] porém, se algo resulta apenas de modo condicional de algo que é absolutamente necessário, então, não é em si absolutamente necessário, mas somente condicionalmente necessário (isto é, necessário em função de sua causa). (Curley e Walski, 1999: 246; numerais romanos entre colchetes meus)

Se "absolutamente necessário" em [i] significa necessário em função de sua essência, como sugere o "isto é", então, não é verdade que tudo aquilo que resulta de algo absolutamente necessário é em si absolutamente necessário. [ii] também precisa ser esclarecido. Dizer que Y resulta condicionalmente de X significa que Y resulta de X somente com a ajuda de alguma outra coisa. No entanto, os modos infinitos mediatos satisfazem essa condição. Eles resultam não de uma natureza absoluta de um atributo divino, mas de sua natureza na medida em que é alterado por uma modificação infinita. Assim, os modos mediatos infinitos resultam da natureza de um atributo divino somente com a ajuda de alguma outra coisa; portanto, de modo condicional. Contudo, os modos infinitos também são absolutamente necessários.[139]

Considero a ideia principal de (3')[ii] como sendo o fato de que as consequências lógicas de uma conjunção herdam os *status* modais do conjunto modal mais fraco. Assim, se um dos conjuntos é contingente, a consequência será contingente, mesmo quando estiver vinculada a uma conjunção cujos membros são necessários. Ora, no sistema de Espinoza, nenhuma das coisas que ele explicitamente reconhece como absolutamente necessárias – Deus, os atributos de Deus ou os modos infinitos de Deus – por si só parece exigir a existência de qualquer modo finito. 1p28d nos diz que a existência de um modo finito só resulta de Deus ou de um atributo de Deus na medida em que ele é alterado por uma modificação finita (que, por sua vez, resulta de outra modificação finita do atributo, e assim por diante até a infinidade). Isso é tirado de 1pp21-23, que nos diz que tudo aquilo que resulta da natureza absoluta de um atributo, ou do atributo, desde que seja alterado por uma modificação *infinita*, também será infinito e eterno. Assim, para qualquer modo finito M, a existência de M está vinculada somente a outro modo finito N em conjunção com os modos infinitos de Deus. O *status* modal de M não pode ser mais forte do que o *status* modal de N. O *status* modal de N, por sua vez, depende do *status* modal do modo finito O, que, aliado aos modos infinitos, exige a existência de N e assim sucessivamente até a infinidade. Podemos antever a necessidade como sendo introduzida na série de modos finitos, por exemplo, por meio do desejo necessário de Deus da existência do alinhamento inicial dos modos finitos. A necessidade seria então transmitida para modos finitos subsequentes porque Espinoza acredita que uma causa exige seu efeito, por 1a3. No entanto, o regresso dos modos finitos se estende de maneira infinita no passado, como nos diz Espinoza. Portanto, não há razão que indique que a necessidade absoluta possa ser introduzida na série de modos finitos. O que isso implica, segundo Curley, é que, apesar de a existência de cada modo finito estar vinculada à existência dos modos finitos anteriores e

---

139. Talvez a resposta de Curley seja de que as proposições menos gerais resultam incondicionalmente das proposições mais gerais, mas não é isso que Espinoza diz. De qualquer modo, o ponto lógico comum ainda prevalece, algo absolutamente necessário (os princípios envolvidos em um modo mediato infinito) pode resultar condicionalmente (isto é, com a ajuda dos princípios envolvidos em um modo imediato infinito) de algo absolutamente necessário (a natureza de um atributo divino).

às leis da natureza, toda a série infinita de modos finitos é em si contingente. Poderia existir uma série distinta de modos finitos se estendendo até a infinidade, no lugar daquela que de fato existe. Em outras palavras, o sistema de Espinoza aceita uma pluralidade de mundos possíveis.[140] Como resultado, Espinoza não é um necessitário.

Garrett, porém, afirma que a doutrina de 1p28 é consistente com a doutrina que diz que o mundo real é o único mundo possível. Toda a série de modos finitos de extensão pode em si ser um modo infinito de extensão para Espinoza e, nesse caso, ele seria absolutamente (apesar de extrinsecamente) necessário. As evidências dessa alegação vêm de Ep 83, em que Espinoza responde a uma solicitação de exemplos dos modos infinitos. Ele oferece "movimento e descanso" como exemplos de modos imediatos infinitos do atributo da extensão. Um exemplo de um modo mediato infinito do atributo da extensão é "a face de todo o universo". Para ajudar na compreensão dessa última ideia, Espinoza nos manda analisar o escólio do Lema 7 depois de E 2p13. O texto relevante diz o seguinte:

> Entretanto, se concebermos um terceiro tipo de indivíduo, formado por esse segundo tipo [a saber, corpos compostos finitos], veremos que ele pode ser afetado de diversas outras maneiras, sem qualquer alteração em sua forma. E, se fizermos isso até a infinidade, facilmente conceberemos que o *todo da natureza é um indivíduo, cujas partes, ou seja, todos os corpos, variam de maneiras infinitas, sem qualquer alteração do individual completo.*

A noção de Espinoza de um indivíduo é apresentada em uma definição não numerada algumas páginas antes:

> Quando uma série de corpos, sejam eles de tamanhos iguais ou diferentes, é confinada por outros corpos até ficarem uns dependentes dos outros, ou se eles então se moverem, seja com graus iguais ou diferentes de velocidade, a ponto de conseguirem transmitir seus movimentos uns para os outros de uma determinada maneira fixa, diremos que esses corpos estão unidos uns aos outros e que eles todos juntos compõem um só corpo *ou* indivíduo, que é diferenciado dos demais por meio dessa união de corpos. (G II: 99-100).

Uma coleção de corpos finitos compõe um indivíduo quando existe uma "determinada maneira fixa" como esses corpos interagem por meio da comunicação de seu movimento entre si. Isso é extremamente abstrato, mas não é importante para nosso objetivo entender exatamente o

---
140. Veja Curley e Walski, 1999: 241.

que isso significa. O escólio do Lema 7 nos diz que existe um indivíduo composto por todos os corpos finitos. Esse indivíduo é infinito no sentido de Espinoza, pois não está delimitado nem contido por qualquer coisa do mesmo tipo (1d2). Além disso, contanto que os corpos que o compõem comuniquem seus movimentos entre si por meio de um determinado padrão fixo, o indivíduo existe "sem qualquer alteração em sua forma". Em Ep 64, Espinoza diz que o modo infinito mediato que ele identifica como a face de todo o universo "varia de maneiras infinitas, apesar de sempre permanecer igual". Se analisarmos essa referência do escólio do Lema 7 nessa carta como prova de que ele identifica o indivíduo infinito com a face de todo o universo, então o indivíduo infinito existe em cada momento de tempo. Assim, esse indivíduo é infinito e eterno no sentido que esses termos são usados em 1pp21-23. Se Garrett estiver certo a respeito disso, e acredito que ele esteja, então a existência do indivíduo infinito é absolutamente necessária. Portanto, nenhuma outra sequência de modos finitos é possível. O mundo real é o único mundo possível.

Se o indivíduo infinito é um modo infinito imediato de extensão, devemos entender que o atributo, em virtude de ser modificado por outro modo infinito, bem como sua origem conceitual e causal, deve fundamentalmente nos levar de volta à natureza absoluta do atributo da extensão. Se operarmos de modo contrário, a identidade do indivíduo infinito é determinada pelo padrão fixo em que as partes da extensão transmitem sua movimentação entre si. Esse padrão fixo de comunicação do movimento deve operar em todas as partes, já que ele se aplica a todos os corpos finitos no mundo, e deve operar o tempo todo, para que o indivíduo infinito sempre permaneça o mesmo, como Espinoza diz no escólio do Lema 7. Assim, o padrão fixo de comunicação do movimento parece ser um modo infinito do atributo da extensão. Como a origem conceitual e causal desse modo infinito nos leva de volta à natureza absoluta da extensão?

Em Ep 83, escrito próximo do final de sua vida, Espinoza diz:

> Você pergunta se a variedade de coisas pode ser demonstrada *a priori* apenas a partir do conceito da extensão. Acredito que já mostrei de maneira suficiente e clara que isso é impossível e que Descartes mal define a questão pela extensão, mas que esta deve necessariamente ser definida por um atributo que expresse a essência eterna e infinita. Entretanto, talvez eu aborde essas questões de modo mais claro com vocês em alguma outra oportunidade, se a vida durar tempo suficiente para isso.

A questão, diz Espinoza, deve ser definida por um atributo que expresse a essência eterna e infinita. No entanto, vemos em 2p2 que a extensão é um atributo de Deus. Também aprendemos em 1d6 que cada um dos atributos de Deus expressa uma essência eterna e infinita. Devemos entender a partir disso que Espinoza acredita que a concepção *cartesiana* da extensão não é a concepção de um atributo que expressa a essência eterna e infinita. O que há de errado com a concepção cartesiana da extensão? Ep 83 nos diz: ela não dá chances para a demonstração *a priori* da variedade de coisas. A variedade de coisas duradouras, como vimos, exige um determinado padrão fixo de comunicação de movimento entre as partes da extensão. A concepção cartesiana puramente geométrica da extensão não é suficiente para deduzir esse padrão de comunicação do movimento. Seja qual for a concepção da extensão de Espinoza, ele acredita que seja rica o suficiente para fazer com que o padrão de comunicação do movimento entre as partes resulte dela. E, a partir disso, por sua vez, a variedade de corpos estendidos duradouros, e, por consequência, o indivíduo infinito que eles constituem, deve também resultar daí.

Esse cenário esquemático abre espaço para uma questão mais ampla de interpretação. Na leitura de Curley, existe uma distinção um tanto rígida entre as leis que regem o comportamento dos próprios modos finitos. Assim, é possível conceber uma variedade de sequências de modos finitos totais especificáveis de maneira independente que são consistentes com as leis da natureza, mesmo quando essas próprias leis são absoluta ou metafisicamente necessárias. Essa característica geral da interpretação de Curley abre espaço para lermos Espinoza como um antinecessitário. De acordo com a ideia que descrevi anteriormente, a distinção entre as leis da natureza e as coisas que seguem essas leis não é tão evidente. Não podemos especificar a sequência total de modos finitos independentemente das leis que regem seu comportamento. Em vez disso, as leis que resultam da rica concepção de Espinoza do atributo da extensão, por sua vez, produzem a sequência dos modos finitos. Em outras palavras, nenhum modo finito, ou ao menos nenhum modo finito composto, pode estar ou ser concebido sem as leis da natureza. Sendo assim, porém, se as leis da natureza são absolutamente necessárias e responsáveis pela existência e pelo comportamento dos modos finitos, parece então que existe apenas uma sequência total de modos finitos que é consistente com as leis, aquela que é real. Resulta disso que o mundo real é o único mundo possível. Isso também explica como Espinoza podia negar que qualquer modo finito individual resulta apenas da natureza de Deus ou dos seus atributos, apesar de afirmar que a sequência total de modos finitos – em si, um modo infinito – resulta apenas da natureza de Deus ou dos seus atributos.

Curley atribui a Espinoza uma versão sólida da tese de que há uma pluralidade de mundos possíveis. De acordo com essa versão, existe uma pluralidade de sequências completas de modos finitos que são consistentes com a existência e os atributos de Deus. Pelo fato de considerar Espinoza um necessitário, não posso aceitar essa atribuição. Contudo, acredito que podemos atribuir a Espinoza uma versão mais simplificada da tese da pluralidade semelhante à que encontramos em Leibniz. A concepção de um mundo excluiria Deus e seus atributos, mas incluiria os modos finitos e infinitos. Como Curley diz, os modos infinitos "têm uma causa e poderiam ser diferentes, *se* essa causa pudesse ser diferente" (Curley, 1988: 46). É natural, então, afirmar que outros modos infinitos poderiam existir em seu lugar. No entanto, "poderiam existir" tem de ser entendido como "são intrinsecamente possíveis".[141] Modos infinitos irreais não são metafisicamente possíveis porque, como Curley diz, sua "causa não poderia ser diferente".[142] Assim, um mundo espinozista possível pode ser definido como uma totalidade completa e internamente consistente de modos finitos e infinitos. Essas totalidades serão intrinsecamente possíveis, mas não metafisicamente possíveis. Não vejo razão para acreditar que a pluralidade de mundos assim concebida seja eliminada por qualquer coisa no sistema de Espinoza.

III. Observações Gerais e Conclusões

Antes de encerrar, gostaria de abordar dois problemas filosóficos da distinção entre a necessidade intrínseca e a extrínseca. Em seu *Study of Spinoza's Ethics* [O Estudo da *Ética* de Espinoza], Bennett afirma que a distinção entre a necessidade inerente (intrínseca) e a adquirida (extrínseca) é falha. Na última parte do capítulo a respeito da necessidade, encontramos as seguintes observações acerca da distinção:

---

141. Observe a semelhança entre o que Curley diz aqui e o que Leibniz diz quando defende a existência dos possíveis irreais: "De fato, mesmo quando Deus não espera que algo exista, é possível que isso exista, já que, por sua natureza, poderia existir se Deus assim o desejasse" (A VI, iv, 1447/AG 20).
142. Mais uma vez, isso é semelhante ao que Leibniz diz quando define o possível como "qualquer coisa que, em si, não implique nenhuma contradição, embora seja possível dizer que sua coexistência com Deus, de algum modo, implique uma contradição" (A VI, iv, 1447/AG 20).

> Sugiro que Espinoza acreditava que algo cuja necessidade não é inerente, mas apenas conferida, é ainda tão forte, completa e absolutamente necessário quanto algo inerentemente necessário (...) Ao pensar que ele é capaz de distinguir "Que necessidade tem P?" de "De onde P consegue sua necessidade?", Espinoza adota um conceito de necessidade adquirida (...) Isso explicaria o uso de Espinoza de frases como "necessário em função de sua causa". Também serviria para proporcionar uma maneira para ele afirmar (i) que esse é o único mundo possível, apesar de reconhecer (ii) que proposições particulares não são necessárias *da maneira como* as verdades da lógica e da matemática são (...) Para conseguir o que ele precisa disso, Espinoza deve afirmar que existe um único conceito de necessidade segundo o qual *tanto* aquilo que é necessário é verdadeiro em todos os mundos possíveis *como* que algo que não é inerentemente necessário pode ter sua necessidade conferida a ele por alguma outra coisa. Essa alegação está errada, naturalmente. (Bennett, 1984: seção 29.7)

Diversas coisas que Bennett diz aqui me parecem corretas. A primeira é que a necessidade conferida ou adquirida é tão forte e absoluta quanto a necessidade inerente. Além disso, é certo considerar que a distinção em 1p33s1 responde à questão "De onde P tira sua necessidade?" e não "Que tipo de necessidade P tem?". Espinoza acredita que a resposta da última pergunta pode ser idêntica, mesmo nos casos em que a resposta da pergunta anterior seja diferente. Assim, para Espinoza, existe um único conceito de necessidade, ou seja, "a necessidade absoluta", sob o qual podemos classificar tanto a necessidade adquirida como a inerente. Entretanto, Bennett afirma que Espinoza não tem como explicar tudo isso. A equação a seguir, segundo Bennett, é a única maneira de definir a "necessidade adquirida" de modo a atender as condições (1) daquilo que diz que o que é necessário é verdadeiro em todos os mundos possíveis e (2) que uma coisa que não é inerentemente necessária pode ter uma necessidade conferida a ela:

> P tem uma necessidade adquirida = $_{df}$ P está vinculado a um Q que é absolutamente necessário.

Todavia, diz Bennett, essa definição "torna a necessidade adquirida idêntica à necessidade: qualquer P que satisfaça a equação é tão inerentemente necessário quanto outro". Conforme indica a longa passagem citada, Bennett entende a necessidade como uma verdade em todos os mundos possíveis. Espinoza naturalmente não fala dessa maneira, mas isso não nos impede de usar esses termos no intuito de esclarecer e avaliar sua posição filosófica. Na compreensão da modalidade dos mundos possíveis, é verdade que, se Q é absolutamente necessário (verdadeiro em todos os mundos possíveis) e está vinculado a P (P é verdadeiro em todos os mundos possíveis em que Q é verdadeiro), logo, P é absolutamente necessário (verdadeiro em todos os mundos possíveis). Assim, é verdade que qualquer P que corresponda à definição é tão *necessário* quanto qualquer outro, no sentido de que cada P é verdadeiro em todos os mundos possíveis.

Contudo, é preciso deixar bastante claro que os movimentos da necessidade inerente e da necessidade adquirida deverão oferecer respostas para a questão "De onde P consegue sua necessidade?" e não "Qual é a necessidade de P?". A resposta da última pergunta, para qualquer P que se encaixe na definição anterior, é a "necessidade absoluta". A resposta da pergunta anterior depende de algo além da relação modal-lógica entre P e outros Qs absolutamente necessários. Como observa Garrett, o significado de "Q está vinculado a P", para Espinoza, não fica enfraquecido porque "P é verdadeiro em qualquer mundo possível em que Q é verdadeiro":

> Para Espinoza, ao contrário, falar de [P como vinculado a Q] é o mesmo que determinar [Q] de maneira específica como *uma causa e um fundamento* necessários de [P] dentro de uma ordem causal do universo que é, ao mesmo tempo, dinâmica e lógica. Assim, se a relação espinozista de "resultante" tiver de ser identificada com algum tipo de vínculo, ela deve ser identificada com a relação de vínculo de uma "lógica de relevância", aquela em que a condição de relevância corresponde somente à prioridade da ordem causal da natureza. (Garrett, 1991: 194).

Uma definição apropriada de "necessidade adquirida" deve transmitir a ideia de que, para Espinoza, o fato de P estar vinculado a Q *é a razão que explica por que P é necessário*. A definição de Bennett não faz isso. Segundo Garrett, a lógica da relevância moderna é a que chega mais próximo de explicar esse fato. Entretanto, em função das condições adicionais colocadas na relação do vínculo na lógica da relevância, eles, de modo geral, não chegam ao teorema de que um P necessário esteja vinculado a qualquer Q disponível. Se a relação do vínculo em Espinoza for entendida da forma proposta por Garrett, poderemos distinguir algo inerentemente necessário de algo com uma necessidade adquirida ao observarmos que um R inerentemente necessário explica a definição de Bennett somente na medida em que R é absolutamente necessário e está vinculado a si mesmo. No entanto, é exatamente isso o que Espinoza diz quando afirma que R é inerentemente necessário. Assim, a distinção entre a necessidade inerente e a adquirida não parece desmoronar, ao menos não da forma como Bennett afirma.

É também possível desafiar a distinção entre as necessidades intrínsecas e extrínsecas de maneira mais direta. Espinoza diz que o conceito de um efeito contém o conceito de sua causa (1a4). Se isso for verdade e se a causa de uma coisa é necessária, então tudo indica que a necessidade da existência dessa coisa esteja contida em seu conceito. De maneira mais específica, a distinção entre as necessidades intrínsecas e extrínsecas exige que sejamos capazes de estabelecer uma distinção clara entre aquilo que é interno ao conceito ou à essência de uma coisa e aquilo que é externo a ele, considerando Deus, em particular, como algo externo. No entanto, Espinoza diz que tudo é concebido por intermédio de Deus (1p15). Se o conceito de Deus forma parte do conceito das coisas e se a sua existência está vinculada à existência de tudo aquilo que é real, então isso indica que tudo o que é real contém a razão de sua existência em sua essência ou em seu conceito e é, portanto, intrinsecamente necessário.

Leibniz diz coisas semelhantes, que parecem ter consequências similares. Em 1701, Leibniz escreve para De Volder: "Você responde que precisamos de uma causa para conceber a existência de uma substância, mas não para conceber sua essência. Entretanto, a isso *respondo* que o conceito de uma causa possível é necessário para a concepção de sua essência, mas, para conceber sua existência, o conceito de uma causa real é necessário".[143] Contudo, em 1710, Leibniz observa que a concepção de possíveis por meio de suas causas faz desmoronar a distinção entre o possível e o real: "Em uma palavra, quando falamos da *possibilidade* de uma coisa, não estamos nos referindo a uma questão das causas que podem levá-la a impedir sua existência real; do contrário, poderíamos alterar a natureza dos termos e anular o efeito da distinção entre o possível e o real".[144] Tudo o que Leibniz pode estar dizendo aqui, porém, é que, ao considerar se algo é possível, não consideramos quais causas *de fato* existem. Ele ainda diz: "É por isso que, quando perguntamos se uma coisa é possível ou necessária e sugerimos considerações daquilo que Deus espera ou escolhe, alteramos a questão". Portanto, é possível, para Leibniz, que os conceitos das coisas apresentem também o conceito de Deus como uma causa possível, contanto que *esse* conceito não apresente informações a respeito dos decretos reais de Deus com relação à existência.[145] Entretanto, é preciso um trabalho mais detalhado para ver se a distinção entre a necessidade intrínseca/extrínseca pode se

---

143. GP II, 225/L 524.
144. T 235.
145. Existe uma excelente discussão mais detalhada dessas questões em Adams, 1994: cap. 1, seção 1.

tornar consistente com as ideias de Espinoza e Leibniz acerca da estrutura lógica dos conceitos.[146]

O necessitarismo é a posição de que tudo o que é real é metafisicamente (apesar de não intrinsecamente) necessário ou, de maneira equivalente, que o mundo real é o único mundo metafisicamente (apesar de não intrinsecamente) possível. Há fortes evidências textuais para atribuir essa posição tanto a Leibniz como a Espinoza. Além disso, não fica claro se essa posição é extremamente implausível. O que torna o necessitarismo implausível é a intuição de que uma coisa inexistente, como um unicórnio, seja possível. O que orienta essa intuição é que a ideia de um unicórnio é consistente. Leibniz e Espinoza aceitam essa ideia, já que isso é o mesmo que dizer que os unicórnios são intrinsecamente possíveis. Entretanto, os princípios metafísicos os levam à posição de que nem todas as possibilidades intrínsecas são possibilidades metafísicas. Não acredito que nossas intuições referentes a essa alegação sejam fortes o suficiente para justificar dizer que ela é extremamente implausível. De qualquer forma, para Espinoza e Leibniz, as intuições que orientam seus princípios metafísicos venceriam as intuições relacionadas à possibilidade metafísica. Espinoza e Leibniz concordam, inclusive, a respeito da natureza da liberdade divina e sua consistência com a necessidade de todas as coisas. Em uma obra que é, fora isto, cheia de críticas a Espinoza, seu comentário acerca de *Ética*, quando chega a 1d7 – "Um ser é *livre* desde que exista e seja determinado a agir pela necessidade de sua própria natureza" –, Leibniz simplesmente diz: "Eu aprovo [essa definição]".[147] A diferença mais fundamental entre Espinoza e Leibniz é sua concepção da natureza que necessita das ações de Deus. Na *Teodiceia*, de 1710, Leibniz escreve:

> Espinoza (...) parece ter explicitamente ensinado uma *necessidade cega*, pois nega ao autor das coisas a compreensão e o desejo, imaginando ainda que o bem e a perfeição estão relacionados somente a nós e não a ele. É verdade que a opinião de Espinoza referente a esse tópico é um tanto obscura (...) Contudo, até o ponto em que podemos entendê-lo, ele não reconhece nenhuma bondade, propriamente dita, em Deus e ensina que todas as coisas existem por

---

146. Para ver a dificuldade de se caracterizar de maneira rigorosa a noção da possibilidade intrínseca, consulte Sleigh, 1990: 81, seção V de Sleigh, 1996, e Sleigh, 1999. Nesta última, Sleigh retrata sua análise inicial da possibilidade "em sua própria natureza" e, com efeito, arrepende-se por ter chegado a formular uma explicação generalizada, estrita e precisa da possibilidade intrínseca.
147. A VI, iv, 1766/L 197.

uma necessidade da natureza Divina, sem que Deus faça qualquer escolha. Não vamos perder tempo aqui tentando refutar uma opinião tão ruim e, na verdade, tão inexplicável. A nossa está baseada na natureza dos possíveis – ou seja, das coisas que não implicam uma contradição.[148]

O que Leibniz está negando aqui não é o necessitarismo de Espinoza, mas o fato de que a necessidade que se aplica a todas as coisas é "cega", não governada pela sabedoria e pela benevolência divinas. E, quando ele diz que sua posição é baseada na natureza dos possíveis, deixa claro que está falando da pluralidade de mundos intrinsecamente possíveis que considera ser uma condição necessária para a escolha de Deus de que o melhor não deve ser vazio. O sistema filosófico de Espinoza não faz essas exigências. Portanto, embora eu tenha dito que Espinoza tem o direito de alegar a existência de uma pluralidade de mundos possíveis, em que os mundos possíveis são concebidos por meio de linhas leibnizianas de modo a excluir Deus e os seus atributos, postular essa pluralidade não tem função alguma no sistema de Espinoza.

---

148. T 173, ênfase minha.

Capítulo 5

A autonomia epistemológica em Espinoza

Charlie Huenemann

Uma maneira de distinguirmos a filosofia moderna da pós-moderna é por meio da atitude com relação à autonomia epistemológica. As filosofias pós-modernas afirmam que o conhecimento está inegavelmente condicionado a forças sociais, políticas e culturais, assim como ao fato de as crenças de um indivíduo estarem sempre à mercê das torrentes que cerceiam toda uma era: não pode haver nenhuma objetividade e nenhuma autenticidade. Entretanto, todas as filosofias modernas conseguem encontrar uma forma para fazer com que os indivíduos se libertem de forças culturais e determinem por eles mesmos aquilo que é verdadeiro, talvez com o auxílio de alguma espécie de "gancho dos céus" (algo como a luz natural) que pode tirá-los de suas circunstâncias e permitir que vejam aquilo que se encontra no centro da realidade metafísica. Essa avaliação ideal de nossas habilidades encontrou seu ponto máximo no Iluminismo, é claro, para o qual Kant ofereceu o famoso lema: "*Sapere aude!* 'Ouse usar sua própria razão!'". É claro que Kant acreditava que o raciocínio transcendental sutil era necessário para influenciar um certo critério de nossa verdadeira situação epistemológica, apesar de cada um dos antigos filósofos modernos postular um caminho mais direto em busca da verdade profunda. O acesso pode ter sido puramente intelectual, ou puramente empírico, mas, de qualquer modo, não era mediado nem contaminado por uma ideologia espúria. Eles acreditavam que era natural imaginar que algum tipo de percepção pura seria necessária para que qualquer um de nós conseguisse autonomia intelectual, que, por sua vez, é exatamente o que precisamos para estabelecer qualquer tipo de autonomia política ou moral.

Foi exatamente isso que fez com que cada uma das filosofias modernas parecesse tão radical para as instituições políticas e religiosas da época; porém, a atitude de nenhuma delas chegou a ser considerada mais radical do que a de Espinoza. Como diz Jonathan Israel: "Ninguém mais durante o século de 1650 a 1750 foi capaz de, mesmo de maneira remota, rivalizar a notoriedade de Espinoza como o principal desafiador dos aspectos fundamentais da religião revelada, das ideias recebidas, da tradição, da moralidade e de tudo aquilo que era, em toda parte, visto, tanto em Estados absolutistas quanto não absolutistas, como uma autoridade política constituída de modo divino".[149] Essa notoriedade foi causada principalmente pela crítica do conhecimento religioso apresentada por Espinoza em seu *Tratado Teológico-Político*. Seu objetivo nessa obra era mostrar que a Bíblia, entendida de maneira correta, não recomenda nada que também não seja mostrado por meio da razão filosófica autônoma, da mesma maneira como soberanos são capazes de conceder aos cidadãos a liberdade de filosofar sem colocar em risco a ordem civil. Em resumo, ele defendeu a autonomia epistemológica em detrimento da subordinação dos indivíduos diante das Escrituras e foi exatamente isso que lhe conferiu sua reputação de ímpio radical.

A crítica de Espinoza em relação à religião revelada ecoa por toda a epistemologia apresentada na *Ética* e no *Tratado da Correção do Intelecto*. Na verdade, não é errado, na filosofia de Espinoza, lermos tudo o que ele escreveu como parte de uma campanha geral para explicar e estimular a capacidade de seus leitores de entender as coisas por eles mesmos e se libertar da superstição e do preconceito. No entanto, embora Espinoza incentive seus leitores a ousar pensar por eles mesmos, ele os coloca em um vasto nexo causal em que tudo o que fazem e pensam é tão determinado e tão necessário quanto o fato de que a soma dos ângulos de um triângulo é igual a dois ângulos retos. Então, para Espinoza, como é possível ultrapassarmos a origem causalmente confusa para discernir e obedecer os ditados da razão? Por que não estamos todos determinados a viver e pensar de acordo com as forças irracionais que condicionam nossa própria existência? Podemos pensar que, se é verdade que alguém já teve razões para acreditar que nossos poderes de julgamento estão sempre condicionados por forças causais ao nosso redor, Espinoza foi essa pessoa. E, apesar disso, ele foi a maior inspiração para os pensadores do Iluminismo. Muito estranho!

---

149. Israel, 2001: 159.

I. A Epistemologia de Espinoza

Para começarmos a entender como a autonomia epistemológica é possível para Espinoza, precisamos rever os aspectos básicos de sua epistemologia. Um corpo humano, segundo ele, é um composto impressionável de tecidos macios que mantém sua identidade ao longo do tempo preservando um metabolismo constante de movimento e descanso. O ambiente faz com que o corpo seja pressionado de diversas maneiras, tornando-o capaz de modelar o ambiente *de modo fisiológico* em resposta a essas pressões. O corpo, então, passa a agir como um mapa vivo de sua experiência. Quando exaltamos o conteúdo informativo dessa estrutura fisiológica, estamos considerando a *mente* que está associada a esse corpo humano. E é provavelmente isso o que Espinoza quer dizer quando fala que a mente é a ideia do corpo.

Ora, esse mapa vivo é sutil e complexo, assim como nosso modelo do mundo não apenas contém cada um dos grandes impactos que nossos corpos sofreram, mas também todos os impactos menores gerados por boatos sussurrados e notas de rodapés rabiscadas nas obras de eruditos. Além disso, não há como não associarmos todas essas impressões umas às outras conforme aparecem de maneira repetida, fazendo generalizações a partir de suas semelhanças e, assim, construindo nossas lembranças e nossos poderes imaginativos. Tudo isso junto constitui nosso conhecimento comum do mundo, ou aquilo que Espinoza chama de conhecimento do primeiro tipo.

Entretanto, isso não é tudo o que existe a respeito do conhecimento humano. Se fosse assim, a mente estaria totalmente à mercê de seu ambiente e teria um conhecimento bastante inadequado:

> Digo de maneira expressa que a Mente não possui um conhecimento adequado, mas apenas confuso, de si mesma, de seu próprio Corpo e dos corpos externos, na medida em que percebe as coisas em meio à ordem comum da natureza, isto é, na medida em que é determinada de modo externo, a partir de encontros fortuitos com as coisas, no intuito de considerar isso ou aquilo, e não na medida em que é determinada de modo interno (...) Pois, na medida em que é disposta de maneira interna, dessa ou daquela maneira, considera as coisas de modo claro e distinto (...) (2p29s)[150]

---

150. As traduções de Espinoza são [baseadas nas] de Curley, encontradas em Espinoza, 1985.

Sendo assim, o que nos livra dessa confusão é a possibilidade de nosso conhecimento ser determinado a partir de *dentro* – e não exatamente de dentro do corpo, mas de dentro da mente em si.

Assim, é aqui que tudo fica confuso. A mente é uma expressão particular do atributo de Deus do pensamento, assim como o corpo é uma expressão do atributo de Deus da extensão. Dessa maneira, cada mente é substancialmente idêntica ao pensamento de Deus, embora seja limitada e se torne particular de uma forma determinada; ou seja, cada mente é um *modo* do pensamento de Deus. Já que ela é substancialmente idêntica ao pensamento, a mente carrega as características centrais do pensamento: características que pertencem à mente como uma coisa *pensante*, em oposição a qualquer outro tipo de coisa. Essas características centrais da mente são chamadas de *noções comuns*. O paralelismo de Espinoza lhe dá o direito de afirmar que as noções comuns são ideias das características centrais correspondentes aos corpos – aquelas características que pertencem às coisas estendidas na qualidade de coisas estendidas. Assim, a mente, como algo pensante, não é uma lista em branco, mas possui características estruturais por sua própria natureza, a partir da qual, como veremos, todas as ideias adequadas podem ser construídas.

Embora Espinoza raramente ofereça exemplos, o conjunto de noções comuns certamente inclui as ideias de extensão, movimento e descanso, forma geométrica e quantidade aritmética, assim como de quaisquer outras características gerais do mundo estendido que são necessárias para construir uma física adequada (veja 2p38c).[151] O conjunto, sem dúvida, também inclui outras ideias, como, por exemplo, as ideias de Deus e de sua essência infinita (que irão representar um papel fundamental na explicação de Espinoza da forma mais superior de conhecimento). Essas ideias são todas *adequadas*. Espinoza chama uma ideia de *inadequada* quando ela é uma representação confusa de um objeto externo e do estado do corpo de um indivíduo. Todos os exemplos de percepções dos sentidos geram ideias que são inadequadas dessa maneira, já que cada uma das sensações representa tanto um objeto como o estado do órgão que sente. Contudo, as noções comuns

---

151. Edwin Curley mostrou que Espinoza desassocia as entidades geométricas das coisas que são "físicas e reais" no *Tratado da Correção do Intelecto*, seção 95. As entidades geométricas são simples "seres de razão". No entanto, elas certamente serão necessárias para a construção de uma física adequada. Portanto, talvez as entidades geométricas não devam fazer parte das noções comuns, mas, em vez disso, devam ser vistas como coisas ideais que podem ser construídas a partir de noções mais básicas de "coisas reais", como a extensão e o movimento. Veja Curley, 1973: 29-30.

não são obtidas por meio da percepção dos sentidos. Elas são inatas à mente em virtude de serem uma mente e, assim, não são representações confusas de estados corpóreos e de corpos externos; e é por essa razão que são adequadas (veja 2p11c e 2p38).

A tarefa que nos é apresentada, se desejarmos adquirir um conhecimento adequado, é a de corrigir as crenças que conquistamos por meio de uma experiência sensorial pela construção do segundo tipo de conhecimento, ou conhecimento que se baseia e é construído a partir das noções comuns. Fundamentalmente, esse é o antídoto fornecido por Espinoza para os venenos da superstição e da ignorância. Entretanto, estamos interessados em levantar a questão de como esse antídoto é possível: como podemos nos elevar em relação às nossas imaginações e lembranças fisiologicamente limitadas de modo a assumir um espaço conceitual ideal em que possamos reconhecer nossas noções comuns e construir coisas com elas? Que força causal nos leva a voltar nossa atenção para esse espaço conceitual ideal – por que estamos interessados em fazer isso? Quais são as leis no universo de Espinoza que irão determinar o que fazemos nesse lugar? E, se essas leis são deterministas, será que existe uma ameaça de que o segundo tipo de conhecimento possa se tornar tão parcial e sujeito ao preconceito e à corrupção quanto o primeiro tipo de conhecimento?

II. POR QUE CONQUISTAR UM CONHECIMENTO ADEQUADO?

Vamos primeiramente tentar responder à questão da motivação. Espinoza relata sua própria necessidade recém-descoberta de entrar em um espaço conceitual ideal e encontrar um caminho seguro até o conhecimento nas primeiras partes do *Tratado da Correção do Intelecto*.

> Depois que a experiência me ensinou que todas as coisas que ocorrem de modo regular na vida comum são vazias e fúteis, (...) decidi finalmente tentar descobrir se existia algo que pudesse ser um bem verdadeiro, capaz de se comunicar e que, sozinho, fosse capaz de afetar a mente, rejeitando todos os demais – se existia algo que, assim que descoberto e adquirido, continuamente me proporcionasse a mais sublime alegria, até a eternidade.

É óbvio que Espinoza está em busca de um "bem *verdadeiro*" e não de algo que apenas lhe proporcionará uma felicidade contínua. Alguns parágrafos depois, ele fala exatamente daquilo que espera adquirir: uma natureza humana diferente, uma que seja "mais forte e mais duradoura" do que sua atual natureza humana (seção 13). Além disso, ele acredita que essa natureza mais forte e mais duradoura *consista no* "conhecimento da união que a mente tem com o todo da natureza". Observe que a conquista da natureza mais sólida não é algo que aprendemos como fazer assim que adquirimos o conhecimento; em vez disso, o fato de termos a natureza mais forte consiste na posse do conhecimento. Esse conhecimento, acredita ele, continuamente lhe proporcionará "a maior alegria, até a eternidade", e ele também deseja que outras pessoas consigam o mesmo conhecimento: "Ou seja, faz parte de minha felicidade enfrentar dores que muitas outras pessoas possam compreender como eu compreendi, para que, assim, seu intelecto e seu desejo concordem inteiramente com meu intelecto e meu desejo" (seção 14).

Espinoza oferece um relato mais detalhado desse tema nas partes 3 e 4 de *Ética*. Ao analisar esse relato, o primeiro passo é reconhecer que ele define a essência real de cada coisa individual como um *empenho* de sua própria existência contínua (3p7). A verdadeira essência de uma mente, então, é o empenho de sua própria existência contínua. Espinoza acredita que uma consequência direta dessa proposição seja que a mente se esforça para pensar somente naquelas coisas que postulam seu poder de ação (3p54). Ou seja, a mente, conforme se esforça para continuar a existir, aceita imagens de condições para sua existência contínua. Naturalmente, esse tipo de empenho pode levar a uma série de erros e confusões, já que Espinoza está descrevendo aqui apenas uma tendência de nossa parte de nos ver em situações favoráveis. Recebemos com prazer o elogio e a bajulação, além de sonharmos com todos os tipos de realizações, simplesmente porque a mente se alegra com imagens como essas (veja 3p55s).

Como segundo passo no relato de Espinoza, se nos concentrarmos com mais cuidado em uma parte da mente – a parte que consiste nas noções comuns e nas ideias adequadas, a qual Espinoza chama de "razão" (2p40s2) –, poderemos então fazer alegações semelhantes a seu favor: a razão também busca sua própria existência contínua e desfruta do exercício de seu próprio poder. Que poder é esse? A razão, diz Espinoza, "não considera nada como útil para si, com exceção daquilo que nos leva à compreensão" (4p26). Isso acontece porque a essência da razão é compreender as coisas de maneira clara e distinta. Assim, o empenho que constitui a essência da razão é um empenho para a conquista de ideias adequadas.

Portanto, somos instigados a buscar um espaço conceitual ideal para satisfazer um desejo formado em uma parte de nossa mente, o desejo de ideias adequadas. Ainda assim, por que esse desejo não deve ser superado por outras partes irracionais da mente, como, por exemplo, a parte que busca a estima de outros ou aquela que busca os prazeres do autoengano? Para termos certeza disso, Espinoza acredita que é exatamente isso que costuma acontecer – esse é o problema. No entanto, o impulso particular do conhecimento adequado, quando satisfeito, gera a *autoestima*, que Espinoza acredita ser "a coisa mais suprema que podemos esperar":

> A autoestima (*acquiescentia in se ipso*) é uma alegria nascida do fato de que o homem contempla a si mesmo e a seu poder de ação (por Def. Aff. 15). No entanto, o verdadeiro poder de ação do homem, *ou* virtude, é a razão em si (por 3p3), que o homem contempla de maneira clara e distinta (por 2p40 e p43). Portanto, a autoestima surge da razão.
>
> Em seguida, apesar de um homem se contemplar, ele nada consegue perceber de maneira clara e distinta, *ou* adequada, exceto aquelas coisas que resultam de seu poder de ação (por 3d2), ou seja (por 3p3), que resultam de seu poder de compreensão. E, assim, a mais suprema autoestima que pode existir surge somente dessa autorreflexão. (4p52d)

Essa *acquiescentia in se ipso* aparece mais uma vez no final da parte 4 de *Ética*, em que Espinoza nos aconselha a elaborar uma ideia mais clara de nossos poderes, daquilo que somos capazes de fazer e das leis que devemos seguir, e, assim, entender que fazemos parte da natureza. "Se entendermos isso de modo claro e distinto", escreve ele, "a parte de nós que é definida pela compreensão, ou seja, nossa melhor parte, irá se satisfazer plenamente com isso e se empenhar para perseverar nessa satisfação (*acquiescentia*), pois, na medida em que entendemos, nada mais desejamos se não aquilo que é necessário, da mesma forma que nada mais nos satisfará de modo pleno, exceto aquilo que é verdadeiro". Isso talvez seja um reconhecimento que surge somente depois que aprendemos que "todas as coisas que regularmente ocorrem na vida comum são vazias e fúteis".

III. Noções Comuns

No entanto, mesmo quando temos fortes motivações para compor ideias adequadas, não fica claro se temos a capacidade de fazer isso. De algum modo, as noções comuns devem desfrutar de um tipo especial de *status* que nos permite adquirir um tipo privilegiado de conhecimento. Qual é esse *status* especial?

Para conseguir entender a natureza do problema, considere primeiramente a forma ampla de distribuição das noções comuns. Elas são inerentes à mente em virtude de serem mentes, isto é, elas são intrínsecas à natureza do pensamento. No entanto, isso as torna intrínsecas a *todas* as mentes e, segundo a metafísica de Espinoza, isso significa a ideia de cada uma das entidades físicas: "Tudo o que dissemos a respeito da ideia do Corpo humano também deve ser dito a respeito da ideia de qualquer coisa" (2p13s). Então, como a presença das noções comuns em *nossas* mentes *nos* dá qualquer habilidade especial de usá-las para adquirir o conhecimento adequado do mundo? O que nos torna mais epistemologicamente privilegiados do que (digamos) uma cenoura?

Espinoza observa que nem todas as ideias são iguais, de modo que ele identificaria a ideia de um ser humano como diferente da ideia de uma cenoura, já que a ideia de um corpo humano é "mais excelente" e "contém mais realidade" do que a ideia da cenoura. De maneira geral, diz Espinoza, "na proporção em que um Corpo é mais capaz do que outros de realizar muitas coisas de uma só vez, ou de agir de diversas formas de uma só vez, sua Mente é mais capaz do que outras de perceber muitas coisas de uma única vez" (2p13s). E assim, ao que tudo indica, a mente humana é mais excelente do que a "mente" da cenoura porque o corpo humano é capaz de construir um modelo interno mais complexo de seu ambiente, além de ser capaz de oferecer uma variedade mais ampla de respostas ao seu ambiente.

Contudo, esse ponto a respeito das capacidades de nossos corpos parece apenas explicar por que seríamos melhores do que as cenouras ao adquirir o conhecimento do primeiro tipo: nós somos melhores no uso de nossas imaginações. É difícil entender por que isso nos proporcionaria uma variedade maior de conhecimento adequado – *se é que* o conhecimento adequado exige algo além da imaginação. Será que sim? Em 2p25c, Espinoza afirma que, "na medida em que a Mente humana imagina um *corpo externo*, ela não possui um conhecimento adequado desse corpo" (ênfase minha). Entretanto, e se a mente estiver imaginando não um corpo externo, mas o objeto de alguma ideia interna a ela, como, por exemplo, um semicírculo ou uma esfera? O problema de imaginar corpos externos é que a mente humana irá possuir apenas a informação que é transmitida por meio do contato causal com o corpo; por intermédio dessa experiência, a mente humana não terá informação alguma referente a todas as demais forças que condicionam a existência do corpo externo. Se quisermos traduzir esse ponto para o diálogo do Deus espinozista, diremos que a ideia do corpo externo não é adequada na mente de Deus na medida em que Deus constitui a mente humana;

ela é adequada somente na medida em que Deus constitui a ideia do corpo externo em si.[152]

No entanto, quando falamos do uso da imaginação para a formação de ideias complexas a partir de ingredientes mais simples que são internos à mente humana, talvez as limitações da imaginação não importem: a imaginação não recorre às informações fragmentadas e parciais transmitidas pela experiência dos sentidos, mas, em vez disso, tem acesso total às informações contidas nas noções comuns inatas da mente. Espinoza não discute de maneira explícita o uso da imaginação dessa forma – isto é, com um trabalho em parceria com as noções comuns –, embora possa parecer que precise invocá-la em um determinado momento se desejar explicar por que os seres humanos são mais espertos do que as cenouras. (Em 2p39, ele afirma que quando os corpos humanos são "geralmente" afetados por corpos externos em virtude de alguma característica que compartilham, a mente humana terá uma ideia adequada dessa característica; isso ao menos abre a porta que permite que a imaginação represente alguma função na construção das ideias adequadas.) Assim, imaginemos que, se ativarmos nossas imaginações usando somente as noções comuns proporcionadas pela razão como subsídio, podemos então construir ideias adequadas mais complexas. (Kant, para deixarmos registrado, afirmava algo parecido no caso da intuição aparentemente sintética.)

Temos algumas informações dessa proposta em 2p17s, em que Espinoza escreve:

> (...) as imaginações da Mente, consideradas com base nelas mesmas, não contêm erro algum, ou a Mente não erra a partir do fato de imaginar, mas apenas na medida em que é considerada como não tendo uma ideia que exclua a existência daquelas coisas que ela imagina estarem presentes. Ora, se a Mente, embora imaginasse que coisas inexistentes fizessem parte dela, ao mesmo tempo sabia que essas imagens não existiam, e atribuiria, naturalmente, esse poder de imaginar a uma virtude de sua natureza, não a um vício – sobretudo se essa capacidade de imaginar dependesse apenas de sua verdadeira natureza, isto é (por 1d7), se a capacidade de imaginar da Mente fosse livre.

A invocação de 1d7 no final dessa passagem nos faz lembrar do sentido de liberdade de Espinoza como sua autodeterminação: quando o comportamento de uma entidade é determinado por sua própria natureza, dizemos então que ela é livre. A capacidade de imaginar da mente

---

152. Para uma discussão completa da relatividade da adequação de ideias, veja Della Rocca, 1996: capítulos 3 e 6. Veja também Bennett, 2001: vol. I, seção 78.

é, nesse caso, livre até o ponto em que (a) os ingredientes básicos a partir dos quais as ideias estão se formando (ou seja, as noções comuns) pertencem à mente em si; (b) os processos da capacidade imaginativa são autônomos; e (c) a mente sofre por não ter ilusões acerca daquilo que está realizando ou se as ideias que ela forma correspondem a objetos existentes.

Ora, esse autodeterminismo da formação de ideias é comparado, naturalmente, a algum tipo de autodeterminação do corpo. Ou, conforme Espinoza nos mostra em 2p13s, "Na proporção em que as ações de um corpo dependem mais dele mesmo e conforme outros corpos coincidem com ele em grau menor de ação, de modo que sua mente é mais capaz de compreender de maneira clara". Assim, até o ponto em que os movimentos de nossos corpos são determinados por forças internas, as ações de nossas mentes também são determinadas por forças internas. As ações autodeterminadas da mente – sejam elas volições, avaliações ou concepções – levam à verdadeira compreensão exatamente pelo fato de serem autodeterminadas, e, assim, não existe nenhuma oportunidade para o tipo de confusão que surge no caso do primeiro tipo de conhecimento. A autonomia epistemológica e a autonomia física são a mesma coisa, até o ponto em que minhas ações são determinadas por mim mesmo e não por outras pessoas e, assim, até o ponto em que meus pensamentos são determinados por forças internas, autônomas e confiáveis, e não arquitetadas pelas forças externas e totalmente suspeitas da superstição, da ilusão, da ignorância e da confusão. Vemos aqui um fundamento metafísico do liberalismo político de Espinoza.

IV. A Autonomia na Mente e no Corpo

Vimos que o conhecimento adequado, para Espinoza, está fundamentado na autonomia mental e física: quando a mente é autodeterminada e (em paralelo) o corpo é autodeterminado, as ideias que a mente forma serão adequadas. Entretanto, é claro que o corpo humano encontra-se em um enorme nexo causal, segundo Espinoza, no qual o comportamento de um corpo é determinado por outro, sendo esse determinado por outro e assim por diante, *ad infinitum*. Da mesma forma, cada ideia é condicionada por outra e assim por diante. O eu humano, de acordo com Espinoza, é somente um modo finito de uma substância, sempre à mercê de modos mais poderosos ao seu redor. Em um esquema como esse, como pode ser possível que uma mente ou um corpo atuem de maneira autônoma?

Se Espinoza leva essa autonomia a sério, então ele precisa esculpir espaços livres tanto para a mente como para o corpo – espaços em que cada um deles possa ser autodeterminado e não impulsionado por outras coisas. Talvez, para o corpo, isso seja menos complicado, pois, embora talvez nunca aconteça de a trajetória de um corpo ser completamente determinada por sua própria inércia (ou, em casos mais complexos, a relação da movimentação e do descanso entre as partes de um corpo talvez nunca seja perpetuada de maneira completa por sua própria conta sem interrupção), podemos, ainda assim, ver algum sentido na sua *própria* contribuição em relação ao seu comportamento. Ou seja, podemos dividir as porções de seu comportamento que são os resultados dos poderes do próprio corpo e falar da *extensão em que* o comportamento de um corpo é autodeterminado. No entanto, como podemos fazer isso com a mente? O que é necessário para que uma mente opere de maneira autônoma?

Observe que não devemos simplesmente explorar a doutrina do paralelismo de Espinoza e deixar que a autonomia da mente sobrecarregue a do corpo. Se o pensamento e a extensão são tão conceitualmente distintos como Espinoza acredita que sejam, uma sobrecarga como essa não é legítima. Deve haver algo que Espinoza possa dizer a respeito da determinação de ideias que não nos force a recorrer ao aspecto físico. Devemos acreditar na palavra de Espinoza quando ele escreve em 2p7s: "Assim, contanto que as coisas sejam vistas como modos de pensamentos, devemos explicar a ordem do todo da natureza, *ou* a ligação das causas, por intermédio apenas do atributo do Pensamento".

Portanto, precisamos focar na forma como o intelecto pensa de maneira autônoma, ou na forma como o intelecto, segundo sua própria condição, passa de um estado para outro, o que deve acontecer em paralelo com a passagem autônoma do corpo de um estado para outro. Descrever e prescrever essa passagem autônoma do pensamento é a preocupação central do *Tratado da Correção do Intelecto*. A prescrição de Espinoza ali é o que ele chama de "o Método", cujo principal objetivo é deduzir todas as nossas ideias das "coisas fixas e eternas" para que "nossa mente possa reproduzir a Natureza o máximo possível" (seções 99-106). O pensamento autônomo também é uma das principais preocupações de Espinoza nas partes de 2 a 5 de *Ética*, em que ele distingue a autonomia epistemológica da determinação psicológica, ou a passagem do pensamento que é determinado pelas idiossincrasias de nossa própria experiência e de nosso próprio temperamento.[153] O tema abrangente da filosofia ética de Espinoza é que, até o ponto em que nosso pensamento e nosso comportamento são determinados pela "ordem comum da natureza, isto é, até o ponto em que são determinados de

---

153. No entanto, há também importantes diferenças nos relatos oferecidos no *Tratado* e em *Ética*; veja novamente Curley, 1973: 40-54.

maneira externa, a partir dos encontros fortuitos com as coisas, considerando isso ou aquilo" (2p29s), nós sofremos em virtude da confusão e agimos de maneiras irracionais. No entanto, até o ponto em que nosso pensamento é determinado pela *razão*, temos as melhores chances de conduzir nossas vidas de forma imparcial. A passagem do pensamento autônomo é, assim, determinada de maneira lógica, e não psicológica.

Contudo, parece estranho que a determinação lógica do pensamento tenha de caminhar em paralelo com aquilo que o corpo está realizando enquanto o pensador especula de modo autônomo. Na verdade, o que o corpo faz enquanto pensamos? Quando estamos comprometidos com o primeiro tipo de conhecimento, refletindo corpos circundantes reflexivos e devaneando por associações imaginativas, é mais provável pensarmos que nossa experiência caminha em paralelo com nossos estados fisiológicos. No entanto, tudo parece ser muito diferente quando nos elevamos até um reino ideal, contemplando linhas, planos, movimentos e assim por diante. Relacionar esse estilo de pensamento com determinados processos fisiológicos parece tirar a razão de sua principal virtude, ou seja, sua capacidade de se posicionar acima do desgaste causal e tirar suas conclusões de maneira independente de quaisquer forças a que o corpo esteja sujeito.

Analisemos esse ponto de maneira esquemática: se usar a razão é idêntico ao (digamos) acionamento de "fibras K" no cérebro, então é provável que essa descarga de "fibras K" sempre possa ser alterada de alguma forma – talvez quando ouvimos palestras longas, quando ingerimos certas variedades de cogumelos ou como resultado de uma cirurgia cerebral. Será que essa suscetibilidade física não seria revertida a ponto de comprometer a validade da razão? A questão, na verdade, é como Espinoza consegue isolar o intelecto das maneiras pelas quais o corpo pode não compreender as coisas, considerando-se o paralelismo entre a mente e o corpo.

V. Razão Autônoma e Incorporada?

Em obras mais antigas, Espinoza parece ter se deixado levar pela tentação do racionalista (ou do estoico) de tornar a razão de certo modo destacada do corpo.[154] Em *Tratado da Correção do Intelecto*, *Tratado Breve* e *Pensamentos Metafísicos*, Espinoza descreve a capacidade da alma de romper sua ligação com o corpo e de se unir, em vez disso,

---

154. Para mais discussões acerca das atitudes de Espinoza, tanto das mais antigas como das mais recentes, em relação à questão da imortalidade, veja Nadler, 2002: cap. 5.

a Deus. A alma faz isso quando utiliza a razão como uma escada que leva até o conhecimento intuitivo, que é uma união de amor infundido com Deus e a maior alegria da alma. (Talvez seja por isso que Espinoza escreve no *Tratado* que a conquista de uma natureza mais sólida e mais duradoura *consiste em* alcançar o tipo mais sublime de conhecimento – já que, com a conquista desse conhecimento, nós nos unimos com um ser eterno, deixando de algum modo para trás o peso morto da carne.) Entretanto – ao menos em uma grande parte de *Ética* –, Espinoza abandona a proposta de que qualquer parte da mente seja destacável do corpo, embora ele ainda queira defender que a razão pode agir de maneira autônoma. Poderia parecer que Espinoza espera conseguir todas as vantagens ontológicas de uma psicologia naturalista com o grande prêmio do racionalismo, que deve ser determinado somente pelas forças da razão. Será que é possível que ele consiga isso das duas maneiras?[155]

É claro que essa não é uma questão que Espinoza ignora. Ele tenta explicar exatamente como a mente é capaz de se comprometer com a razão e seu relato fala da própria natureza física do corpo – de maneira específica, das características que o corpo tem em comum com todos os corpos no universo. A descrição da estratégia já é familiar: já que o corpo tem características em comum com todos os outros corpos, a mente tem ideias em comum com todas as mentes e é em virtude dessas associações paralelas que a mente consegue raciocinar de maneira adequada a respeito da verdadeira natureza das coisas estendidas. No entanto, isso indica que, quando raciocinamos, o corpo, de algum modo, ativa essas características que tem em comum com todos os demais corpos. Em outras palavras, se perguntarmos o que o corpo está fazendo enquanto raciocinamos, a resposta é que ele, de algum modo, está envolvido com os fatos que o tornam estendido, capaz de movimentar-se e assim por diante. No entanto, de que maneira um corpo se "envolve" com esses fatos ou os "ativa"? Nossa sugestão anterior era de que, quando raciocinamos, utilizamos a imaginação em conjunção com as noções comuns no intuito de construir ideias adequadas; se isso acontecer, então, da mesma forma, tudo indica que o corpo deva exercitar seus próprios mecanismos imaginativos (independentemente de quais sejam eles) em relação a essas características que tem em comum com outros corpos. Ou seja, a própria extensão e a própria mobilidade do corpo devem se

---

155. Compare Bennett, 2001: vol. I: 205: "Espinoza, de maneira única entre os filósofos que conheço, tenta conseguir o que deseja das duas maneiras: um total naturalista em relação à razão, o que, de maneira aberta, trata como um processo causal, ele, apesar de tudo, afirma ser infalível e se oferece para explicar por quê".

tornar objetos processados de algum modo por meio de processos fisiológicos da imaginação.

A boa notícia aqui é que o fato de o corpo ser estendido e móvel (e assim por diante) não pode ser interrompido por nossa eventual participação em palestras longas, cogumelos ou cirurgias cerebrais. Contudo, a notícia ruim é que certamente os processos fisiológicos da imaginação podem ser interrompidos ou distorcidos por essas coisas. Até o ponto em que a racionalização deve caminhar em paralelo a algum processo corpóreo complexo e qualquer processo assim é suscetível à interferência externa, a razão de Espinoza perde sua autonomia. E, assim, parece que, apesar da apurada engenhosidade epistemológica de Espinoza, nossa capacidade de raciocinar pode mesmo ser comprometida pelas próprias fraquezas do corpo.[156]

Será que Espinoza defendia essa conclusão? Há muitas passagens que sugerem que sim. Considere 4p4c, em que Espinoza acredita ter demonstrado que o "homem necessariamente está sempre sujeito às paixões, que segue e obedece a ordem comum da Natureza e se adapta a ela tanto quanto a natureza das coisas exige", assim também como o prefácio de *Ética* na parte 3, em que ele zomba daqueles que acreditam que os seres humanos vivem em algum domínio isolado dentro do domínio da natureza.[157] Talvez a razão humana seja muito parecida com a trajetória de nosso corpo: sempre impulsionado ou puxado por outras coisas, mas esforçando-se até onde pode para manter sua própria autodeterminação. Se isso for verdade, então, na realidade, não temos nenhuma autonomia epistemológica, exceto em condições extremamente raras e ideais.

Entretanto, ao mesmo tempo, vemos passagens que sugerem que podemos assumir a iniciativa, bloquear essas influências cognitivas externas e pensar por nós mesmos. Esse é o lado de "autoajuda" de *Ética*. A principal abordagem de Espinoza na parte 5 é demonstrar qual poder a mente é capaz de ter em relação a suas paixões e, assim, ele escreve ali que "se o conhecimento claro e distinto não eliminar [as paixões], ao menos mostrará que elas constituem a menor parte da Mente" (5p20s).

---

156. Devemos nos lembrar aqui da crítica de Nietzsche ao próprio Espinoza em *Além do Bem e do Mal*, seção 5, quando diz que seu método geométrico é "aquela magia da forma matemática em que, assim como em uma caixa de ferro, Espinoza guardou e mascarou sua filosofia (...) – quanta timidez pessoal e vulnerabilidade oculta esse disfarce de um recluso enfermo!" (Nietzsche, 1973: 37).

157. Ele chega a escrever no *Tratado Político* que "não é possível que todos os homens sempre usem a razão e desfrutem da máxima liberdade", mas o *uniuscujus hominis* pode significar apenas que nem todos nós somos capazes; talvez alguns poucos sejam os privilegiados. Cap. 2, seção 8, tradução [para o inglês] de Samuel Shirley (Espinoza, 2000: 41).

No final, Espinoza quer garantir um remédio contra as corrupções dos afetos; ele quer considerar a razão como o porto confiável e seguro, um espaço onde sempre possamos entrar quando desejarmos nos separar dos afetos fortuitos do corpo e direcionar nossas mentes para aquilo que é fixo e eterno. Isso não é uma simples questão de termos sorte o suficiente para encontrar um lugar calmo onde possamos parar para pensar. Podemos montar esses lugares tranquilos por nós mesmos quando nos distanciamos dessa confusão. Esse é o gancho dos céus proposto por Espinoza – aquele que de fato não lhe pertence (já que, infelizmente, esse é o problema de todos os ganchos dos céus em geral).

VI. Razão Distanciada

Eu disse anteriormente que, em diversos momentos de *Ética*, Espinoza não considera a razão como separável do corpo. Em muitas partes do livro, sim – mas não em todas. Em outros momentos de *Ética* (em especial na parte 5), Espinoza prende-se a uma ideia descendente de sua visão anterior de que a mente pode se isolar do corpo.

A motivação para a defesa dessa ideia deve ser óbvia, considerando-se o problema que acabamos de analisar acerca da união da razão com qualquer tipo de processo fisiológico complexo. Esses processos podem sempre ser interrompidos; no entanto, se a mente é capaz, de algum modo, de se libertar dos corpos, não há razões para nos preocuparmos com o fato de a razão se perder. Além disso, talvez possamos entender como Espinoza consegue se convencer de que, ao menos em parte, a mente é capaz de se destacar do corpo. As noções comuns da mente, como vimos, não são únicas de qualquer indivíduo particular; elas são comuns a todas as mentes ou ideias de todas as coisas estendidas. Deixemos de lado agora a indicação de que usamos nossas imaginações individuais quando construímos ideias complexas a partir das noções comuns e imaginemos que, de alguma forma, somos capazes de formar ideias adequadas simplesmente com base nessas noções comuns. Na medida em que apenas "pensamos por meio" dessas noções comuns, estamos pensando não como indivíduos particulares, mas com o poder do próprio pensamento – isto é, estamos unindo nossas mentes com o intelecto infinito de Deus. Deixamos para trás as características e as forças que nos individualizam de todos os demais modos finitos e, assim, passamos a pensar *sub specie aeternitatis*. Como vimos, isso não pode realmente funcionar no sistema de Espinoza, já que a composição de ideias complexas deve exigir um processamento que vai muito além do simples fato de que temos um corpo que é estendido, móvel e assim por diante. (Do contrário, as cenouras seriam capazes de realizar uma meditação tranquila desse tipo.) Ainda assim, é provável que Espinoza acreditasse na possibilidade de algo parecido com esse desapego para nós, principalmente com base em muitas de suas afirmações por toda a segunda metade de *Ética*. Chamemos essa sua ilusão otimista de "visão do distanciamento".

De acordo com essa visão do distanciamento, conforme exercitamos nossos intelectos, estamos, de certo modo, deixando para trás as circunstâncias que individualizam nosso corpo do restante do cosmos, ao mesmo tempo em que desviamos nossas ideias de características mais fundamentais e predominantes do universo, "as coisas fixas e eternas" mais uma vez. Nossos pensamentos não são determinados por movimentos fortuitos do corpo, mas pelas próprias leis do pensamento; nós nos tornamos um "autômato espiritual", que segue todas as leis da lógica que regem o intelecto (*Tratado*, seção 85). Essas leis lógicas determinam nossos pensamentos, mas de uma maneira distinta da determinação causal que pertence às ideias das afeições do corpo. A passagem da ideia das marcas de cascos de patas de cavalos para o pensamento de um cavaleiro até o pensamento de um soldado é causalmente determinada de um modo semelhante ao da passagem do estado A do cérebro para o estado B e, depois, para o C, mas é diferente da passagem do pensamento de uma linha para a possibilidade de girá-la, formando um círculo. A determinação causal pode nos levar a cometer diversos erros e confusões, mas a determinação lógica não.

Assim, de acordo com a ideia do distanciamento, quando Espinoza diz que a mente e o corpo são *a mesma coisa* vista sob atributos diferentes, a identidade tem de ser construída de maneira muito mais livre. Pode haver uma sobreposição bastante estreita quando consideramos as ideias imaginativas e os estados fisiológicos de nosso corpo. Entretanto, quando falamos das ideias desenvolvidas por nosso intelecto, a identidade não está entre as ideias e os estados cerebrais, mas, em vez disso, entre as ideias e os objetos nelas representados (que geralmente, mas não sempre, são entidades que são ou seriam estendidas). Quando Espinoza escreve a respeito da ideia de um círculo, por exemplo, ele considera seu objeto como sendo um círculo que existe na natureza e não o estado cerebral de alguém que está pensando em um círculo (2p7s). Na verdade, o que torna o intelecto tão especial é o fato de que suas ideias são tiradas de características comuns a todas as coisas e, portanto, são capazes de representar possibilidades físicas reais enraizadas na verdadeira natureza das coisas e não apenas na própria experiência arbitrária ou na fisiologia de um indivíduo. As ideias do intelecto são *a respeito das* reais possibilidades e não *a respeito do* estado peculiar de nosso próprio corpo.

Isso parece indicar que, quando nosso pensamento é determinado pelas leis do intelecto, de acordo com a ideia do distanciamento, estamos tendo uma experiência fora do corpo; ao menos, fora de *nosso* corpo, embora não necessariamente fora do *corpo* em sentido bastante generalizado, já que nossa mente está voltada para características que, de algum modo, estão presentes na natureza corpórea. Alcançamos a autonomia epistemológica ao nos comprometermos com uma reflexão que não é restringida pelas limitações de nossas mentes individuais baseadas nos órgãos dos sentidos, além de encontrarmos aquela união que nossos intelectos têm com a mente de Deus.

Atribuir a visão do distanciamento a Espinoza explicaria como, na parte 5 de *Ética*, ele consegue voltar sua atenção para "aquelas coisas que pertencem à duração da Mente sem relação com o corpo" (5p20s), uma passagem que é reconhecidamente intrigante. A mente, Espinoza ainda demonstra, tem consciência do corpo somente enquanto o corpo dura; e, quando o corpo é destruído, parte da mente permanece. "Nós sentimos e sabemos por experiência que somos eternos", diz ele; essa nossa parte eterna é a razão, ou nossa capacidade de entender as coisas *sub specie aeternitatis*. E nossa maior alegria não é apenas a de conquistar essa compreensão, mas também experimentar a extraordinária felicidade intelectual que a acompanha e que gera um amor intelectual profundo do objeto final de nossa compreensão, Deus ou a Natureza.

Esse é o momento certo para apresentarmos o terceiro tipo de conhecimento. Além dos dois primeiros tipos, Espinoza acredita que também somos capazes de conhecer determinadas coisas em virtude de nossos intelectos possuírem uma ideia adequada da essência de Deus. Às vezes, podemos reconhecer uma verdade de imediato em razão dessa essência. Nós simplesmente *vemos*, sem a mediação de demonstrações racionais, que algo é verdade e somos capazes de ver essa coisa de maneira certa. Nossa maior alegria e nosso amor maior surgem a partir desse tipo de percepção, já que ela é a consciência de nossa união com Deus e as diversas maneiras pelas quais as coisas estão enraizadas na sua natureza – exatamente o tipo de conhecimento que Espinoza disse que gostaria de ter no início do *Tratado da Correção do Intelecto*.

Acredito, sim, que Espinoza defendia a ideia do distanciamento, embora ele não tivesse direitos em relação a ela. Além disso, como veremos a seguir, a ideia o fez chegar a uma posição filosófica capaz de inspirar qualquer místico, mas que também acaba comprometendo a autonomia epistemológica que ele tanto estimava.

VII. Iluminação

É estranho que Espinoza não faça ainda mais uso do terceiro tipo de conhecimento, principalmente quando consideramos sua importância para ele. Muitas vezes ele chega a citar um exemplo do *tipo* de coisa que é a apreensão direta (ver de imediato que dois está para quatro assim como três está para seis, por exemplo), mas ele nunca afirma nada e então justifica dizendo que isso é algo que ele percebe de modo direto como uma consequência dos atributos de Deus. Ele não utiliza a intuição da maneira que Descartes usa a luz natural a seu serviço. Ele é modesto a esse respeito e simplesmente nos tortura com a alegação de que o fato de tê-la nos proporciona a forma mais sublime de felicidade e amor que jamais poderemos experimentar.

É possível que não acreditasse que as palavras pudessem transmitir as coisas que ele havia compreendido por meio dessa intuição pura. Muitos místicos se sentem assim. No entanto, também é possível que Espinoza tivesse a intenção de deixar a questão em aberto de modo a estimular seus leitores a tentar descobrir o que pudessem por si mesmos. Depois de afirmar que "sentimos e conhecemos por experiência que somos eternos", ele ainda diz que "a Mente *sente* essas coisas que ela concebe na compreensão não menos do que aquelas que ela tem na memória, pois os olhos da mente, pelos quais ela *vê* e *observa* as coisas, são as próprias demonstrações" (5p23s; ênfase minha). Aqui Espinoza está indicando uma experiência pessoal que vai além de saber *que* uma determinada afirmação é verdadeira. Nessa passagem, quando ele afirma que os olhos da mente são as próprias demonstrações, ele *não* está alegando que os tipos de demonstrações que Espinoza oferece como proposições em *Ética* são os olhos da mente; em vez disso, a visão intelectual que vivenciamos no conhecimento do terceiro tipo é, em si, a única demonstração necessária para a verdade compreendida. A visão é irredutivelmente na primeira pessoa, assim como acontece com a alegria e o amor que a acompanham. Simplesmente, de nada adiantaria ter uma lista de coisas descobertas por Espinoza por meio da intuição, já que a intuição é valiosa somente em virtude da grande *acquiescentia* que experimentamos em função dela. Assim, para resumir, Espinoza está nos dizendo não apenas para ousarmos usar nossa própria razão, como Kant diz, mas também para ousar confiar naquilo que nossas mentes sentem.

Portanto, Espinoza, assim como muitos místicos, estimula seus leitores a buscar sua própria compreensão da verdade e não se satisfazer com aquilo que ouvem de outras pessoas. Contudo, assim também como outros místicos, o objetivo de Espinoza visa a um estado de existência em que a noção da autonomia epistemológica se torna vazia. Pois, afinal, quem é o sujeito dessa autonomia epistemológica mística? Acompanhe o que acontece com nossa compreensão do eu conforme seguimos o programa de Espinoza. Nosso maior empenho é em relação ao terceiro tipo de conhecimento e ao amor intelectual de Deus. Conforme adquirimos um pouco mais desse conhecimento e desse amor, uma parte menor de nossa mente fica presa às conclusões tiradas do primeiro tipo de conhecimento; assim, com gratidão, passamos a temer menos a morte e a amar mais a Deus. Começamos a nos associar cada vez menos com nosso corpo – que por nós é conhecido somente por meio da imaginação – e passamos a estabelecer nossa morada no intelecto infinito de Deus, de modo que uma parte maior de nossa mente se torna eterna. Entretanto, enquanto prosseguimos, perdemos contato com todas as características que nos tornaram quem achávamos que éramos originalmente. Trabalhamos para nos identificar com as ideias existentes em Deus muito tempo antes de nossos corpos nascerem, fazendo com que nossa existência depois que nossos corpos morrerem seja tão significativa para nós quanto nossa preexistência foi. No final, o que dizer da autobusca da autonomia epistemológica? O eu, de maneira essencial, reside no intelecto infinito de Deus; é somente por um breve ínterim que uma ligação com um corpo convence a existência de acreditar que não era nada além disso. No entanto, como Espinoza escreve:

> é claro que nossa Mente, na medida em que entende, é um modo eterno de pensar, que é determinado por outro modo eterno de pensar e novamente por outro e assim por diante, até a infinidade; de modo que juntos, eles todos constituem o intelecto infinito e eterno de Deus. (5p40s)

Esse relato do verdadeiro eu certamente tem a intenção de elevar e inspirar, apesar de também haver mais de uma indicação de esquecimento. No final, é uma ideia no intelecto de Deus que tem o devido conhecimento e desfruta da *acquiescentia in se ipso*, ao menos na mesma proporção em que qualquer outra coisa imutável e eterna. No entanto, essa ideia sempre foi dotada de conhecimento. Ela é apenas um indivíduo fragmentado – isto é, um modo de pensamento, considerado *não* na medida em que está contido no intelecto de Deus – que, aos poucos, conquista um determinado grau de autoconhecimento. E esse indivíduo, como pudemos descobrir, não é a maior ou a melhor parte da mente.

Por fim, também podemos mostrar o problema de como ainda é possível agir em favor de outras autonomias (como, por exemplo, a autonomia moral e a política), uma vez que adquirimos a autonomia epistemológica. Como é possível nos preocuparmos com a moralidade e a política, uma vez que temos uma visão das coisas *sub specie aeternitatis*? Assim que alcançamos a *acquiescentia in se ipso*, conseguimos o reconhecimento de que aquilo que existe é necessário e nada pode ser evitado. Esse é o consolo que buscamos quando o peso do mundo se torna aflitivo demais. Contudo, Espinoza, com uma esperança que ele não pode sentir de verdade, tenta voltar daquele autoconhecimento místico e defender a importância que nos envolve na mudança. Esse certamente é um problema para tentarmos solucionar em outra oportunidade, mas, por agora, parece que, na filosofia de Espinoza, a iluminação mística se tornou um obstáculo para a Iluminação filosófica.[158]

---

158. Quero agradecer aos que participaram do seminário das regiões norte e oeste do Canadá em 2005 sobre o início da filosofia moderna por suas críticas úteis de uma versão mais antiga dessa obra; gostaria de agradecer também a Russell Wahl por seus valiosos comentários em uma versão posterior.

Capítulo 6

Espinoza e a filosofia da história

Michael A. Rosenthal

É famosa a maneira como Hegel caracterizou Espinoza como "filosoficamente inadequado" pelo fato de ele supostamente não ter uma devida teoria da história.[159] Interpretações mais recentes passaram a qualificar e a discutir essa acusação. Algumas pessoas (como, por exemplo, Smith, 1997) afirmam que Espinoza foi indispensável na transformação da ideia da história de um processo divino para outro secular.[160] Também é comum afirmar (por exemplo, por Smith ou André Tosel) que existe uma teoria de progresso histórico que pode ser considerada tanto tácita como explícita em sua filosofia.[161] Outros (como Moreau, 1994: parte 2, cap. 4) tentaram dar sentido às suas ideias sob a luz do contexto do início da historiografia moderna, em especial à recuperação da ideia de "destino". Neste ensaio, minha intenção é criticar e explicar esse trabalho por meio da relação sistemática entre a teoria de Espinoza da ação em *Ética* e seu uso das fontes e dos métodos históricos no *Tratado Teológico-Político*. Além disso, irei mostrar que o uso das narrativas históricas no TTP faz parte de um padrão mais amplo do uso da narrativa, que também pode ser observado inclusive na última parte de *Ética*. Mostrarei que: (a) a representação narrativa do eu no tempo é um subproduto natural do *conatus* do indivíduo; (b) os relatos históricos (*historia*), sejam eles divinos ou seculares, são mais ou menos baseados

---

159. Hegel, 1995: 288. Segundo Hegel, todas as distinções entre as coisas são fundamentalmente apagadas na unidade da substância de Espinoza. Não existe um princípio interno de consciência e ação, e, sem "um princípio de liberdade espiritual", que a substância se esforça para conseguir por meio de seu empenho determinado, não há nenhum sentido filosófico para a história. Veja a discussão dessa passagem em Smith, 1997: 84-85.
160. Smith, 1997: cap. 4.
161. Tosel, 1990: 306-26.

de modo adequado nessas concepções fundamentais do eu no tempo; (c) as narrativas, sejam elas expressas como uma interpretação do ideal do "homem livre" ou como histórias que nos ajudam a usar os critérios racionais no domínio das paixões, representam uma parte importante do projeto ético de Espinoza; e (d) a filosofia de Espinoza da história não consiste em uma narrativa dominante do desenvolvimento da natureza, seja ela providencial ou imanente, mas sim do uso sistemático de narrativas exemplares como uma característica necessária do empenho humano individual e coletivo.

I. Os Usos da História de Espinoza

No intuito de responder a algumas dessas questões, precisamos voltar nossa atenção para os textos de Espinoza com mais cuidado.[162] É interessante notar que a palavra *"historia"* aparece somente uma vez em *Ética* (4p67s; G II: 261/26). É claro que isso não significa que a *Ética* não tenha nada para nos ensinar a respeito desse tema e, portanto, voltaremos a essa questão; porém, o lugar que deve ser analisado primeiro deve ser o TTP, em que Espinoza diversas vezes cita historiadores e usa os termos *"historia"* e *"narratio"* (e suas variáveis) com frequência. Espinoza usa o termo *"historia"* com diversos sentidos diferentes e, nesta seção, irei citá-los com algumas referências a outras obras.

O primeiro termo que gostaria de examinar é *"fabula"*, o qual é importante porque acredito que indica de maneira clara um possível significado de *"historia"*. Ele aparece duas vezes no capítulo 10 do TTP e, em ambos os casos, refere-se a uma narrativa que não é totalmente confiável, como quando se refere a profecias de Isaías que não foram preservadas (10.7; G III: 142) ou a adições apócrifas no livro de Esdras, que Espinoza caracteriza como tendo sido agregadas por "algum leviano" (*ab aliquo nugatore*). No *Tratado Político*, encontramos a frase usada em um contexto significativo, que voltaremos a abordar mais adiante, em que Espinoza escreve: "vimos que a razão pode de fato fazer muito para restringir e moderar os afetos; mas, ao mesmo tempo, vimos que a estrada que a razão nos manda seguir é muito tortuosa, de tal modo que aqueles que estão convencidos de que as massas do povo, ou as pessoas que são divididas em partidos por questões públicas, podem ser induzidas a viver somente de acordo com a prescrição da razão, sonham com a era dourada dos Poetas *ou* com um mito (*fabulam*)"

---

162. Todas as citações de *Ética* e de trabalhos anteriores são de Espinoza, 1985. Todas as citações do *Tratado Teológico-Político* são de um rascunho da tradução de Edwin Curley que está para ser lançado. As referências são feitas pelos capítulos e pelo número da seção.

(TP 1.5; G III: 275).[163] Uma fábula é obviamente criada, possivelmente falsa, e muito provavelmente ilusória. A palavra *"historia"* às vezes é usada exatamente da mesma forma. Espinoza deixa tudo bastante claro quando, no revelador capítulo 7 do TTP, ele escreve que "é comum acontecer de lermos histórias semelhantes (*historias*) em diferentes livros e fazermos julgamentos bastante distintos a respeito delas" (7.61; G III: 110). Por exemplo, encontramos a história de homens voando no *Orlando Furioso*, em Ovídio, e no Livro de Juízes e Reis, contudo, "fazemos um julgamento muito diferente de cada um deles: que o primeiro queria escrever somente leviandades (*nugas*); o segundo, temas políticos; e o terceiro, por fim, questões sagradas" (7.62; G III: 110). Tudo depende não tanto da história em si, mas de nossa opinião do autor.

O segundo sentido da história deve ir além das leviandades e distrações e indicar algo real, em especial algum tema da política. Segundo Espinoza, podemos chamar isso de "crônicas", que relatam uma determinada narrativa de acontecimentos.[164] Essas cronologias ou anais (os termos são usados de maneira intercambiável em 10.24, G III: 145) são escritas por cronistas (10.9; G III: 142), escribas ou historiógrafos nomeados pelos governadores, príncipes ou reis (10.24; G III: 145). O ponto principal da distinção dessas crônicas é indicar outro tipo de história, que é formada por elas. Sugiro chamarmos esse terceiro tipo de história de "supercrônicas". Em outras palavras, elas são organizadas por um historiador ou editor a partir do trabalho de outros cronistas. Espinoza acredita que os livros de Daniel, Esdras, Ester e Neemias, por exemplo, são todos escritos por um historiador que, às vezes, se refere inclusive a suas fontes, como, por exemplo, no caso de Ester, às "Crônicas dos Reis da Pérsia" (10.23; G III: 145). O que é bastante interessante, porém, é que muitas das supercrônicas, apesar de geralmente assumirem a forma de uma narrativa de acontecimentos, são cronologicamente confusas e imprecisas. Espinoza diz que, no caso de Jeremias, as fontes "foram tiradas e colhidas de diversos cronistas" e são "apresentadas de maneira confusa, sem qualquer explicação das épocas dos eventos registrados" (10.10; G III: 142). Na verdade, como mostra sua obra nos capítulos 8 e 9, relatos conflitantes e confusos em quase todos os livros da Escritura, incluindo o Pentateuco, apresentam a mesma natureza composta e testemunham o fato de que não existia um único autor entre eles.

---

163. As traduções variam. Para G III: 142, Curley usa *"legend"*, Shirley, *"mith"* e Lagrée e Moreau, *"fable"*; para G III: 146, Curley usa *"legend"* novamente, Shirley, *"story"* e Lagrée e Moreau, *"fable"*; e para G III: 275, Curley usa *"mith"*, Shirley, *"fairy tale"* e Lagrée e Moreau, *"une histoire imaginaire"*.

164. Veja, por exemplo, 10.9; G III: 142.

O objetivo de Espinoza ao fazer essa observação nos leva ao nível, ou sentido, seguinte de história, que geralmente é o mais citado nos comentários, a saber, o sentido baconiano do termo.[165] No capítulo 7, Espinoza declara que, "para libertar nossas mentes dos preconceitos teológicos e não abraçar de forma imprudente as invenções do homem como ensinamentos divinos, devemos discutir com detalhes o verdadeiro método de interpretação da Escritura" (7.6; G III: 98). Ele identifica isso de maneira convincente com o método de interpretação da natureza, que requer que "preparemos um histórico direto da Escritura e possamos inferir a mente dos autores da Escritura a partir dele, por meio de raciocínios legítimos, como também a partir de determinados dados e princípios" (7.7; G III: 98). A história, nesse sentido, é um catálogo sistemático dos fenômenos observados. Nesse caso, é necessário: (a) conter a natureza e as propriedades da linguagem dos livros da Escritura e de seus autores (7.15; G III: 99); (b) reunir os ditados de cada livro e organizá-los sob categorias bem definidas (7.16); (c) observar aqueles ditados que são ambíguos, obscuros ou inconsistentes (7.16); (d) descrever a vida, o caráter e as preocupações do autor de cada livro (7.23; G III: 101); e (e) o destino de cada livro, isto é, sua recepção, sua interpretação e suas edições (7.23). Quando Espinoza examina uma narrativa bíblica, considerada por tradição como tendo um único autor, mostrando então que é composta de diversas narrativas, cada uma das quais não é exatamente coerente com a outra, ele então rebate a prática interpretativa tradicional de presumir coerência e buscar mecanismos para demonstrá-la.

Contudo, o objetivo dessa empreitada não é negar qualquer significado ou valor das Escrituras. Ao contrário, Espinoza garante que o propósito do método é descobrir "o que é mais universal, qual é o fundamento de toda a Escritura e, finalmente, o que todos os Profetas acreditam ser um ensinamento eterno, extremamente útil para todos os mortais" (7.27; G III: 102). A partir desses princípios universais, que eu chamaria de "metanarrativas" e que foram descobertos por meio da indução (isto é, o método baconiano de classificação, etc.), podemos então deduzir ensinamentos mais específicos que são capazes de nos guiar pelas circunstâncias da vida que o tempo todo sofrem alterações (7.29; G III; 103). Espinoza sempre é bastante cuidadoso ao observar que os princípios morais são apenas estabelecidos de modo intuitivo e certificados por meio de sua prática e não por intermédio de qualquer

---

165. A influência de Bacon foi observada por diversos comentaristas, incluindo Curley em Espinoza, 1985, e Smith, 1997.

critério epistemológico interno, como acontece com uma verdade da razão. Eles operam de maneira adequada na medida em que emulam a verdade racional. Assim, o objetivo do método histórico é descobrir ensinamentos que se colocam exatamente no limite da história, no sentido de que devem se prolongar em meio às vicissitudes dentro das quais se encontram. Ainda assim, os princípios ou ensinamentos não transcendem a história em si e permanecem sujeitos a mais investigações por intermédio do mesmo método pelo qual foram descobertos. As lições aprendidas com a história são empregadas em circunstâncias históricas concretas no intuito de as controlar, embora sejam constantemente afetadas por essas mesmas circunstâncias.

O uso de Espinoza da história no TTP, assim como o de Bacon, continua ligado a uma ideia humanista de retórica deliberativa, em que exemplos são usados para convencer um grupo de pessoas de um determinado bem ou curso de ação. O objetivo não é eliminar a autoridade dos textos sagrados, mas sim encontrar uma nova base para eles fora da teologia racional e dentro dos próprios textos.[166] A arte da retórica é a de adaptar os princípios que ela deseja ensinar à compreensão e à experiência da plateia. Espinoza não está mais tentando adaptar os princípios transcendentes da razão às mentes mutáveis do homem, como um teólogo faria, mas sim os princípios de ação historicamente contingentes às mentes mutáveis de seus leitores.[167]

II. HISTORIA E CONATUS

Embora as ferramentas dessa empreitada tenham sido posteriormente adotadas por historiógrafos modernos, Espinoza utiliza-as com objetivos muito diferentes. Quando rejeita o caminho adotado por Maimônides e Lodewijk Meyer, em que a razão é o princípio da interpretação escritural, ele substitui uma determinada razão histórica por um método totalmente histórico em que os parâmetros de associação na imaginação compõem a base do julgamento da validade e do uso da Escritura.[168] Alguns comentaristas afirmaram que Espinoza não demonstra qualquer sentido de historicidade, ao menos não no TTP. O que isso quer dizer é que ele, ao que tudo indica, não oferece qualquer reflexão explícita do

---

166. Se Espinoza consegue de fato fazer isso – isto é, se ele, de forma sub-reptícia, não tem de recorrer a determinados princípios racionais que orientam sua interpretação – é algo que deixo em aberto para sua ponderação.
167. Para mais detalhes da adaptação como um princípio de interpretação das Escrituras em Espinoza e outros, veja Funkenstein, 1986: seção IV.B, 214-71.
168. Para uma discussão do contexto desses argumentos como, por exemplo, o princípio de Van Velthuysen da "cognição histórica," veja Preus, 2001: 126.

formato de história em si e da relação do historiador com o formato dessa história, como, por exemplo, na noção hegeliana do aumento da autoconsciência histórica de um tema como a causa da realização da própria história.[169]

Outros escritores não compartilhavam dessa mesma versão. Henri Laux afirma que, embora Espinoza não use uma linguagem moderna como "historicidade" em sua obra, o conceito em si tem um significado bastante real em seu sistema.[170] Para parafrasearmos: a ideia de história não é uma categoria externa, mas pertence à lógica do sistema em si, o que Laux chama de "une ontologie de la puissance" [uma ontologia do poder] (Laux, 1993: 291). Da mesma forma, Pierre Macherey afirma que existe uma teoria não hegeliana da história em Espinoza, uma forma não idealista de dialética, na qual, ao mesmo tempo em que ocorrem as mudanças materiais, as condições de sua inteligibilidade passam pelas mesmas alterações (Macherey, 1979: 259). Warren Montag descreve isso como a "dialética do positivo".[171] Para Etienne Balibar, o naturalismo radical de Espinoza não diminui a importância da história, mas, em vez disso, confere a ela um novo significado baseado no procedimento interpretativo de explicar eventos por meio de suas causas (Balibar, 1998: 36). A interpretação das narrativas escriturais no TTP segundo os termos da teoria de Espinoza das paixões e da interação humana, conforme descrita nas partes 3 e 4 de *Ética*, torna-as menos sagradas e lhes confere significados novos como parte de uma ciência da natureza humana. Conforme compreendemos as causas desses acontecimentos narrativos, tornamo-nos mais capazes de agir de forma mais eficaz nas circunstâncias análogas. A vontade divina deixa de agir em nós e passa a agir por meio de nós ao longo do curso de uma história em que, por intermédio de nossa compreensão, passamos a ser seus agentes.

Existe algo de irrefutável nesses relatos oferecidos por alguns dos melhores expositores franceses do pensamento de Espinoza. Entretanto, conforme o próprio Balibar observa, uma teoria histórica das paixões sociais humanas por si só não representa uma filosofia da história pelo fato de não oferecer um "esquema único, inequívoco e explicativo" dessa história (Balibar, 1998: 38). E, apesar de parecer uma ideia comum entre vários desses pensadores afirmar que existe uma dinâmica progressiva interna da história, eles oferecem poucas evidências para apoiá-la além

---

169. Para uma discussão e citações, veja Preus, 2001: 182.
170. Laux, 1993: 291: "*Si la notion d'historicité n'appartient pas au langage du Spinoza, elle acquiert toutefois chez lui un statut réel*" [Se a noção de historicidade não pertence à linguagem de Espinoza, ainda assim ela adquire um estatuto real em sua obra].
171. Introdução a Balibar, 1998: xiv.

da observação de que o *conatus* encontrado nos indivíduos também se expressa em instituições cujo curso pode ser previsto. O motivo por que isso implica um progresso histórico me parece um total mistério.[172] Na melhor das hipóteses, Espinoza parece comprometido, em especial no TP, com alguma teoria de *anaciclose*, em que uma forma institucional costuma se transformar em outra instituição relativa por meio de causas internas previsíveis e pressões externas.

De qualquer modo, permita-me, de maneira breve, descrever na parte final desta seção uma visão um tanto diferente da filosofia da história de Espinoza, influenciada por esses pensadores e, ainda assim, diferente em alguns pontos-chave. No intuito de encontrar os fundamentos explícitos de uma filosofia da história adequada, devemos voltar nossa atenção para a *Ética*, em que encontraremos três pontos que podem servir de base para essa afirmação. (Permita-me observar, na forma de um aparte, que, para o primeiro e o terceiro ponto, em favor da brevidade, recorri à sua declaração naquilo que Deleuze chamaria de "a outra *Ética*", ou seja, o apêndice e o prefácio, em vez de uma exposição detalhada de sua base nas proposições e demonstrações.[173])

Em primeiro lugar, Espinoza faz a alegação negativa de que não existe uma teleologia na natureza. Ele atesta esse ponto com a máxima veemência no apêndice da parte 1. Deus não cria nem direciona o mundo a partir de sua própria natureza livre; em vez disso, o mundo é eterno e todas as coisas resultam necessariamente de Deus. Como os homens, em sua maior parte, são ignorantes das causas das coisas, eles imaginam que a natureza opera do mesmo modo como eles agem, isto é, visando a um objetivo ou a uma vantagem. Tudo o que na natureza funciona em seu favor, eles acreditam ter sido planejado por alguma força divina que visava a esse objetivo. Entretanto, todos esses objetivos ou causas finais "nada mais são do que ficção humana" e a atribuição desses fins "bagunçam totalmente a Natureza", pois a perfeição de Deus determina todas as coisas e Ele não age em favor de algo (ou seja, algum objetivo) que Lhe falte (G II: 80). Isso não quer dizer que os acontecimentos sejam aleatórios e não possuam uma causa. A história, no sentido de uma ordem perfeitamente determinada de eventos, existe, mas a inteligibilidade desses acontecimentos pertence somente a Deus. Não existe início, meio e fim na história divina e, portanto, ela não

---

172. Essa questão também é discutida em Tosel, 1990.
173. Deleuze escreve a respeito das diferentes "velocidades" (*vitesses*) das diversas partes de *Ética*. "*les propositions et les scolies ne vont pas à la même allure*" [as proposições e os escólios não seguem o mesmo ritmo] (Deleuze, 1981: 170).

pode ter qualquer estrutura narrativa. Os seres humanos podem usar alguns reflexos desse conhecimento – da maneira como são encontrados nas noções comuns, por exemplo – não para substituir sua concepção da história (isto é, como um relato de ação com um determinado objetivo), mas para entender melhor as causas de eventos em sua estrutura narrativa concebida de maneira inadequada.

Em segundo lugar, Espinoza afirma que, como todos os indivíduos se esforçam para persistir em sua natureza e como a natureza como um todo é sempre mais poderosa do que qualquer *conatus* individual, cada esforço individual em persistir geralmente será demonstrado como um esforço para aumentar o poder do indivíduo por intermédio do controle das coisas externas.[174] O único verdadeiro indivíduo é a substância, ou Deus, mas a substância se diferencia de maneira interna por meio da produção causal de modos finitos, que são, em um sentido metafísico estrito, apenas indivíduos relativos. (É importante observar aqui que, pelo termo indivíduo, Espinoza não se refere apenas aos seres humanos. Qualquer coleção organizada de modo que tenha um princípio racionalmente discernível de organização pode ser definida como um indivíduo. Assim, um ecossistema ou uma instituição também pode ter um *conatus*.) Cada modo finito age como um agente causal em uma determinada rede causal e essa ação expressa sua essência na forma de um modo finito de ser. Espinoza chama esse princípio de atividade em cada coisa finita, um esforço para persistir em sua existência, ou *conatus* (E 3p6). Analisado de maneira isolada, cada empenho deve persistir de forma indefinida. Entretanto, já que cada modo finito é parte de pelo menos uma cadeia causal, ele deve ser influenciado por outros modos finitos, alguns dos quais podem prejudicá-lo ou até mesmo destruir sua existência. Como cada modo finito é infinitamente sobrepujado pela totalidade de outros modos na natureza, a duração de sua existência considerada em relação ao poder das coisas externas que agem sobre ele, o que Espinoza chama de *fortuna*, é limitada.[175] Assim, o esforço

---

174. Existe uma literatura extremamente importante que discute o papel da explicação teleológica em Espinoza. Por um lado, vemos Jonathan Bennett, que, no capítulo 9 de Bennett, 1984, nega a existência de qualquer teleologia divina ou finita. Por outro lado, Edwin Curley e Don Garrett afirmaram que Espinoza aceita sim a explicação teleológica da ação humana (veja Curley, 1990b, e Garrett, 1999). A afirmação dessa obra defenderia a ideia de que existe uma teleologia ponderada em Espinoza, mas que ela só aparece quando os modos finitos existem e se esforçam para se preservar em relação a outros modos finitos. Daí a importância da imaginação na teleologia, que, naturalmente, Espinoza define como o conjunto de ideias que resulta do efeito de outros modos finitos em um indivíduo.
175. Espinoza define *fortuna* em E 2p49s (G II: 136) e também no TTP, 3.11 (G III: 46).

de um indivíduo de perseverar em sua existência varia em intensidade e duração de acordo com a influência da *fortuna*.

Em terceiro lugar, Espinoza afirma que o desejo de persistir é auxiliado quando os indivíduos desenvolvem modelos ficcionais de um estado futuro ou passado, que orienta sua ação. No prefácio da parte 4 de *Ética*, ele descreve o processo por meio do qual os modelos e os ideais são construídos. O modelo – uma casa perfeita, por exemplo – é baseado em alguma descrição da construção de algo. Um construtor tem um plano, reúne o material para realizar a obra e constrói a casa. Ele analisa a perfeição do modelo concluído em relação ao seu ideal e talvez aos ideais de outros projetos que ele conhece ou imagina. O ideal universal concebido de forma inadequada de uma casa é então usado para julgar as obras de outros projetos e a origem diacrônica do ideal – isto é, sua origem em uma narrativa com um início e um fim específicos – talvez seja necessariamente esquecida. Necessariamente esquecida pelo fato de talvez não funcionar como algo universal se fosse analisada nas muitas narrativas específicas (por exemplo, de determinadas casas) que foram resumidas em uma única.[176] Espinoza acredita que, embora esses modelos sejam apenas "modos de pensar", tipos de ficções não encontradas na natureza em si, mas somente comparações relacionadas a indivíduos e situações específicos, além de potencialmente equívocas, apesar de tudo, são bastante úteis como um modelo de ação. Como os seres humanos inevitavelmente agem em busca de determinados objetivos, na luta constante contra a *fortuna*, nós necessitamos de meios intelectuais para selecionar e refinar esses fins. O modelo em questão não precisa ser apenas sincrônico, como é o caso de alguns ideais da natureza humana. A narrativa histórica em si pode ter um modelo exemplar, seja a vida de Cristo ou a história da nação israelita.

---

176. É muito curioso observar, no capítulo 6 dos *Pensamentos Metafísicos* anexados na apresentação de Espinoza da filosofia de Descartes, que ele fala a respeito da origem da verdade e da falsidade de ideias em relação a narrativas: "O primeiro significado de *verdadeiro* e *falso* parece ter tido sua origem em histórias: uma história era chamada de verdadeira quando falava de uma proeza que tinha realmente acontecido e de falsa quando falava de uma proeza que nunca havia acontecido. Mais tarde, os filósofos usaram esse significado para denotar a conformidade de uma ideia com seu objeto e vice-versa. Assim, uma ideia é chamada de verdadeira quando nos mostra a coisa como é em si e de falsa quando nos mostra a coisa de um modo diferente daquele como realmente é. Ora, as ideias nada mais são do que narrativas, *ou* histórias mentais da natureza. Contudo, mais tarde, esse uso foi metaforicamente transferido para coisas mudas, como quando chamamos o ouro de verdadeiro ou falso, como se o ouro que nos é apresentado fosse nos contar alguma coisa a respeito dele mesmo que pudesse ser verdade ou não" (Espinoza, 1985: 312; G I: 246). Esse tópico, obviamente, exige mais comentários.

Juntos, esses elementos constituem uma teoria da história. Os indivíduos inevitavelmente contam a história de suas ações em referência a esses modelos nos termos de uma narração com um objetivo passado, presente e futuro. Ou seja, a estrutura da ação humana na natureza é percebida por esses atores como uma narrativa diacrônica, embora possa ser informada por meio de fatores sincrônicos; o uso da retórica histórica, como acontece no TTP, que influencia as deliberações de outras pessoas, é o meio mais eficaz de incitar a ação.[177] O conteúdo da retórica – as supercrônicas, como as chamei anteriormente – é um auxílio eficaz na deliberação dos pontos que têm a intenção de afetar de modo a ser capaz de modificar os modelos que os membros da audiência usam para orientar suas ações e modificá-las de forma a beneficiar aqueles que fazem uso delas.

As histórias que os indivíduos contam são expressões naturais de seu *conatus*, que são elaboradas para auxiliar, mas também podem impedir caso os modelos sejam concebidos de maneira inadequada. Existe uma estrutura narrativa ficcional no empenho de qualquer indivíduo, não da forma como Deus a vê (de maneira adequada), mas como nós a consideramos, de forma inadequada. Em determinados momentos da quinta parte de *Ética*, parece que o objetivo individual é se aproximar de uma compreensão puramente sincrônica de si mesmo, mas isso aconteceria somente nos termos das leis que moldam nossas ações. Qualquer modo finito também é conhecido por Deus segundo os termos de sua história causal, isto é, a série de causas percebidas de forma adequada. Assim, a visão puramente sincrônica seria inadequada, ao passo que uma compreensão diacrônica de nossa natureza segundo os termos de sua história causal poderia ser conceitualmente possível. Talvez o objetivo da reconstrução racional da história – assim como a reconstrução metanarrativa de Espinoza da Escritura com as ferramentas baconianas da filologia e da classificação – seja reformar de modo contínuo a compreensão diacrônica naturalmente inadequada e imaginativa de nosso lugar nas coisas, substituir a narrativa imaginativa por uma narrativa racional pura da história causal.

---

177. Por "diacrônico" me refiro a uma ideia que envolve uma duração e, por "sincrônico", uma ideia *sub specie aeternitatis*.

III. Narrativas e *Ética*

Entretanto, mesmo no ponto em que esperaríamos que Espinoza finalmente substituísse o conhecimento inadequado pelo adequado – na parte 5 de *Ética* –, vemos ainda que as narrativas imaginativas podem representar um papel importante. Depois de analisar por completo na parte 4 as causas da "limitação", ou "a falta de poder do homem de moderar e restringir os afetos", na parte 5 Espinoza recorre aos "meios ou formas que levam à Liberdade", ou seja, o poder da razão sobre os afetos. Nas primeiras 20 proposições da parte 5, Espinoza indica cinco (ou talvez seis)[178] maneiras como a pessoa racional é capaz de conseguir dominar os afetos na vida presente, ou seja, com relação ao corpo (E 5p20s). No entanto, enquanto se mostra confiante com respeito ao fato de que o filósofo é capaz de alcançar um grau de santidade (*beatitudo*), ele continua ciente de que as limitações da razão citadas no início da parte 4 ainda representam obstáculos. Como o "homem necessariamente sempre está sujeito às paixões" (E 4p4c), a razão deve o tempo todo observar o poder das paixões na luta para dominá-las. Assim, além de enumerar os tipos de poder que a mente exerce em relação aos afetos, ele precisa indicar exatamente como esses poderes podem ser usados no projeto ético. Irei aqui me concentrar no quinto tipo de poder mencionado no escólio de E 5p20, o poder "pelo qual a Mente pode ordenar seus afetos e relacioná-los entre si" (veja E 5p10) e as técnicas mais específicas que ele recomenda em E 5p10s, como, por exemplo, o uso de "um princípio de vida correto" (*rectam vivendi rationem*) e "máximas certas da vida" (*certa vitae dogmata*), que estão imaginativamente associadas às situações particulares, que ajudam o indivíduo a superar o poder prolongado dos afetos. De modo específico, devo dizer nesta seção que: (1) embora as máximas que ele indica sejam racionais por elas mesmas, seu uso necessariamente envolve o princípio associativo da imaginação e dos afetos passivos; (2) a aplicação das máximas exige *fortitudo*, ou força de caráter, que, apesar de ser definido na parte 3 como viver de acordo com uma regra racional (E 3p59s), ainda assim depende de um modelo (*exemplar*) de natureza humana que é sempre imaginativo de certo modo (E 4 prefácio); e (3) sem essas técnicas e noções imaginativas de caráter, os poderes da razão continuariam ineficazes.

Nas primeiras linhas do prefácio da parte 5, Espinoza diz que quer conhecer "o poder da razão (...) [e] o que ele é capaz de fazer contra os afetos" (G II: 227/9-10). Diferentemente de Descartes e dos estoicos,

---

178. Como H. A. Wolfson observa, a lista em E 5p20s omite a referência à técnica discutida em E 5p6 (Wolfson, 1934, vol. 2: 266).

que afirmavam que a razão era capaz de comandar de modo absoluto, Espinoza mostrou anteriormente que "o homem necessariamente sempre está sujeito (*semper obnoxium*) às paixões, que ele segue e obedece (*sequi* [...] *et parere*) a ordem comum da natureza e se adapta a ela tanto quanto a natureza das coisas exige" (E 4p4c). Como a razão "não possui um domínio absoluto" sobre as paixões, ela deve encontrar maneiras de fazê-las obedecer. As primeiras 20 proposições da parte 5 devem explicar as diversas técnicas que a razão pode utilizar para superar as paixões e reger seu domínio de maneira pacífica. Quero me concentrar na última dessas técnicas no intuito de mostrar que, embora a razão possa alcançar sucesso nessa tarefa, ela não pode fazer tudo isso sozinha, mas, na verdade, precisa das paixões e da imaginação para ajudá-la.[179]

A quinta técnica mencionada em E 5p20s está baseada na proposição E 5p10, que diz: "Contanto que não sejamos divididos por afetos contrários à nossa natureza, temos o poder de ordenar e relacionar as afeições do Corpo de acordo com a ordem do intelecto". Apesar de ser extremamente importante, deixemos de lado por uns instantes a primeira oração da proposição e nos concentremos na segunda. A demonstração e o escólio indicam como esse mecanismo deve operar. A base do poder é o empenho da mente em entender as coisas (E 4p26) junto do poder de formar ideias claras e distintas. Quando a mente compreende ao menos uma coisa de modo claro e distinto, ela é então capaz de deduzir "algumas a partir de outras" (*alias ex aliis*). Como mostra a referência de E 2p40s e E 2p47s, Espinoza está dizendo que o segundo tipo de conhecimento, as noções comuns, é a premissa de partida de onde o conhecimento de coisas particulares pode ser deduzido. No entanto, para que a dedução funcione, precisamos suprir a premissa menor. Como as (ideias das) afeições do Corpo não podem ser claras e distintas (E 2p27), elas não podem representar a premissa maior. Elas têm de ser a menor. Por essa razão, temos como rebater a influência dos afetos sem eliminá-los, pois isso seria impossível, mas utilizando-os como as premissas menores em uma dedução cuja condição maior se refere a uma ideia adequada e cuja conclusão é uma ideia adequada de um determinado afeto específico.

No escólio, Espinoza oferece diversos exemplos dessa técnica. Vamos examinar o primeiro deles. Inicialmente, sua intenção é explicar que tipo de noções comuns são relevantes. Ele diz que, sem o conhecimento perfeito dos afetos, devemos "conceber um princípio correto

---

[179]. Quero deixar isso como uma questão aberta para que as pessoas possam discutir se esse ponto também se aplica às outras cinco técnicas.

de vida, ou de máximas certas da vida, para que sejam comprometidas com a memória e possam ser aplicadas de maneira constante aos casos específicos encontrados com frequência na vida" (E 5p20s). Uma máxima na vida já estabelecida pela razão na parte 4 é que o "Ódio deve ser conquistado pelo Amor, ou pela Nobreza (*generositate*), e não com a retribuição de Ódio" (E 4p46). Ao seguir nosso modelo citado, essa máxima deve representar a premissa maior. Esse é um princípio geral que cobre muitos casos, mas nenhum de maneira específica. Precisamos agora suprir a premissa menor, que é alguma afeição específica, que, nesse caso, é o ódio. A conclusão seria uma forma mais particular da máxima, isto é, a conquista dessa afeição com o amor. Assim, quando a ordem comum das afeições seria retribuir o ódio com mais ódio (veja E 3p13s e E 3p20), agora que contamos com um princípio racional, podemos usá-lo para reordenar nossos afetos e retribuir o ódio com o amor.

Contudo, essa explicação de como a razão obtém poder em relação aos afetos parece ser consistente com seus próprios alertas a respeito dos limites da razão no início da parte 5. Em seu livro *Individu et communauté chez Spinoza* [O Indivíduo e a Comunidade em Espinoza], Alexandre Matheron descreve esse processo de reordenação como um processo *automático*.[180] Portanto, se a mente possui um desejo natural de entender e a aplicação da técnica é automática, seria então apenas uma questão de tempo para que a razão pudesse triunfar em relação aos afetos de maneira completa. No entanto, essa interpretação é totalmente contrária à crítica de Espinoza ao neoestoicismo cartesiano no prefácio e sua insistência ali de que a razão é limitada em seu poder. Para solucionarmos esse problema aparente, precisamos nos lembrar da primeira oração de 5p10, que diz: "Contanto que não sejamos divididos por afetos contrários à nossa natureza (...)".[181] Como sempre estamos sujeitos a pelo menos alguns afetos contrários à nossa natureza, essa oração, de maneira significativa, qualifica o poder de nossas próprias noções racionais e os processos automáticos que operam para reordenar nossos afetos. É claro que, apesar de essa cláusula poupar Espinoza de uma

---

180. "*Ainsi vont se monter les* automatismes *qui permettront à nos sentiments rationnels de triompher*" [Desse modo, aumentarão os *automatismos* que irão permitir que nossos sentimentos racionais triunfem] (Matheron, 1969: 560, ênfase minha).
181. "*Quamdiu affectibus, qui nostrae naturae sunt contrarii, non conflictamur* (...)" Jean-Marie Beyssade, durante uma conversa, mostrou-me que o verbo que sublinhei, que Curley traduz aqui e em outros lugares como "torn by" [dividido por] (e ao menos em um lugar como "atormentado por" (veja E 5p39dem)), também tem a conotação de estar "sujeito a", que mais adiante só serve para enfatizar as implicações políticas dessa passagem. Veja E 4p34 e p35 para outros contextos relevantes.

acusação de inconsistência, ela parece fazer o leitor voltar ao início, na esperança de saber exatamente como a razão é capaz de melhorar sua posição em relação às paixões.

Chegamos aqui ao ponto mais importante da técnica. A razão não pode simplesmente conquistar as paixões de modo automático apenas por intermédio da compreensão; ela precisa contar com a ajuda das paixões e dos mecanismos imaginativos que lhe dão suporte. Para transpor esse obstáculo, Espinoza agrega um processo suplementar. Precisamos enviar para a memória algumas dessas máximas racionais e aplicá-las "de maneira *constante* aos casos específicos encontrados com frequência na vida" (E 5p10s, ênfase minha). Assim, não é apenas uma questão de reordenação de nossos afetos por meio dos processos dedutivos quando a ocasião exige. Em vez disso, precisamos criar uma série de ligações antecipadas que nos permitam criar uma resposta mais sistemática para qualquer afeto específico, o que Matheron chama de uma "rede protetora" (*réseau protecteur*) (Matheron, 1969: 561). Portanto, para darmos continuidade a nosso exemplo, se desejarmos contar com a máxima de que o "Ódio deve ser conquistado pelo Amor, ou pela Nobreza, e não com a retribuição de Ódio" pronta para ser aplicada em qualquer situação particular, Espinoza diz: "devemos pensar e meditar com frequência nos erros comuns dos homens e como eles podem ser mais facilmente repelidos pela Nobreza" (E 5p10s). A imagem do erro se une à imagem da máxima e isso, aliado a uma série de outras associações positivas (que discutiremos a seguir), permite-nos superar o afeto assim que ele é experimentado. Por exemplo, embora eu ainda não tenha sido publicamente insultado durante a leitura de um artigo, devo tentar imaginar o ato horrendo de maneira antecipada e relacioná-lo à minha imagem da devida máxima racional, para que, se e quando o insulto ocorrer, eu consiga superar de maneira imediata o impulso de agir de forma odiosa e, em vez disso, reagir de modo compreensivo e compassivo. Portanto, a capacidade de superar os afetos em geral depende do grau a que já me dediquei no intuito de me preparar antecipadamente para superar qualquer afeto específico.

Esse processo associativo suplementar é possível em virtude de três poderes fundamentais. Em primeiro lugar, como Matheron indica, a Razão (com "R" maiúsculo) direciona o processo associativo.[182] Isso

---

182. "*La Raison, par son exercice même, anticipe sur l'expérience en se créant un réseau protecteur qui lui permet de parer à toute éventualité*" [A Razão, por seu próprio exercício, antecipa a experiência criando para si uma rede protetora que lhe permite esquivar-se de qualquer eventualidade] (Matheron, 1969: 561).

faz sentido porque, em primeiro lugar, a maior premissa em qualquer um dos exemplos de uma dedução é aquela explicitamente derivada da razão e, em segundo, o objetivo da técnica é permitir que a razão aumente seu poder sobre os afetos. Em outras palavras, a razão é fundamental para o processo maior por meio do qual o esforço de compreender pode tentar romper os processos associativos irrefletidos da imaginação e reordená-los em favor do indivíduo. Em segundo lugar, embora a razão direcione o processo, o mecanismo associativo em si é produzido pela imaginação. A proposição que Espinoza utiliza para estabelecer o mecanismo associativo inicialmente é E 2p18, que explica como o corpo, depois de ter sido afetado por dois ou mais corpos ao mesmo tempo, quando posteriormente imagina um, logo se lembra também de outro. No escólio de E 2p18, Espinoza observa que esse mecanismo associativo é a base da memória e explicitamente contrário à ordem do intelecto.[183] Assim, a razão e a imaginação formam um complexo que Pierre Macherey, em seu comentário, chama de "*ars imaginandi*", por intermédio do qual a mente, aos poucos, tenta se curar das aflições afetivas (Macherey, 1994: 78). Contudo, conforme indicado por Macherey, existe um terceiro fator envolvido, o corpo em si, que se esforça para se racionalizar ao mesmo tempo em que a mente por força do desenvolvimento de hábitos que permitem que ele preveja e compense as ações esperadas dos corpos externos que agem sobre ele (Macherey, 1994: 79). Assim, diferentemente dos cartesianos e dos estoicos, Espinoza não afirma que somente a razão é capaz de superar as paixões. A razão é sem dúvida importante, mas ela não pode alcançar seus objetivos sem os mecanismos associativos da imaginação e do corpo.

Vimos que, para a razão triunfar, não basta conhecer as técnicas específicas que incluem as deduções das máximas racionais ou compreender os poderes e os mecanismos essenciais que tornam a técnica possível desde o início, como, por exemplo, o poder associativo da imaginação; devemos também contar com uma rede protetora de associações que estão disponíveis nos casos em que formos afetados pelas paixões. A questão agora é que conjunto de ideias e princípios estrutura essa rede protetora em si. Quero afirmar (a) que as máximas e as técnicas associativas por meio das quais elas são aplicadas devem estar ancoradas em uma concepção da vida virtuosa e (b) que a vida virtuosa também exige o uso da imaginação, principalmente na construção de um modelo da natureza humana.

---

183. "Eu digo (...) que essa ligação acontece de acordo com a ordem e as relações das afeições do corpo humano no intuito de distingui-lo da relação das ideias que acontecem de acordo com a ordem do intelecto" (E 2p18s).

Os exemplos que Espinoza usa em E 5p10s para ilustrar essa técnica nos revelam algo não somente a respeito dos mecanismos e dos poderes específicos dos quais depende, mas também das características gerais do empenho. No primeiro exemplo, Espinoza fala da importância da "nobreza" (*generositas*) para superar o ódio. No segundo exemplo, Espinoza diz que, para superar o medo, "devemos pensar da mesma maneira que a tenacidade (*animositas*); ou seja, devemos relatar e frequentemente imaginar os perigos comuns da vida e como eles podem ser mais facilmente evitados e superados com presença de espírito e força de caráter (*fortitudo*)". Não é uma coincidência o fato de os dois exemplos ilustrarem os dois aspectos de "força de caráter" que Espinoza discute em E 3p59s. Ali, ele define "tenacidade" como "o desejo pelo qual cada indivíduo se esforça, apenas em virtude do ditame da razão, para preservar sua existência", e "nobreza", como "o desejo pelo qual cada indivíduo se esforça, somente em virtude do ditame da razão, para ajudar outros homens e juntar-se a eles pela amizade". Essas definições não descrevem afetos particulares, mas, em vez disso, constituem um conjunto de afetos que estão relacionados na medida em que se baseiam na razão, além de dois subgrupos, um relacionado ao empenho do indivíduo de preservar-se e o outro, ao empenho do esforço em ajudar outras pessoas. Espinoza nos dá exemplos de afetos específicos que pertencem a esses grupos: a moderação, a sobriedade e a presença de espírito no perigo se referem à tenacidade; ao passo que a cortesia e a compaixão se referem à nobreza (E 3p59s). Os exemplos de técnicas particulares em E 5p10s estão incluídos na noção mais ampla de uma vida virtuosa, discutida pela primeira vez no final da parte 3 e desenvolvida com mais detalhes na parte 4.

Embora essas virtudes estejam todas relacionadas pelo fato de se basearem na razão, ela sozinha não ordena sua relação com uma vida virtuosa. A mesma qualificação que encontramos em E 5p10 se aplica aqui também: se fosse o caso de sempre agirmos com base na razão, então a virtude e a beatitude seriam automáticas, o que incorreria na questão de como nos tornamos virtuosos. Em vez disso, Espinoza reconhece que, para superar a escravidão dos afetos, os indivíduos devem imaginar uma versão mais perfeita deles mesmos, o que ele chama de "um modelo da natureza humana" (*exemplar naturae humanae*), que os ensina como se tornarem mais racionais.

Espinoza menciona a ideia de um exemplar no prefácio da parte 4 de *Ética* em meio a uma discussão complexa da etiologia dos julgamentos de valor como a "perfeição" e a "imperfeição". Por um lado, embora formemos essas ideias de maneira natural, elas não têm base na própria natureza. Primeiramente, usamos a palavra "perfeição" em um sentido bastante literal como a realização de uma determinada ação particular. Quando não temos consciência da intenção do ator, costumamos então suprir uma intenção com uma ação e assim estabelecer um padrão correspondente de perfeição. Como não existem causas finais na natureza, essa abstração, que envolve o suprimento de uma causa final ou de uma intenção quando e onde não temos consciência de uma, geralmente nos leva a um erro filosófico significativo. Não existe um valor intrínseco à natureza em si. Por outro lado, esses julgamentos de valor ainda assim nos são úteis, uma vez que proporcionam uma base de comparação. Desde que não haja um erro de nossa parte acerca da utilidade relativa de alguma ação com um fato objetivo da natureza, podemos usá-los para ampliar nosso poder de empenho. Por consequência, Espinoza diz, apesar de o bem e o mal "não indicarem nada positivo nas coisas consideradas em si (...) ainda assim devemos guardar essas palavras (...) pois desejamos formar uma ideia do homem, como um modelo da natureza humana com o qual possamos contar". Tudo o que nos ajuda a alcançar um determinado aspecto desse modelo, nós chamamos de "bom"; tudo o que nos obstrui, chamamos de "mau". Aqui, o modelo deve ser algo semelhante ao de um "homem livre", elaborado no final da parte 4, que é totalmente orientado pela razão e não sofre qualquer paixão.[184] É claro que um estado como esse é impossível, conforme Espinoza observa nas primeiras proposições da parte 4 (veja E 4p4c em especial), e, portanto, nada mais é do que "um modo de pensar", ou uma ficção útil.

A construção imaginativa de uma natureza humana totalmente virtuosa é exatamente o tipo de ideia capaz de estruturar o conjunto de técnicas associativas e máximas racionais em uma rede protetora coerente. O ideal ficcional de uma vida virtuosa, orientada pelo suposto "homem livre", seria caracterizado pelos pilares gêmeos da tenacidade e da nobreza, ao redor dos quais determinadas virtudes, como o autocontrole e a compaixão, floresceriam. O ideal de uma vida no fundo é uma espécie de narrativa que orienta a ação. Essas ideias amplas de uma vida virtuosa serviriam para nos ajudar a organizar as máximas racionais e escolher exatamente aquelas associações imaginativas capazes de se desenvolver entre as máximas e os casos particulares.

Ainda assim, é importante lembrar que, embora possamos estruturar as relações do modelo às virtudes particulares e às ações particulares

---

184. Para uma discussão mais detalhada do *exemplar humanae naturae*, veja Garrett, 1996b: 290-95, e Garrett, 1994.

em termos quase dedutivos, o modelo em si não é uma ideia totalmente racional, mas uma ficção imaginativa. Dessa forma, a relação em si não pode ser um processo dedutivo automático, iniciado a partir das ideias abstratas da virtude e concluído nas ações particulares que nos tornam virtuosos; em vez disso, existe uma interdependência complexa entre as noções abstratas e particulares. Essa tensão é refletida nas duas possíveis traduções do termo em latim *"exemplar"* como um "modelo" ou um "exemplo". De um lado, em E 5p10s, as histórias que Espinoza nos incentiva a contar para nós mesmos o tempo todo são casos (ou exemplos) particulares que já pressupõem uma importância moral maior baseada em nosso próprio modelo ideal da natureza humana. Do outro lado, em virtude da ideia mais ampla, o "modelo (*exemplar*) da natureza humana" na verdade nada mais é do que a conglomeração (ou generalização inadequada) de toda uma série de exemplos particulares (veja E 2p40s1); na realidade (falando de maneira epistemológica), nada mais é do que uma imagem em si. O modelo de virtude é apenas uma generalização dos casos específicos de ação virtuosa que usamos no intuito de tirar julgamentos valiosos de nossas ações. Como as generalizações são tão boas quanto úteis, elas estão sempre sujeitas, em princípio, à correção e à revisão. Assim, o *status* imaginativo e incerto dos principais exemplos reforça a ideia de Macherey (e de Aristóteles) de que o projeto ético não é como uma demonstração, mas se assemelha mais a uma *arte*, que exige uma prática constante (isto é, habituação) e cujos princípios gerais devem estar sujeitos à revisão com base nessa experiência e também na razão.

IV. Conclusão

É claro que Hegel estava certo em pelo menos um sentido, isto é, que Espinoza não tem uma teoria da história no sentido mais sublime. Certamente não existe nenhuma teleologia da natureza ou princípio intrínseco que orienta e molda o desenvolvimento da substância. Entretanto, vemos que a história em outro sentido – um sentido comum no século XVII – é importante em toda a obra de Espinoza. O que descobrimos foi uma aplicação sistemática da estrutura da narrativa imaginativa que é intrínseca à nossa concepção da ação humana. No *Tratado Teológico-Político*, em vez de sugerir a eliminação das narrativas históricas, ele afirma que precisamos usar a razão para que possamos compreendê-las de maneira correta e, então, usá-las para orientar nossa ação coletiva. Em *Ética*, embora ele critique as grandes narrativas concebidas de forma inadequada, como aquelas referentes ao direcionamento providencial de Deus do mundo, Espinoza acredita que existe uma função para as narrativas em seu projeto ético. No intuito de compreender o modelo da natureza humana pelo qual nos esforçamos, o ideal fictício do "homem livre", devemos conceber nossa própria vida como um tipo de história que escrevemos. Pegamos as percepções racionais conquistadas por meio de um estudo da natureza e as aplicamos com a ajuda da imaginação para orientar nossas ações em busca da felicidade. Não apenas os métodos das duas obras estão relacionados, mas também o seu conteúdo.[185] Como nossa capacidade de alcançar nossos objetivos individuais depende em parte da situação política em que nos encontramos, a narrativa ética individual será relacionada de inúmeras maneiras com a imaginação histórica coletiva. O indivíduo racional exigirá uma reforma da história nacional como parte imprescindível da reforma de sua própria autocompreensão.[186] Essas atividades, por sua vez, expressam a verdadeira essência de nossa natureza, o empenho em perseverar em nosso ser. A história, longe de ser uma ilusão a ser superada, é, em vez disso, uma característica fundamental de nossa ação coletiva como seres humanos e nosso esforço individual de viver de acordo com nossas naturezas distintas.[187]

---

185. Para uma declaração importante a respeito da relação do TTP com a *Ética*, que, sem dúvida, serviu para estimular minhas ideias sobre esse tema, veja Curley, 1990: 109-60.
186. Para um relato interessante desse tipo de projeto, veja Gatens e Lloyd, 1999: capítulo 6.
187. Sinto-me em dívida com Charlie Huenemann por empreender este volume e me convidar para contribuir nele. Acima de tudo, gostaria de agradecer a Ed Curley, que, de maneira generosa, apoiou meu trabalho a respeito de Espinoza mesmo antes de eu me formar. Aprendi muito com ele durante nossas conversas, em suas palestras e, acima de tudo, em seus escritos, que sempre li e reli com grande prazer e satisfação.

Capítulo 7

A democracia e a boa vida na filosofia de Espinoza

Susan James

Uma das características da filosofia de Espinoza que a torna atrativa para muitos leitores do século XXI é sua defesa da democracia como a forma constitucional de um Estado ideal. Embora o *Tractatus Politicus* seja interrompido antes de fornecer os detalhes de uma constituição democrática, outros textos estimulam o leitor a imaginar um modo de vida livre como algo totalmente possível em um regime de inclusão, no qual as pessoas promovam sua compreensão e sua liberdade seguindo as leis que elas mesmas tenham criado. A ideia de que os seres humanos têm o potencial de viver da forma mais livre em regimes democráticos[188] é excepcional entre os autores do século XVII, e Espinoza é o mais famoso de um pequeno grupo de escritores holandeses que são devidamente renomados por defender essa forma de governo. Com base nessa alegação, uma grande variedade de comentaristas de diversas convicções ideológicas o aclama como o promotor ou a inspiração da tradição democrática moderna. Segundo Jonathan Israel, por exemplo, "Espinoza foi o primeiro importante pensador europeu dos tempos atuais – apesar de ser precedido aqui por Johan de la Court e Van den Enden – a abraçar o republicanismo democrático como a forma

---

188. Apesar de muitos autores defenderem a ideia de que só podemos ser livres se vivermos em um Estado livre, isto é, uma república, em oposição a qualquer forma de regime monárquico, comparativamente poucos autores consideravam a democracia como uma forma de Estado que leva à liberdade.

de organização política mais racional e digna, além daquela que melhor atende as necessidades dos homens".[189]

Sem dúvida, essa é uma maneira de lermos Espinoza e, como mostrarei, ela nos remete a uma ideia central e inspiradora de seu pensamento. Há, porém, outras ideias, talvez menos diretamente dignas de louvor, mas igualmente pertinentes a uma compreensão de sua avaliação da democracia. Meu objetivo neste capítulo é explorar uma delas, ou seja, a visão de Espinoza do papel representado pela imaginação no exercício da soberania. Soberanos de sucesso, conforme ele os descreve, precisam dispor das habilidades de profetas no intuito de elaborar sistemas legais que sejam obedecidos por seus súditos. (Toda forma de política, poderíamos dizer, nesse sentido, é profética.) Apesar de Espinoza nos dar razões para concluir que os objetivos do Estado, em princípio, são mais facilmente realizados sob uma constituição democrática, a arte de criar e manter uma democracia depende da capacidade imaginativa do soberano e de seus súditos de legitimar e realizar um estilo democrático de vida. Para que isso seja possível, o soberano tem de ser capaz de interpretar a definição simples de democracia como um regime em que a lei é criada pela massa do povo, ao definir, por exemplo, quem deve ser incluído nessa massa e o que é necessário para que esses indivíduos criem as leis.

Como o próprio Espinoza nos faz enxergar, essas questões podem ser respondidas de diversas maneiras. Seu próprio relato inacabado de uma constituição democrática estável começa pela listagem de diversas classes de pessoas que não devem representar função alguma no governo: estrangeiros, com base no fato de que eles não são limitados pela lei; mulheres, servos, crianças e guardas, com base no fato de que não são independentes; e criminosos e outros, em virtude de serem ignominiosos (TP 11.3). No contexto do pensamento político do século XVII, essas exclusões não são surpreendentes, de modo que não faria sentido criticar Espinoza por defendê-las. Contudo, acredito que elas servem para chamar nossa atenção para uma limitação em seu poder imaginativo – uma limitação que ele próprio descreveria como deficiente e como o efeito de algum obstáculo posicionado no caminho de sua capacidade de

---

189. Israel, 2001: 259. A afirmação de Israel faz parte de uma discussão mais ampla a respeito da história do pensamento democrático, que defende não apenas Espinoza, mas também seu predecessor Thomas Hobbes. Veja Matheron, 1997. Veja também Tuck, 2006: 171, em que Hobbes é descrito como "um profundo e sofisticado teorista da democracia". Talvez o defensor mais influente de Espinoza como um teorista da democracia seja Antonio Negri, segundo o qual Espinoza desenvolve uma nova concepção da massa, chegando também a articular "a democracia do povo como a forma absoluta de política" (veja Hardt e Negri, 2000: 77). Veja também Negri, 1997.

imaginar uma forma de liberdade totalmente inclusiva. De modo mais geral, a diferença entre o ideal democrático que Espinoza nos oferece em relação à sua própria compreensão imaginativa de como realmente seria uma sociedade democrática exemplifica, de maneira não intencional, um dos problemas com que ele se mostra obviamente intrigado. Como a busca da liberdade é impedida pelas limitações imaginativas das comunidades, parte da tarefa do soberano é cultivar o tipo de critério possuído pelos profetas, no intuito de criar um estilo de vida livre imaginativamente acessível.

Na geração passada, nossa compreensão e nossa apreciação de Espinoza foram transformadas por Ed Curley. Seus notórios estudos textuais, aliados à sua profunda percepção dos problemas que Espinoza tentava solucionar, abriram inúmeras linhas renovadoras de investigação; e, assim, o cuidado e a acuidade de suas próprias escritas filosóficas estabeleceram um elevado padrão que deveria ser alcançado por outros autores. Um dos principais objetivos de Curley foi examinar as inter-relações entre as obras de Espinoza e as de Descartes e Hobbes, conseguindo, assim, ajudar-nos a adquirir uma noção mais ampla da maneira como Espinoza aborda e transforma as doutrinas de seus grandes predecessores. A valiosa pesquisa de Curley, entre outras coisas, ampliou nossa compreensão dos debates político-teológicos a que Hobbes e Espinoza tanto se dedicaram, chegando a revelar as semelhanças e as diferenças mais sutis em suas respectivas posições políticas. A democracia é, naturalmente, uma das questões em que esses dois gigantes discordam,[190] e, na tentativa de esclarecer a natureza do compromisso de Espinoza com uma sociedade democrática, este capítulo tem o objetivo de seguir a abordagem filosófica de Curley, além de abordar seus diversos interesses filosóficos.

I. Soberanos e Profetas

A soberania, segundo Espinoza, pode ser sustentada igualmente bem por um indivíduo ou por uma coletividade e, para facilitar o trabalho de mantermos esse fato em mente, irei sempre me referir à figura do soberano como "ele". Entretanto, independentemente de considerarmos se o soberano é um indivíduo ou um grupo, sua tarefa sempre é a mesma: promover a paz e a segurança, garantindo que seus súditos cumpram a lei; e neutralizar os vícios que, apesar de não serem contrários à lei, ainda assim prejudicam o Estado. Por exemplo, quando

---

190. Essa afirmação foi recentemente desafiada por Tuck, 2006. Respondendo a Tuck, Kinch Hoekstra ofereceu uma defesa completa do tema. Veja Hoekstra, 2006.

um período longo de paz faz os cidadãos passarem a agir de forma negligente e indolente, os soberanos têm de encontrar maneiras de redirecionar suas energias para atividades que aumentem a eficácia de sua segurança (TP 10.6). Um soberano, portanto, tem a responsabilidade de criar tanto uma estrutura legal como uma forma mais ampla de vida que concilie com sucesso os diversos desejos dos indivíduos, além de induzir seus súditos a promover a harmonia e a cooperação no Estado.

Em um determinado ponto do *Tractatus Politicus*, Espinoza contrasta a segurança com a liberdade e, assim, parece sugerir que os soberanos precisam apenas se preocupar com o primeiro item. A virtude do Estado, escreve ele, é a segurança, ao passo que a liberdade é uma virtude particular (TP 1.6). Em outra parte, porém, ele se mostra inflexível com relação ao fato de que a segurança e a liberdade são tão intimamente ligadas que uma não pode existir sem a outra. Conforme o *Tractatus Theologico-Politicus* está amplamente elaborado para mostrar, os Estados têm mais segurança quando seus súditos não são coagidos a obedecer a lei, mas obedecem por livre e espontânea vontade pelo fato de perceberem que é de seu interesse agir assim (TTP Pref. 12). Além disso, os súditos que compreendem os benefícios de cooperar ao cumprir a lei são mais livres do que aqueles que não agem dessa forma. O objetivo final do Estado (*res publica*) "não é exercer domínio nem restringir os homens pelo medo ou impedi-los de usufruir de sua independência, mas, ao contrário, libertar todos os homens do medo para que possam viver em segurança o máximo possível (...) Seu objetivo não é, repito, transformar os homens de seres racionais em feras ou fantoches (*automata*), mas, em vez disso, capacitá-los para desenvolver suas capacidades mentais e físicas com segurança, a usar sua razão sem restrição e impedir os conflitos e os abusos mútuos malévolos que são estimulados pelo ódio, pela raiva e pela mentira. Assim, o objetivo do Estado, na realidade, é a liberdade" (TTP 20.6).[191] Os soberanos devem, portanto, ter o objetivo de cultivar as circunstâncias em que os indivíduos contam com um bom nível de segurança e liberdade para apreciar as vantagens de uma forma cooperativa de existência, além de estarem em posição de aumentá-las ainda mais. Embora fosse demais esperar que uma política assim pudesse eliminar o conflito por completo, ela pode, porém, minimizar ameaças de discórdias, corrupção e guerra civil,

---

191. Contra essa interpretação, Balibar acredita que existe uma alteração marcada na visão de Espinoza. Enquanto no TTP Espinoza afirma que o objetivo final da sociedade política é a liberdade, no TP "a liberdade não é mais o 'objetivo' declarado do Estado. A preocupação central agora é a paz ou a segurança civil". Veja Balibar, 1998: 116.

qualquer uma das quais seria capaz de abalar o poder do soberano e destruir, de uma vez por todas, o Estado.

Ao abstrair os méritos e as desvantagens de formas constitucionais específicas, Espinoza oferece um relato geral dos problemas que um soberano enfrenta e os meios que pode utilizar para atenuá-los. A raiz de suas dificuldades está nas ideias inadequadas que constituem a imaginação humana, em especial a paixão humana (E 4p37s2). Os afetos, como o desejo, a tristeza e a felicidade, fazem parte de nossa maneira comum de responder ao mundo; no entanto, pelo fato de refletirem nossa disposição de nos imaginar como coisas singulares e de obscurecerem nossa compreensão de em que extensão dependemos de outras partes da natureza, eles nos proporcionam uma ideia parcial e, às vezes, distorcida daquilo que pode nos prejudicar ou beneficiar. Além disso, é difícil reconhecer e evitar os malefícios a que nossos afetos nos expõem. Por um lado, a fenomenologia da liberdade – o sentido de que, quando experimentamos e agimos com base em nossos afetos, temos o controle de nós mesmos e daquilo que estamos fazendo – obscurece a necessidade de avaliar as paixões individuais e de assumir uma distância crítica desses afetos. Além do mais, na visão de Espinoza, é comum estarmos propensos a determinados padrões de sentimentos e ações que exercem um forte controle sobre nós. Alguns desses padrões nos tornam dispostos a aceitar alguns afetos produtivos, como o amor e a compaixão; no entanto, outros nos levam a agir por meio de paixões negativas, como o ódio ou o medo, que geralmente inibem a cooperação (E 3p33-5; p55s). Junto das sequências causais que as acompanham, essas paixões normalmente oferecem insegurança e costumam minar a eficácia do Estado. A primeira tarefa do soberano é, portanto, contê-las.

Uma maneira de alcançar esse objetivo é aterrorizar os súditos para forçar sua obediência, mas, embora as ameaças e a coerção sejam ferramentas essenciais de governo, Espinoza se une a muitos de seus contemporâneos ao advertir contra a utilização indiscriminada desses métodos. Ao citar Sêneca, ele nos lembra diversas vezes que os soberanos que recorrem às táticas da mão armada raramente sobrevivem muito tempo, pois os súditos que obedecem a lei apenas por medo farão o que estiver ao seu alcance para resistir (TTP 5.8; 16.9). Contudo, quanto mais cruelmente forem oprimidos, eles sempre constituem uma terrível ameaça.[192] Os soberanos, portanto, agem melhor quando garantem

---

192. No *Leviatã* em latim de 1668, Hobbes emprega esse ponto geral na história dos Países Baixos. "Ora, as pessoas comuns representam o elemento mais forte da nação (...) A revolta do povo holandês, chamado de os Indigentes, deve servir como um alerta que mostra o perigo de uma nação desprezar os cidadãos mais modestos." (Hobbes, 1994: 227-28 (cap. 30))

que a obediência de seus súditos à lei é mais forte do que seu desejo de tentar realizar objetivos escusos. Mesmo quando essa estratégia é bem-sucedida, os indivíduos ainda podem se sentir divididos entre uma tendência a obedecer e um desejo de contrariar a lei, ou entre um desejo de se curvar diante dos padrões da virtude cívica e uma ansiedade de satisfazer seus interesses pessoais. No entanto, essas misturas de estímulos e ameaças implícitas nas instituições e práticas legais e outras irão, de maneira geral, garantir que a cooperação vença. A paixão irá se opor à paixão, e os súditos poderão experimentar a decisão de viver de acordo com as leis como uma escolha que fazem de maneira espontânea, embora, às vezes, com relutância (E 4p7).

Quando esse nível de cooperação foi alcançado, os indivíduos já começaram a identificar seus interesses com os do Estado. Ao fazer isso, eles começaram simultaneamente a se sentir não apenas como coisas singulares, mas também como membros de uma comunidade que é, "por assim dizer, um corpo e uma mente" (E 4p18s3). Entender que o melhor caminho de atender seus próprios interesses é representando seu papel na manutenção e no fortalecimento da segurança da comunidade é, segundo Espinoza, entender uma verdade importante, o que, por sua vez, fortalece nosso desejo de resistir aos afetos que prejudicam a cooperação. Assim que passamos a apreciar o dano social que a inveja é capaz de causar, temos uma razão para tentar controlá-la dentro de nós e de outras pessoas por meio da compreensão de como isso acontece e o que pode ser feito para impedir esse prejuízo. Da mesma maneira, assim que entendemos que o medo costuma gerar o ódio, o que, por sua vez, cria um emaranhado de efeitos debilitantes em seu curso, passamos a ter uma razão para tentar não causar medo nas pessoas, além de tentar não sucumbir diante dele. Modificar nossas disposições extremadas é, porém, um projeto complexo e não pode ser desempenhado em isolamento. Tudo depende da orientação e do apoio de outros indivíduos e dos padrões de cooperação estimulados e impostos dentro de uma sociedade (TTP 16.5). Parte da tarefa do soberano é, portanto, usar seu poder para manter um ambiente em que os súditos podem, por assim dizer, cooperar para aumentar sua capacidade de cooperar. Conforme fazem isso, eles se protegem dos efeitos destrutivos de suas próprias paixões e, assim, aumentam a segurança do Estado.

Esse processo é eminentemente prático e exige não apenas uma compreensão mais ou menos filosófica das leis da natureza, mas também uma aptidão natural para aplicá-las em situações particulares (TTP 5.9). Um soberano pode saber, por exemplo, que uma paixão pode ser usada para controlar outra, além de ter uma ideia geral de nossa disposição de imitar os afetos uns dos outros. No entanto, embora o conhecimento geral desse tipo seja útil, ele não será suficiente. Para motivar seus súditos a obedecer seus comandos, um soberano também precisará considerar suas próprias disposições afetivas particulares, além de precisar postular questões como "Essas pessoas são suscetíveis à desonra ou são alienadas demais para se importar com o que os outros pensam a seu respeito?" ou "Será que o receio da ira divina pode ser um peso para esses súditos ou será que são tão medrosos que chegarão a contrariar as leis para adorar um bezerro de ouro?" (E 3p39). Para conseguir as respostas, os soberanos devem contar com o tipo de conhecimento local que Espinoza classifica como um item da imaginação, além de participar da atividade imaginativa de elaborar leis com as quais seus súditos simpatizarão. No processo, eles poderão fazer uso da educação, das associações civis ou da religião para criar um clima de cooperação, mas depende deles encontrar maneiras eficazes de utilizar esses recursos.

Esse aspecto imaginativo da tarefa do soberano pode ser comparado ao papel do profeta. No *Tractatus Theologico-Politicus*, Espinoza caracteriza os profetas como indivíduos cujos poderes excepcionais de imaginação permitem que eles observem a importância vital de uma forma cooperativa de vida e que expressem suas percepções de uma maneira acessível e convincente para uma comunidade específica (TTP 1.27). Quando os filósofos explicam o valor de cooperar com outras pessoas ao confirmar as premissas da natureza e as circunstâncias dos seres humanos, suas plateias podem ou não ser convencidas. Os indivíduos ou os grupos que estão envolvidos por suas próprias interpretações extremadas nem sempre irão achar esse tipo de raciocínio convincente. Em contraste, a genialidade de um profeta está na sua capacidade de utilizar imagens ou histórias que correspondam à situação e à índole de um determinado povo, e, dessa forma, podem oferecer às pessoas uma noção cativante dos benefícios de viver de modo cooperativo, ou de solucionar um problema atual por meio da cooperação. Ao dar sentido a uma situação, um profeta indica uma maneira de lidar com ela que é aceitável e mais ou menos dentro de suas possibilidades.

Não há mais, garante Espinoza, quaisquer profetas para os quais as leis divinas sejam reveladas (TTP 1.7). Contudo, a integridade de uma sociedade política depende das leis civis que representam os preceitos de suas contrapartes divinas na forma de comandos impostos pelo soberano. Assim como o Deus dos profetas, o Estado exige obediência, e a necessidade de tornar suas leis aceitáveis continua mais forte do que nunca. As comunidades ainda precisam construir estilos harmoniosos de vida e os súditos ainda têm de ser encorajados a solucionar as tensões entre seus interesses cívicos e particulares em favor da lei. No Estado, a tarefa de alcançar esses objetivos fica por conta do soberano. Assim como os profetas, os soberanos devem oferecer aos súditos explicações convincentes de sua situação e de suas possibilidades futuras, para que os cursos de ação cooperativa especificados pela lei cheguem até eles de forma desejável e possível. Entretanto, enquanto as narrativas de profetas estão voltadas para a relação entre uma comunidade e Deus, a narrativa de um soberano se ocupa de sua própria lei. Interpretar e justificar a lei é, portanto, uma maneira de explicar uma comunidade a ela mesma por meio da interpretação de suas necessidades e possibilidades de modo que sejam aceitas e colocadas em prática.

O paralelo entre o soberano e o profeta é confirmado em uma observação do *Tractatus Theologico-Politicus*, que mostra que, assim como a autoridade de um profeta está em uma revelação que uma plateia não é capaz de experimentar por si mesma, mas apenas aceitá-la, a autoridade de um soberano não pode ser derivada da lei, mas deve ser aceita como sua origem (TTP 1 n. 2). Em cada um dos casos, a autoridade surge do ato de conferir significado, seja na forma da revelação ou da lei, e, em cada caso, a sobrevivência ou o poder depende da capacidade de realizar essa ação de uma maneira convincente e eficaz na prática. O profeta que não consegue convencer seu povo de que a lei divina lhe foi revelada, fazendo então com que sigam seus passos, deixa de ser um profeta; da mesma forma, o soberano que não é capaz de impor sua autoridade e fazer com que seus súditos obedeçam a lei civil deixa de ser um soberano (TTP 17.4).

Em muitos Estados, no passado e no presente, a política procede em grande parte segundo os termos da imaginação. Os soberanos justificam a lei por meio de narrativas e imagens que eles e seus súditos consideram convincentes, unindo assim os indivíduos cujas paixões são, de outro modo, conflitantes e muito diferentes. É claro que Espinoza acredita que essa estratégia pode funcionar perfeitamente bem; por exemplo, o sucesso da nação judaica sob a liderança de Moisés se deve basicamente ao seu poder imaginativo, que era muito superior à sua compreensão da natureza. Entretanto, há também casos em que a eficácia da imaginação e as exigências da compreensão filosófica são conflitantes e devem ser reconciliadas. Esse problema é explorado individualmente no Livro IV de *Ética*, em que Espinoza descreve as características do homem livre, que dá o melhor de si para viver conforme os ditames de sua compreensão, cultivando as duas virtudes fundamentais da *animositas* (a determinação de viver de acordo com sua compreensão) e a *generositas* (a determinação de cooperar com as outras pessoas) (3p59s). Contudo, ao longo do curso de sua vida diária, ele tem de lidar com pessoas cuja compreensão é menos extensiva do que a sua e que, portanto, são capazes de se unir a ele de formas extremadas e potencialmente destrutivas. Com base no próprio relato de Espinoza dessa situação, podemos imaginar um homem livre que recebeu um tratamento especial de um comerciante e espera que o favorecimento seja retribuído. O homem livre sabe que a parcialidade pode gerar a inveja e a dúvida, assim também como desejaria ter sido capaz de evitar o favorecimento; no entanto, uma vez envolvido, ele tem de decidir a sua reação. Caso se recuse a retribuir o favor, o comerciante ficará zangado e se sentirá traído, de modo que cooperar com ele se tornará algo mais difícil. Assim, considerando-se aquilo que é *útil* além daquilo que está de acordo com a *razão*, o homem livre conclui que o melhor curso será retribuir o favor de alguma forma que seja legal (para assim não prejudicar a autoridade da lei), mas também aceitável para ambas as partes (4p70).

Ao decidir o que fazer, o homem livre não insiste nos padrões de comportamento que conhece como virtuosos, mas se curva diante das paixões que encontra. A racionalidade, e, portanto, a liberdade, não consiste na obediência às normas da virtude independente de qualquer coisa, mas está na manutenção do modo de vida cooperativo que permita manter aberta a possibilidade de aumentar a compreensão. Portanto, embora ele sinta a tensão entre a necessidade de compreensão e a exigência de toda a sua situação, o homem livre decide a questão ao dar prioridade pela manutenção da harmonia na comunidade da qual ele faz parte (4p73). Além disso, sua capacidade de solucionar o problema dessa maneira depende de sua sensibilidade com relação às imaginações daqueles que vivem ao seu redor e do aspecto das consequências extremadas dos diferentes cursos de ação. Conforme os indivíduos se tornam mais livres, eles perdem parte de seu investimento afetivo nas práticas que se desenvolvem ao redor das disposições extremadas que deixam de compartilhar, mas não podem dar as costas à imaginação. Ela é, afinal, um de seus objetos de estudo, além de ser um aspecto inevitável de suas vidas.

Em *Ética*, Espinoza sugere que manter uma sensibilidade em relação às paixões de outras pessoas e, ao mesmo tempo, privar-se de responder a elas em termos extremados é uma exigência contínua dos sábios. Conforme ele explica, "é preciso um poder singular da mente para tratar cada pessoa de acordo com sua compreensão e se privar da imitação de seus afetos" (4 Apêndice 13). Contudo, conforme indicado por ele anteriormente, é uma boa regra "falar de acordo com o poder de compreensão das pessoas comuns (*vulgi*) e fazer tudo aquilo que não interfira com a conquista de nosso objetivo. Ora, podemos conseguir uma vantagem considerável se cedermos o suficiente diante de seu poder de compreensão. Dessa forma, eles concederão uma chance justa à verdade" (TdIE, Introdução, 17). A menos que os sábios se adaptem aos menos sábios ao falar e agir de forma que estes possam entender, os menos sábios não irão considerar úteis as alegações da razão, e sua *animositas* será prejudicada. Isso, por sua vez, impedirá sua compreensão do valor da cooperação, fazendo com que a liberdade da comunidade como um todo sofra em consequência. A fim de evitar esse resultado, o homem livre dará o melhor de si para aumentar a *animositas* das pessoas ao seu redor cultivando as qualidades do profeta, além de interpretar e implementar seu conhecimento de modo a torná-lo atrativo e acessível. Sendo assim, a liberdade, da maneira como Espinoza a concebe, é sempre dependente da extensão a que indivíduos particulares e as comunidades são capazes de imaginar estilos de vida que personifiquem as verdades gerais reveladas pela razão, fazendo então com que a cooperação passe a ser viável.

A descrição de Espinoza de como o homem livre negocia com outras pessoas nos oferece uma ideia da forma como a razão e a imaginação podem trabalhar juntas para aumentar a cooperação e a liberdade. Se voltarmos agora para a esfera do governo, veremos que um soberano que tem uma boa compreensão da natureza e do objetivo do Estado precisa buscar uma política comparável. Da mesma forma como os homens livres têm o objetivo de adaptar as paixões das pessoas com quem eles se relacionam, os soberanos fazem o melhor que podem para ajustar as paixões de seus súditos, enquanto, ao mesmo tempo, fazem todo o possível para estimular uma apreciação dos benefícios de cumprir a lei. Como Gatens e Lloyd nos mostram, "as melhores estruturas de autoridade são aquelas que demonstram ser realistas a respeito da necessidade de regular as paixões humanas sem anular a capacidade de todos de desenvolver a razão".[193] Existe, porém, uma diferença importante entre os casos individuais e políticos. Enquanto a busca de um homem livre da liberdade é moldada segundo sua obediência às leis, a arena principal de atuação dos soberanos em que seu objetivo é o de

---

193. Gatens e Lloyd, 1999: 120.

casar a imaginação com a compreensão é exatamente o cenário da legislação. Ao exercer sua autoridade legal, eles são orientados por qualquer conhecimento da natureza que possuam; no entanto, só terão sucesso em tornar as leis aceitáveis e eficazes se considerarem a compreensão imaginativa de seus súditos a respeito de sua própria condição. E, para isso, como vimos anteriormente, eles precisam compartilhar das habilidades preeminentes possuídas pelos profetas.

II. Segurança, Liberdade e Democracia

Se aceitarmos essa descrição das obrigações do soberano, poderemos passar a considerar a existência das razões para acreditarmos que sociedades democraticamente organizadas são mais bem-adaptadas à preservação da segurança e da liberdade do que os Estados com outros tipos de constituição. Para colocarmos a questão segundo os termos que estamos examinando, será que existe alguma razão para acreditarmos que, quando a soberania apoia todas as pessoas, a lei pode ser representada de forma imaginativa de modo a ser especialmente convincente e, portanto, fazer com que os súditos a obedeçam de maneira mais espontânea do que de outro modo? Uma maneira de chegarmos a uma resposta é dando continuidade à busca das implicações da descrição de Espinoza do homem livre. Inicialmente, precisamos deixar de lado o caso limitador de uma comunidade composta por indivíduos que são tão perfeitamente cooperativos que não precisam mais fazer uso da coerção e, portanto, de certa forma, não precisam do Estado. Se seguirmos as indicações de Espinoza, veremos essa condição como a culminação inalcançável de um processo esquematicamente representado em que os seres humanos que são extremos e partidários do conflito (e que, portanto, precisam de um soberano com poder de coagi-los) criam estilos de vida em que podem ser progressivamente mais livres. A questão, então, é ver se existe alguma coisa nesse processo que os conduza na direção da democracia.

Aprendemos em *Ética* que a liberdade cresce com a compreensão racional, que traz consigo uma apreciação da necessidade de cooperação. Os homens livres cooperam ou se unem a outros em amizade (E 4 Apêndice 11), pois entendem que essa é a melhor maneira de tornar uma comunidade capaz de desenvolver o tipo de conhecimento que permite que os indivíduos limitem os efeitos prejudiciais de suas disposições extremadas. Até certo ponto, sua obrigação é uma questão de estender a compreensão compartilhada das leis universais da natureza de uma comunidade; no entanto, como vimos, trata-se também de uma questão de criar circunstâncias em que o conhecimento local possa ser utilizado na tarefa de harmonizar os desejos de indivíduos particulares historicamente situados (TP 3.7). Quais são, então, as implicações políticas desse projeto? Segundo Espinoza, a única maneira sistemática de moderar os efeitos destrutivos da paixão e harmonizar os interesses individuais é viver sob o poder do soberano em um Estado (4p73). Sendo assim, que tipo de soberano os homens livres favorecerão? Como seu principal objetivo é incluir cada indivíduo na operação coletiva de elaborar um estilo cooperativo de vida e como um elemento absolutamente crucial desse *modus vivendi* é a lei, os homens livres, ao que podemos supor, preferirão um sistema que permita que todos os membros da comunidade possam participar da criação de sua legislação. A democracia surtirá o efeito de permitir que cada indivíduo aumente a qualidade do debate político por meio de sua contribuição com itens relevantes de conhecimento. Além disso, ela fará com que cada indivíduo represente um papel na tarefa imaginativa de formular as leis que farão sentido e que, portanto, serão eficazes.

Considerando-se que cada ser humano personificado é diferente de todos os outros e possui uma história particular, cada um deles pensa até certo ponto à sua própria maneira e, sendo assim, é capaz de oferecer uma experiência distinta para o projeto coletivo de criar um estilo de vida que seja seguro e livre. Portanto, sob uma constituição democrática, um Estado aumenta suas chances de desenvolver leis, bem como outras instituições, que respondam aos valores e aos desejos de seus súditos e que, por consequência, serão mais prontamente obedecidas. (Inverter esse processo, excluindo os súditos da tarefa de contribuir com a legislação, arrisca a segurança do Estado aumentando o risco de que suas leis acabem se tornando inaceitáveis para algumas partes da população, que serão, consequentemente, forçadas a concordar com elas.) Além disso, um regime democrático consegue usar as capacidades imaginativas de todos os seus súditos para articular os benefícios de sua própria forma particular de cooperação de acordo com a lei, elaborando maneiras de prolongar a liberdade dos súditos. Aceitar uma forma menos inclusiva de constituição, portanto, seria o mesmo que privar o Estado dos mesmos critérios que precisa para manter e desenvolver um modo de vida seguro e harmonioso. Os súditos que valorizam a força desse argumento reconhecerão que as leis criadas de maneira democrática refletem os recursos imaginativos e racionais da comunidade e terão mais chances de se adaptar às suas necessidades. Eles, portanto, têm uma razão geral para cumprir as leis. Além disso, como membros da comunidade, que compartilham de alguns aspectos de suas possibilidades e se sentem confortáveis com os termos em que a lei é justificada e feita inteligível, eles têm grandes chances de considerar suas leis particulares relativamente fáceis de serem aceitas e seguidas.

Espinoza encoraja-nos a entender sua descrição do homem livre e da vida que ele leva como um exemplar ou um modelo (E 4 Pref.). Apesar de estabelecer um padrão moral que os seres humanos talvez não sejam capazes de alcançar por completo, ainda assim seu sistema nos oferece uma norma de perfeição contra a qual os indivíduos e as comunidades podem medir e avaliar suas próprias concepções e decretos de uma boa vida.[194] Se considerarmos agora que tipo de constituição política permitiria que uma comunidade se aproximasse dessa condição, chegaríamos a um modelo complementar de um regime democrático. Ele mostra a imagem de uma política perfeitamente inclusiva que está, assim como sua contraparte moral, além da compreensão humana;[195] no entanto, apesar disso, serve como um meio de raciocinar de maneira crítica e criativa a respeito da política.[196]

Embora Espinoza não defenda de maneira explícita a ideia de que devemos pensar na democracia dessa forma, sua descrição do estilo de vida do homem livre sem dúvida incorpora uma forte tendência em relação a um regime democrático. Além disso, o *Tractatus Theologico-Politicus* contém um argumento diferente em favor da democracia, não como o tipo de regime que está de acordo com as formas ricas da liberdade que emergem da busca coletiva da compreensão e da cooperação, mas sim como um tipo de constituição que faria sentido escolher se estivéssemos em um estado da natureza. Esse argumento segue as linhas estabelecidas por Hobbes, que havia afirmado em *De cive* que, "quando os homens se unem para erguer uma nação, eles são, quase pelo mesmo fato de terem se unido,

---

194. Sinto-me aqui em dívida com uma discussão magistral da função desse exemplar na ética de Espinoza feita por Moira Gatens. Veja "Imagination, Religion and Morality: the Vicissitudes of Power in the *Tractatus Theologico-Politicus*" [Imaginação, Religião e Moralidade: as Vicissitudes do Poder no *Tractatus Theologico-Politicus*] (não publicado). A ideia de que a imagem da sociedade democrática implícita em *Ética* age como um exemplar oferece uma resposta à afirmação de Verbeek de que a democracia é, para Espinoza, um ideal nostálgico. Veja Verbeek, 2003: 141.
195. Veja Matheron, 1994: 164.
196. Essa interpretação oferece uma forma de entender a alegação de Espinoza de que a "soberania absoluta, se é que ela existe, na realidade é a soberania defendida por todo o povo" (TP 7.3). Compare com Negri, 1997. Ao defender a interpretação oferecida aqui, Balibar descreve a democracia como "a 'verdade' de toda classe política, em relação à qual a consistência interna, as causas e, principalmente, as tendências das constituições podem ser avaliadas" (Balibar, 1998: 33).

uma *Democracia*".[197] Assim que os indivíduos no estado da natureza se unem para formar uma sociedade politicamente organizada, eles devem concordar em permanecer orientados pela vontade da maioria na escolha de um soberano para representá-los; no entanto, ao concordar com essa regra, já terão se comprometido com uma democracia. Com base nesse pensamento, Espinoza explica que, quando os indivíduos no estado da natureza transferem seu direito para a comunidade, "o direito dessa comunidade é chamado de democracia, o que pode, portanto, ser definido como um grupo de homens unidos que, de forma corporativa, possui o direito soberano em relação a tudo que estiver em seu domínio" (TTP 16.8). Além disso, uma democracia é "a forma mais natural de governo, a que mais se aproxima daquela liberdade que a natureza oferece a todos os homens, pois, em um regime democrático, ninguém transfere seu direito natural a outrem de modo tão completo que, a partir de então, não seja mais consultado; ele o transfere para a maioria de toda a comunidade da qual faz parte. Dessa forma, todos os homens permanecem iguais da mesma maneira como eram antes, em um estado da natureza" (TTP 16.11).

A ênfase aqui é menos voltada para o benefício coletivo de conceder a todos os súditos uma chance de participar do processo de criar as leis do que para a desvantagem individual de ser excluído desse processo. O argumento nos convida a abordar a questão sob a luz de nossa inclinação natural de nos considerarmos como indivíduos isolados e focar na questão de como fazer para melhor manter nosso direito ou poder. Quando nos vemos orientados por essa luz, somos levados a entender que a democracia é, de certo modo, a forma mais simples de governo, em que os indivíduos conservam o máximo direito possível. E, a partir da perspectiva do estado da natureza, esse é o regime que devemos escolher. "Em uma comunidade em que a soberania é concedida a todos os súditos e as leis são sancionadas por meio do consentimento comum", cada pessoa pode fazer com que as demais sigam a lei e, de certa forma, ninguém precisa obedecer as regras, "já que a obediência consiste no

---

197. "Quando os homens se reúnem para erguer uma nação, eles são, pelo mesmo fato de terem se unido, uma *Democracia*. A partir do fato de terem se reunido de maneira voluntária, eles são vistos como ligados pelas decisões tomadas em função do acordo da maioria. E isso é uma democracia, contanto que a convenção dure, ou seja estabelecida de modo a se reunir novamente em determinados momentos e lugares. Ora, uma convenção cuja vontade é a vontade de todos os cidadãos possui o poder soberano. E, por assumir que cada homem nessa convenção tem o direito de votar, isso é uma Democracia (...)" Hobbes, 1998: 94 (cap. 7, seção 5). Kinch Hoekstra indica que Hobbes está falando aqui a respeito da origem das "nações por instituição" e não das "nações por aquisição" e, portanto, não está afirmando que todas as nações começam como democracias. Veja Hoekstra, 2006: 207-09.

cumprimento de ordens simplesmente em função da autoridade daquele que está no comando" (TTP 5.9). Se juntarmos esse argumento ao caso a favor da democracia como um ideal político, a democracia emerge, falando de modo conceitual, como a primeira e última forma de governo. Ela marca a transição mais natural do estado da natureza pelo fato de melhor preservar nosso direito natural; e, além disso, também é a mais consoante com as formas de liberdade que emergem da compreensão compartilhada e da cooperação mútua dos súditos.

Por que, então, alguns Estados preferem apostar em regimes não democráticos? Quando Hobbes fala dessa questão em *De Cive*, ele descreve as diversas formas de transferência de poder por meio das quais as democracias podem ser transformadas em aristocracias ou monarquias.[198] Espinoza aborda o problema a partir de um ângulo diferente, escolhendo uma lacuna entre uma defesa de princípios da democracia e as qualidades que na prática são necessárias para criar e manter um soberano democrático. Como vimos, é necessário um determinado grau de imaginação e compreensão para conquistar um estilo de vida democrático, de modo que, nas comunidades em que esse estilo não existe, a forma de vida é insustentável. Assim, mesmo se acreditarmos em Hobbes quando ele diz que algumas sociedades políticas começam como democracias, uma constituição democrática só irá perdurar se uma determinada comunidade for capaz de mantê-la. Embora os possíveis benefícios da democracia militem em seu favor, eles não garantem que uma determinada sociedade política seja atraída por eles, tampouco garantem que Estados democráticos já existentes sejam bem-sucedidos. Tudo dependerá da história e das circunstâncias da comunidade relevante e de seus membros.[199] Espinoza ilustra esses pontos ao recorrer a diversos casos históricos. Em primeiro lugar, as democracias nem sempre são estáveis. Por exemplo, quando os judeus fugiram da escravidão, eles provaram ser psicologicamente inadequados para o autogoverno e,

---

198. Hobbes, *Do Cidadão*, cap. 7, seções 8 e 11 (Hobbes, 1998: 95-96).
199. Matheron afirma que os obstáculos da democracia são sempre externos ao poder da maioria. "A existência de todos os regimes não democráticos é explicada pela conjunção de dois fatores: de um lado, o poder da maioria, que deseja viver em comum acordo e que, por consequência, tenta encontrar uma área de compreensão entre todos os seus membros, tentando, assim, organizar-se em uma democracia; e, por outro lado, as causas externas que impedem que ela realize de maneira direta essa tendência e a obrigam a satisfazê-la por meio de caminhos desviados e da ajuda de um mediador" (Matheron, 1997: 217). Acredito que essa interpretação não dá o devido valor à extensão para a qual os obstáculos que impedem os governos de serem levados a alcançar um estilo de vida mais livre podem, na visão de Espinoza, ser constitutivos daquilo que Matheron chama de poder da maioria, e não externos a ele.

por medo, abandonaram sua tentativa de formar uma democracia em favor de um tipo de monarquia teocrática sob a liderança de Moisés (TTP 17.7). Ou, para citarmos outro exemplo, dessa vez mencionado no *Tractatus Politicus*, uma democracia pode se tornar uma aristocracia quando decide excluir uma classe de estrangeiros do governo (TP 8.12).[200]

Em nenhum desses casos fica claro se Espinoza considera o movimento que se afasta da democracia uma mudança para o pior. Ele enaltece o regime judeu por considerá-lo excepcionalmente tranquilo e longevo; e, a julgar pelo *Tractatus Politicus*, ele também está convencido de que as aristocracias bem elaboradas podem ser estáveis e harmoniosas (TP 8.9). As transições de uma forma mais ou menos inclusiva de constituição, portanto, não devem necessariamente ser deploradas e, em algumas circunstâncias, uma forma não democrática de governo pode ser melhor para garantir a segurança e, assim, um grau de liberdade mais eficaz do que o que seria percebido por uma forma democrática. Da mesma maneira, as transições na direção contrária nem sempre são, na visão de Espinoza, benéficas. Por exemplo, quando os ingleses executaram seu rei e estabeleceram uma república em 1649, eles deixaram de ter a compreensão e a imaginação necessárias para tornar sua nova constituição estável e, em pouco tempo, voltaram para uma monarquia (TTP 18.8).[201] No geral, então, "todas as formas de governo devem necessariamente preservar sua própria forma, que não pode ser alterada sem que um grande mal tenha de ser enfrentado" (TTP 18.10).

Ao avaliarmos um regime de qualquer espécie, portanto, temos de considerar o tamanho do sucesso alcançado por seu soberano. (Até que ponto ele é capaz de criar leis que são obedecidas e qual é a intensidade da ideia de seus súditos dos benefícios da cooperação?) Como uma alegação a respeito da segurança, sua visão até que faz bastante sentido; entretanto, como uma afirmação a respeito da liberdade que deve ser acompanhada pela segurança, poderá ser algo mais difícil de ser aceito. Certamente, podemos dizer, os súditos de um regente absoluto como Moisés, que não representam papel algum na criação das leis, têm muito

---

200. A visão aristotélica de que diferentes constituições servem diferentes sociedades não era incomum na Holanda do século XVII. Por exemplo, a noção foi defendida na década de 1640 na Universidade de Leiden por Franco Burgersdijk, que afirmava que, embora a democracia seja por natureza a forma mais imperfeita de governo, pode haver determinadas condições em que ela será a preferida dentre as alternativas. A mesma ideia foi defendida uma década mais tarde por Boxhorn, que afirmava que nenhuma forma específica de governo era a melhor em todas as circunstâncias. Veja Burgersdijk, 1686: 189-90 (citado por Blom, 1995: 97). Veja também Boxhornius, 1657: 4 (citado por Wansink, 1981: 100).
201. O dano aparentemente causado pela guerra civil inglesa é mostrado de forma ainda mais vívida por De la Court: 1662: Parte III, Livro III, cap. 6.

menos chances de serem livres do que aqueles sob a regência de um soberano democrático. E o que é ainda pior: será que a base profética do regime judeu não estimulou a máxima subserviência a Deus e a Moisés, impedindo assim o crescimento da compreensão? Para analisarmos a resposta de Espinoza, precisamos distinguir seu modelo de democracia ideal das sociedades democráticas particulares que foram e podem vir a ser estabelecidas ao longo do curso da história da humanidade. Os súditos cujo estilo de vida se aproxima do padrão do primeiro, sem dúvida, irão possuir mais liberdade do que é possível sob a regência de uma monarquia absoluta ou, por assim dizer, sob qualquer outra forma de constituição não democrática; no entanto, os exemplos de Espinoza, somados aos avisos de como as paixões como o medo e a necessidade de admiração podem determinar a estabilidade política, fazem-nos lembrar que as democracias também podem falhar. Quando um soberano democrático e os súditos não podem, entre eles, criar formas básicas de segurança e, portanto, encontram-se em uma situação na qual vivenciam algo inaceitavelmente precário, eles podem, na realidade, abandonar sua constituição em favor de uma que seja menos inclusiva. Além disso, é possível que, sob sua nova forma de governo, eles consigam alcançar formas de cooperação consideradas impossíveis anteriormente, constituindo, então, um nível maior de liberdade.

Para resumir o argumento discutido até aqui, segundo Espinoza, temos duas razões que explicam por que as constituições democráticas eficazes são, em princípio, desejáveis: elas possibilitam ao indivíduo reter o máximo possível de seu direito natural e proporcionam circunstâncias políticas mais adequadas para cultivar um estilo de vida livre. Na prática, porém, regimes politicamente situados podem ou não conseguir desfrutar dessas possíveis vantagens, pois cada um deles é moldado de acordo com sua própria história e suas próprias tradições, o que sempre representará uma parte importante na determinação do tipo de constituição que é capaz de alcançar. Ao apelar para o ideal democrático, podemos nos distanciar dessas restrições e avaliar algumas sociedades como sendo mais livres do que outras. Entretanto, assim que colocamos os pés no chão, acabamos reconhecendo que uma constituição teocrática, monárquica ou aristocrática é capaz de oferecer toda a liberdade que uma determinada comunidade é capaz de desfrutar naquele exato momento. Para citarmos o exemplo mais completo de Espinoza, quando os judeus emergiram da escravidão, eles só conseguiam cooperar de maneira eficaz sob a ameaça de um castigo divino e não se encontravam em posição de exercer a liberdade que acompanha a maneira voluntária de obedecer a lei. A forma de liberdade da qual desfrutavam era limitada; entretanto, esse era o máximo que podiam conseguir e controlar (TTP 2.15). Se agora extrapolarmos e partirmos para circunstâncias mais extremas em que uma comunidade não democrática já possui um estilo de vida que confere aos seus integrantes uma boa ideia dos benefícios da cooperação, veremos que sua constituição não precisa ser desfavorável à liberdade. As constituições não democráticas, portanto, nem sempre são responsáveis por aniquilar a liberdade. Ao contrário, elas poderão protegê-la e proporcionar as condições para o seu aperfeiçoamento.

III. Os Limites da Liberdade

Uma característica negativa desse argumento é a sugestão implícita de que os súditos de qualquer regime, por mais opressivo que seja, podem ser considerados homens livres. Então, será que existe um limite inferior de liberdade, abaixo do qual uma comunidade política que ainda não tenha se desintegrado seja, apesar de tudo, tão disfuncional que seu soberano possa ser descrito como tendo falhado ao oferecer segurança e liberdade a seus súditos? Para colocarmos a questão de maneira diferente, como é viver sob o comando de um soberano e, ainda assim, ser alguém *sem* liberdade? Ao recorrer a um discurso tirado da Lei Romana, Espinoza formula essa questão segundo os termos da diferença entre os súditos e os escravos. Será que as pessoas dirão, especula ele, que os súditos levados a obedecer ao soberano são, por assim dizer, reduzidos a uma condição de escravidão (TTP 16.10)? Uma longa linhagem de autores republicanos definiu um escravo como alguém que está sujeito a uma forma de poder arbitrário, argumentando que um soberano exerce poder arbitrário quando ocupa uma posição que lhe permite impor leis que seus súditos não aceitem. Por exemplo, quando um monarca faz uso de poderes privilegiados, ele transforma seus súditos em escravos; entretanto, quando os cidadãos de uma república são orientados por leis aprovadas por eles, incluindo leis que concedem a permissão de punições, eles continuam sendo homens livres.[202] Espinoza utiliza e modifica essa posição ao reinterpretar de maneira implícita sua compreensão da distinção entre o poder arbitrário e o não arbitrário. Segundo ele, para determinarmos se os súditos são homens livres ou escravos, devemos nos perguntar se a lei garante o bem comum. Se a resposta for positiva, os súditos continuam sendo livres. Somente quando a lei deixa de lhes servir é que eles são escravizados. Isso implica,

---

202. Veja Skinner, 1998.

então, que um soberano cujas leis servem o bem comum não exerce poder arbitrário e sua capacidade de coagir seus cidadãos também não elimina a liberdade destes.

Esse argumento está aberto para mais de uma interpretação. Ao nos concentrarmos naquilo que eles chamam de *conatus* democrático no sistema filosófico de Espinoza, comentaristas como Negri e Matheron concluíram que somente uma lei criada democraticamente pode servir para o bem da comunidade como um todo.[203] Para ser um homem livre, devemos tomar parte na criação das leis que obrigam todos os indivíduos a agirem "em favor do bem comum e, assim, em seu próprio favor" (TTP 16.10). Essa leitura concorda com a imagem de Espinoza da democracia exemplar e ajuda a explicar a forma rica de liberdade que esse regime pode garantir. Entretanto, ela negligencia uma dimensão crucial da discussão de Espinoza. A questão que lhe diz respeito nesse trecho do *Tractatus Theologico-Politicus* é se o poder de coerção da lei elimina a liberdade dos súditos, e a resposta dele é que os súditos não são escravizados a menos que a lei deixe de patrocinar o bem comum. Se fosse o caso de o bem comum ser protegido somente quando a lei fosse criada por um soberano democrático, então a única maneira de fugir da escravidão seria vivendo em uma democracia. Contudo, essa não é a conclusão de Espinoza. Em vez disso, ele recorre à analogia entre um soberano e um pai de família para indicar como é possível que os súditos sejam livres enquanto, ao mesmo tempo, são obrigados a seguir as leis que eles não criaram. Os pais, assume Espinoza, têm um dever paterno de cuidar de seus filhos e ensiná-los a agir de forma a contribuir para seu próprio benefício, ao passo que os filhos, por sua vez, são obrigados a obedecer as ordens de seus pais. Quando um filho não consegue reconhecer que é de seu interesse fazer aquilo que seu pai lhe diz para fazer, seu pai poderá forçá-lo a obedecer, circunstância na qual ele estará sujeito à coerção. No entanto, desde que seu pai leve em consideração interesses do filho, este não será escravizado.[204] Da mesma forma, um soberano poderá ter de coagir os indivíduos a cumprir a lei; mas, desde que exija o cumprimento de leis que protejam o bem-estar das pessoas, ele estará regendo súditos e não escravos.

---

203. Veja, por exemplo, Matheron, 1997: 216-17, e Negri, 1997: 227-28: "Em Espinoza, a concepção do magistrado e da magistratura (...) é absolutamente unitária (...) Exatamente como cada súdito é um cidadão e, portanto, cada cidadão é um magistrado – mas a magistratura é o momento de revelação do mais elevado potencial da unidade e da liberdade".

204. Esse argumento também se utiliza de um jogo de palavras em latim. Os filhos que não são escravizados permanecem *liberi*, que pode ser traduzido como "pessoas livres" ou "crianças".

Esse argumento garante a possibilidade de que os súditos podem ser livres em regimes não democráticos ao estabelecer um padrão mínimo daquilo que devemos considerar como liberdade. Ele, portanto, oferece uma forma de caracterizar os habitantes de pelo menos algumas aristocracias e monarquias como livres. Além disso, porém, ele oferece uma maneira de justificar a ideia de que alguns súditos devem ser proibidos de contribuir com a atividade da legislação. A análise de Espinoza da relação entre os pais e os filhos, ao que tudo indica, também se aplica às diversas classes de pessoas que, mesmo na constituição democrática proposta no final do *Tractatus Politicus*, são consideradas inadequadas para tomar parte da criação das leis: servos, menores de idade, guardas, mulheres, homens de baixa renda, estrangeiros, criminosos e outras pessoas ignominiosas.[205] Os indivíduos que se encaixam nessas categorias são excluídos da política. Contudo, desde que a lei garanta o bem comum e, por consequência, seu próprio bem, eles permanecem livres. Algumas dessas pessoas, como as mulheres casadas e os servos, têm deveres simultâneos de obedecer outras autoridades, como seus maridos ou mestres; no entanto, apesar de isso lhes conferir um *status* distintivo, não os transforma em escravos.

Ao definir o limite inferior de um estilo de vida livre, Espinoza oferece aos soberanos e súditos um princípio de orientação: para que a escravidão seja evitada, a lei deve favorecer o bem comum. No entanto, como passamos a esperar, esse princípio necessita de uma interpretação. Ao criar as leis, um soberano conta com sua capacidade imaginativa para elaborar acordos legais que ele e seus súditos possam reconhecer e aceitar como uma representação confiável do bem comum; e, quando ele é bem-sucedido, os súditos poderão se sentir livres. Com base em *Ética*, podemos imaginar uma democracia ideal em que o soberano, constituído por toda a classe do povo, garante seu próprio bem comum. Não apenas cada súdito participa da composição da legislação, mas também, como os membros da comunidade valorizam as vantagens da cooperação, eles fazem tudo o que podem para desenvolver leis que reconciliem desejos divergentes e aumentem seus esforços coletivos para enriquecer sua própria liberdade. Em suas outras obras, porém, Espinoza oferece um relato mais cuidadoso daquilo que é necessário para satisfazer sua concepção da liberdade política. O *Tractatus Theologico-Politicus* defende a ideia de que os monarcas soberanos e as assembleias

---
205. Essas exclusões às vezes são atenuadas. Veja, por exemplo, Israel, 2001: 260. Sua incongruência com outros aspectos da filosofia de Espinoza é muito bem ilustrada por Gatens, 1996, e discutida por Montag, 1999: 83-86.

aristocráticas não precisam escravizar seus súditos, e que podem lhes proporcionar tanta segurança e liberdade quanto eles são capazes de alcançar. O *Tractatus Politicus* nos oferece a imagem de uma constituição democrática em que somente uma proporção de súditos do sexo masculino cria as leis e representa as vozes das classes politicamente invisíveis como as mulheres e os servos. Aqui, então, um subgrupo da população recebe com exclusividade a capacidade de determinar o bem comum.

Assim, apesar de a democracia funcionar para Espinoza como um exemplar ou ideal com base em que podemos tentar ampliar nossa liberdade, ele também afirma que ela só pode existir em determinadas circunstâncias. A liberdade garantida que os Estados devem ter o objetivo de alcançar depende das compreensões e das imaginações de comunidades específicas, das quais somente algumas se encontram em posição de manter um estilo democrático de vida. Quando os recursos necessários para controlar esse sistema não são encontrados, uma comunidade pode maximizar a liberdade e a segurança disponíveis sob uma constituição não democrática. Uma sensibilidade em relação às exigências imaginativas da política, portanto, molda a ideia de Espinoza de formas constitucionais como a monarquia e a aristocracia. No entanto, de outro modo, ela também modela seu tratamento da própria democracia.

Contra o espírito inclusivo de seu exemplar democrático, o *Tractatus Politicus* defende aquilo que, aos olhos da modernidade, é uma forma incompleta de democracia. Essa limitação vale a pena ser examinada, pois, como muitos comentaristas indicaram, apesar de não ser surpreendente o fato de Espinoza defender essa ideia, seu relato do regime democrático ainda assim oferece uma ilustração vívida da extensão em que nossa liberdade depende de nossas capacidades imaginativas. Como vimos, os escritos filosóficos de Espinoza contêm uma abordagem sutil e sugestiva do papel da imaginação na política. Contudo, quando ele passa a contemplar a democracia – uma sociedade em que toda massa do povo cria as leis que servem o bem comum –, ele exclui um grande segmento da população. O corpo do povo, da forma como ele o interpreta, nada mais *é* do que uma comunidade de homens que possuem propriedades, e a implicação de que o bem comum pode ser confirmado pelas leis que eles criam não parece lhe causar qualquer inquietação. Analisada a partir da perspectiva do ideal democrático, essa interpretação personifica uma séria falha imaginativa; ela não é capaz de contemplar o tipo de democracia verdadeiramente inclusiva em que, conforme aprendemos em *Ética*, a liberdade e a segurança são conquistadas de maneira muito mais absoluta. Contudo, também ilustra uma das afirmações mais importantes de Espinoza: a de que as democracias bem-sucedidas são extremamente dependentes das capacidades imaginativas de seus soberanos e súditos, e que a falta de poder imaginativo está entre os principais fatores que os impedem de alcançar essa liberdade e essa segurança.[206]

---

[206]. Sou extremamente grato a Moira Gatens e Quentin Skinner, assim também como a Theo Verbeek e seus colegas da Universidade de Utrecht por seus comentários sobre um rascunho anterior deste trabalho.

Capítulo 8

A política da liberdade instável de Espinoza

Tom Sorell

Espinoza afirmava que o Estado devia ajustar, e até mesmo estimular, a liberdade pessoal. De acordo com o *Tratado Teológico-Político*, a devida constituição desse Estado deve ser democrática. De acordo com o *Tratado Político*, um tipo de monarquia e determinados tipos de aristocracia também podem criar espaços para seres humanos livres. Entretanto, essas formas de governo não deveriam se assemelhar demais às organizações políticas típicas ou reais da época de Espinoza. Em típicas monarquias e aristocracias, sugere Espinoza, a necessidade da obediência podia ser exagerada, e o poder podia ficar concentrado demais nas mãos de um único homem ou de um conselho de patrícios escolhidos dentre pouquíssimas famílias ou de lugares bastante limitados.

Todas essas afirmações colocam a filosofia política de Espinoza em conflito com uma de suas principais fontes, a saber, a teoria de Hobbes do Estado e do estado da natureza.[207] Hobbes afirma que, quando a soberania é atribuída a uma assembleia, democrática *ou* aristocrática, ela estará sujeita a ser dividida e desunida, desunião esta que ele associava com a guerra, ou seja, com a *ausência* de ordem política. Ele acreditava que muitos governos atuais eram internamente instáveis porque o poder não era concentrado de maneira *suficiente*. O objetivo da soberania, segundo Hobbes, é a segurança coletiva, que tem mais chances de ser alcançada quando cada um abre mão de ser seu próprio regente e se

---

207. Para discussões de Espinoza e Hobbes, veja Den Uyl, 1983, e Donagan, 1988: 173ff. A interpretação a seguir é particularmente minha.

submete a um criador de leis indivisível e todo-poderoso. A submissão é ao que Hobbes reduz a cidadania. Ele não acredita que cabe aos súditos fazer uso de seu julgamento na deliberação de objetivos comuns. Em vez disso, os súditos são veículos da vontade do soberano em tudo que a legislação dele envolve. Em um estado espinozista, ao contrário, os cidadãos *devem* usar seu julgamento e, se não o fizerem, são considerados como simples escravos. Embora a participação em uma ordem política só possa acontecer quando acompanhada da obediência, segundo Espinoza, a obediência não é a total submissão que vemos em Hobbes. A total submissão está além da permanência da natureza humana, a qual a ordem política preferida ajuda a entender. Ou é isso que Espinoza às vezes afirma. Em Hobbes, por outro lado, pertencer a um Estado democrático não é algo natural para os seres humanos e, além disso, a cidadania livre não é uma forma de alcançar as possibilidades do ser humano. A soberania hobbesiana absoluta restringe, e talvez até elimine, a liberdade segundo a lógica de Espinoza.

Assim, a política de Espinoza é não hobbesiana. No entanto, ela também é instável. A instabilidade resulta em parte da presença na teoria de Espinoza de elementos hobbesianos ultrapassados que são acompanhados de elementos não hobbesianos; a instabilidade também surge a partir de diferentes compreensões espinozistas da liberdade. Em alguns momentos, a liberdade está associada a um distanciamento racional e perfeccionista das paixões; em outros, ela é associada à inalienabilidade prática de determinados direitos em seres humanos racionais e irracionais. Na medida em que a política de Espinoza depende do segundo tipo de liberdade, ela foge da crítica que ele direciona às teorias filosóficas tradicionais do Estado: o fato de que elas não veem as pessoas como elas são e, portanto, são irremediavelmente impraticáveis. Entretanto, é o primeiro tipo de liberdade que é importante para a sua teoria ética e é dele que Espinoza às vezes afirma tirar sua compreensão da lei civil. Sendo assim, qualquer forma de liberdade política nada tem a ver com a liberdade ética, pois, nesse caso, sua política, apesar de realista, pode não ter o tipo de base demonstrativa que ele, às vezes, afirma ter, ou então a liberdade política e a liberdade ética de fato caminhariam lado a lado; nesse caso, não temos uma teoria que considere as pessoas como elas realmente são. Ao tentar conciliar as coisas, Espinoza propõe uma filosofia política cujos defeitos são bastante óbvios.

I. Espinoza e o Estado

Um bom lugar para começarmos é pela resposta de Espinoza à questão sobre a função do Estado ou da vida política. No *Tratado Teológico-Político*, Espinoza geralmente responde de forma semelhante a Hobbes. A política "realiza o desejo da segurança e da boa saúde" (TTP 3; Espinoza, 2002: 417). A lei humana – a lei que rege as nações – serve para tornar a vida "mais segura e conveniente" (TTP 4; Espinoza, 2002: 426). "A formação de uma sociedade é vantajosa, até mesmo absolutamente essencial, e não apenas para a segurança contra os inimigos, mas para a organização eficiente de uma economia" (TTP 5; Espinoza, 2002: 438). Do mesmo modo, alegações semelhantes à de Hobbes serão encontradas no *Tratado Político*: a ordem civil é estabelecida "com o objetivo de eliminar o medo em geral e aliviar o sofrimento" (TP 3.6; Espinoza, 2002: 691). "O objetivo da ordem civil nada mais é do que a paz e a segurança da vida" (TP 5.2; Espinoza, 2002: 699). Essas observações parecem ecoar passagens no *Leviatã*, capítulos 13 e 18, em que Hobbes diz que o objetivo da maioria em estabelecer uma nação é "sua Paz e sua defesa pública" (cap. 18; Hobbes, 1996: 121), e que aquilo que as pessoas têm a perder ao destruir uma nação nada mais é do que a "Indústria", "a cultura da terra", "a navegação", "a Edificação ampla" e tudo o mais que torna a vida conveniente (cap. 13; Hobbes, 1996: 89).[208]

Em outros pontos de ambas as obras políticas, porém, Espinoza altera a impressão de que tenha uma compreensão hobbesiana do objetivo do Estado. A evidência mais marcante de uma mudança de Hobbes aparece no capítulo 20 do *Tratado Teológico-Político*:

> Fica bastante claro, a partir de minha explicação anterior da base do Estado, que seu principal objetivo não é exercer domínio nem restringir os homens pelo medo ou privá-los de sua independência, mas, ao contrário, libertar cada homem do medo para que assim ele possa viver em segurança o máximo possível, ou seja, para que assim ele possa preservar melhor seu próprio direito natural de existir e agir, sem qualquer malefício a ele mesmo ou a outras pessoas. Não é, repito, o objetivo do Estado transformar os homens de seres racionais em seres brutais e marionetes, mas, em vez disso, é permitir que eles desenvolvam suas faculdades mentais e físicas em segurança, que usem sua razão sem restrição e possam abster-se dos conflitos e abusos mútuos que são promovidos pelo ódio, pela raiva ou pela mentira. Assim, o objetivo do Estado é, na realidade, a liberdade. (Espinoza, 2002: 567)

---

208. Cf. também *De Corpore*, cap. 1, seção 7.

Aqui, o propósito do Estado vai além daquilo que Hobbes busca: a segurança e a conveniência. Espinoza exige mais do que uma forma de organização social que desestimule a violência entre os indivíduos e permita o comportamento cooperativo de interesse próprio, incluindo a divisão de trabalho. O Estado deve ajudar as pessoas a desenvolver suas faculdades, tanto mentais como físicas, para que, assim, superem o medo, a agressão e a falta de recursos gerais dos seres humanos no estado da natureza. A passagem não diz que esse objetivo elevado é reservado para algumas poucas pessoas no Estado, cujos poderes da razão e cujo autocontrole as tornam capazes de cultivar seus poderes. Ela indica que ser humano é o mesmo que ser racional e que a elaboração de um Estado para os humanos deve refletir isso.

Essa concepção do Estado pode justamente ser vista como refletindo a teoria de Espinoza em *Ética*, a qual não reaparece apenas no capítulo 20 do *Tratado Teológico-Político*. Ela está implícita nos termos do contrato social que faz com que as pessoas passem de um estado espinozista da natureza para uma nação espinozista. Esses termos são apresentados no capítulo 16:

> (...) [N]o intuito de alcançar uma vida boa e segura, os homens tinham necessariamente de se unir em uma só corporação. Eles, portanto, determinaram que o direito irrestrito naturalmente possuído por cada indivíduo deve ser colocado em propriedade comum e que esse direito não deve mais ser determinado pela força e pelo desejo do indivíduo, mas pelo poder e pela vontade de todos juntos. Contudo, nesse sentido, eles teriam fracassado caso o desejo tivesse sido seu único guia (pois, pelas leis do desejo, todos os homens são conduzidos por direções distintas) e, portanto, eles tiveram de se unir por meio das obrigações mais rigorosas para serem guiados em todas as questões somente pelos ditames da razão (que ninguém arrisca contrariar de maneira aberta, para que não pareça estar destituído da capacidade de raciocinar) e manter o desejo sob controle quando este possa ser prejudicial a outrem, para não fazer a ninguém aquilo que eles não gostariam que fizessem com eles e para confirmar o direito de todos como fariam com o seu próprio. (Espinoza, 2002: 528)

Uma obrigação mútua da submissão individual dos ditames da razão e do controle dos desejos antissociais pode de fato ser reinterpretada como uma determinação para se livrar da prisão ao desejo e adquirir a liberdade de Espinoza.

Isso é algo muito distante de Hobbes, que, porém, também não cabe a outras questões discutidas por Espinoza a respeito da capacidade das massas de tirar o melhor das paixões e de levantar a questão de quão racional uma obrigação mútua pode se tornar de maneira pré-política. Em outras palavras, o contrato social pode pressupor o cultivo de poderes que deve proporcionar.

Considerando-se, em primeiro lugar, as diferenças em relação a Hobbes, vejamos o contrato muito distinto feito no estado da natureza em *Elementos da Lei, De Cive* e *Leviatã*. Apesar de haver variações na fórmula nos três tratados políticos de Hobbes, há algo que se mostra bastante constante: a maioria concorda entre si, de maneira simultânea, em transferir para um terceiro o direito que cada um tem ("o direito da natureza") de cuidar de sua própria segurança e bem-estar. A terceira parte aceita o direito transferido, tornando-se soberana, e exerce esse direito ao criar leis que impedem a maioria de se prejudicar e permite que ela ganhe a vida por meio de seu trabalho.[209] O contrato social não exige que as leis que o soberano cria e que a maioria aceita obedecer sejam racionais. Assim também como os contratantes não prometem a ninguém participar do *auto*controle. Na melhor das hipóteses, eles se submetem ao controle externo. O que eles aceitam é um novo regime em que há penalidades, impostas de maneira externa, para todos aqueles que não cumprem as ordens do soberano. Quanto ao que as leis do soberano causam quando são eficazes, de modo algum é o cultivo dos poderes humanos em geral ou o poder de julgamento em particular. Se o soberano for sábio, ele criará condições para as pessoas desfrutarem de uma prosperidade modesta com uma segurança mais do que suficiente contra tumultos.[210] No entanto, ele estará trabalhando *contra* o objetivo prioritário da paz civil, segundo Hobbes, se permitir que as pessoas participem de debates a respeito da justiça ou injustiça das ações privadas ou das políticas públicas, ou dos méritos relativos das diferentes visões religiosas. O julgamento particular dessas questões é um dos ingredientes das guerras, e o Estado, pelo fato de ser essencialmente um mecanismo de prevenção contra a guerra, deve conter o julgamento particular ou, ao menos, suprimir os diálogos e as ações que são sua expressão.

Agora, todo o objetivo do *Tratado Teológico-Político* é demonstrar que os Estados podem estar seguros sem declararem a ilegalidade da dissidência religiosa e política. Essa conclusão deve ser obtida sem a negação de que a natureza humana contém os ingredientes da guerra e sem negar que o Estado é, entre outras coisas, um mecanismo de prevenção

---

209. Em todos os tratados políticos, Hobbes identifica perigos em determinações que permitem que os súditos adquiram superfluidades.
210. Veja *Os Elementos da Lei,* Pt 2, cap. 28, seção 4; *De Cive,* cap. 13, seção 6; *Leviatã,* cap. 30 (Hobbes, 1996: 231).

contra a guerra. Em outras palavras, a conclusão a respeito da dissidência deve ser obtida, de qualquer modo, a partir de algumas premissas que tanto Hobbes como Espinoza aceitam. Uma proposição que apoia a conclusão de Espinoza a respeito da dissidência é que o objetivo do Estado é a liberdade. Essa proposição não faz parte dos fundamentos comuns com Hobbes, e a questão é se ela é consistente com esses fundamentos.

Acredito que a resposta para essa questão seja "não". No intuito de afirmar que o objetivo do Estado é a liberdade e que o Estado não deve reger por meio do medo e da força, Espinoza deve partir do princípio de que os seres humanos são naturalmente capazes de se submeter à razão. Entretanto, ele também acredita que os seres humanos são naturalmente favoráveis às guerras e que são belicosos em parte pelo fato de as paixões serem dominantes em quase todas as pessoas. Uma questão é como os mais extremados podem fazer parte do tipo de contrato social descrito por Espinoza. Outra questão é como os extremados podem ser livres, já que o fato de serem escravos das paixões os torna prisioneiros. Uma terceira questão é como, *se não* pelo medo e pela força, os membros mais extremados da nação podem ser impedidos de se digladiarem entre si. Se os seres humanos mais exaltados não podem e são naturalmente indispostos a participar da obrigação das massas de restringir seus desejos individuais; se pessoas extremamente coléricas não podem de fato ser livres; e se pessoas exaltadas só podem ser impedidas de prejudicar outras por meio da força, então um estado hobbesiano e um contrato social hobbesiano poderão ser o máximo que poderemos exigir da participação de pessoas extremadas.

Espinoza parece chegar muito perto de abrir mão disso tudo no capítulo 5 do *Tratado Teológico-Político*:

> Todos os homens, de fato, buscam suas próprias vantagens, mas de maneira alguma com base nos ditames da razão sã, pois, na maior parte, os objetivos que eles buscam e julgam ser benéficos são determinados somente pelo desejo mundano, sendo levados por suas emoções, as quais não se preocupam com o futuro nem levam em conta quaisquer outras considerações. Assim, nenhuma sociedade pode existir sem um governo e a devida coerção e, por consequência, sem leis para controlar os desejos dos homens e seus ímpetos desenfreados. (Espinoza, 2002: 438)[211]

---

211. Para uma passagem paralela, veja TTP 16: "Ora, se todos os homens pudessem ser imediatamente induzidos somente pela razão a reconhecer a vantagem suprema e a necessidade da existência do Estado, todos iriam abjurar a mentira por completo. Em seu desejo por esse bem supremo, a preservação do Estado, todos os homens, movidos pela mais absoluta fé, persistiriam em seu acordo e considerariam como o mais importante no mundo cumprir sua

Tudo isso poderia ter vindo diretamente de Hobbes. Todavia, logo após Espinoza também diz que, apesar de a coerção de pessoas extremadas ser algo inevitável, ela não pode ser total, pois há elementos em seres humanos exaltados que limitam a eficácia da obediência com base no medo. Mesmo se ele estiver certo a esse respeito, não é possível que a ordem política seja baseada no consentimento geral ou que o conteúdo daquilo que é aceito seja captado por meio de uma obrigação mútua de seguir os ditames da razão e da prática do autocontrole, conforme Espinoza relata 11 capítulos depois. Pode acontecer de não existir uma solução para as pessoas extremadas com relação ao problema do desagrado da obediência, com exceção do ato institucional de anexar penalidades tão duras para a *des*obediência que a obediência, por mais desagradável que seja, é menos desagradável do que a desobediência. Essa é a solução hobbesiana. Ela não exige qualquer reserva de autocontrole e nenhuma compreensão ou subscrição dos ditames da razão. Ainda assim, por outro lado, ela não tem de ser regulada segundo o ideal da liberdade humana.

A solução hobbesiana não seria a única solução se a teoria de Espinoza identificasse algum mecanismo racional mesmo em seres humanos extremados que fosse capaz de fazer com que tomassem a decisão imparcial de compor uma nação. Se a impetuosidade fosse apenas uma fase dos seres humanos até que a razão naturalmente se firmasse, então os seres humanos que negociassem pela vida no Estado, assim que tivessem alcançado a idade da razão, poderiam ser vistos como negociando ao mesmo tempo pela liberdade espinozista. Entretanto, quando Espinoza diz, no capitulo 17 do *Tratado Teológico-Político*, que "as massas são governadas apenas por suas emoções, não pela razão" (Espinoza, 2002: 538), isso não parece deixar espaço para uma racionalidade operativa na maioria dos membros da nação, ou uma irracionalidade simplesmente temporária nessa maioria. O *Tratado Político* também não parece muito mais otimista com relação a essa classificação:

> (...) aqueles que acreditam que as pessoas comuns ou aqueles que com grande esforço se dedicam às atividades públicas podem ser convencidos de viver somente sob o comando da razão estão sonhando com a era dourada dos poetas ou um conto de fadas. (1.6; Espinoza, 2002: 682)

---

palavra, sendo esse o mais forte escudo do Estado. No entanto, de maneira alguma acontece de todos os homens sempre serem imediatamente induzidos para serem orientados pela razão; pois cada um é guiado por seu próprio prazer, e a mente é quase sempre tão cercada pela ganância, pela ambição, pela raiva, pela inveja e por sentimentos tais que não sobra espaço algum para a razão. Portanto (...) ninguém pode contar com a boa fé de outras pessoas a menos que a promessa seja apoiada por alguma outra força (...)" (Espinoza, 2002: 529).

O compromisso mútuo de Espinoza funcionaria com perfeição e faria sentido para os poucos indivíduos racionais, mas essas pessoas não precisam de penalidades da lei para agir de acordo com elas e talvez apenas precisem do regime com suas leis coercivas para a maioria extremista pelo fato de não serem autossuficientes e precisarem de algumas das coisas que a maioria extremista domada é capaz de oferecer.

Embora seja perfeitamente plausível que os poucos racionais tomem o partido da obrigação mútua a seguir os ditames da razão, eles só podem ser partes desse compromisso se for possível ser regido pela razão de forma pré-política. Contudo, se for possível ser regido pela razão de maneira pré-política, então não é necessário que a vida nesse Estado seja regida pela razão. Como, segundo Espinoza, a maioria irracional não pode ser regida pela razão, nem mesmo quando o Estado existe, a existência do Estado também não parece ser suficiente para colocar as pessoas sob a regência da razão. No entanto, se o Estado não é necessário nem suficiente para tornar as pessoas racionais, dificilmente podemos contar com ele para tornar livres as pessoas que não são naturalmente racionais, que, ao contrário, são extremadas e irracionais. Essa conclusão parece incompatível com a alegação de Espinoza de que o *objetivo* do Estado é a liberdade, já que o exercício da razão e o controle das paixões são os fundamentos da liberdade. Como algo que não é digno de confiança para gerar a liberdade pode ter o objetivo de gerá-la?

Pode haver uma resposta para essa objeção, com o efeito de que a maioria de exaltados é regida pela razão quando as leis racionais limitam sua ação, ainda que, como indivíduos, eles não contem com o autocontrole racional. No entanto, como o Estado contribui com o desenvolvimento de suas capacidade físicas e mentais, como afirma Espinoza? Podemos dizer que a racionalidade é pessoal e, nesse caso, Espinoza nos deve uma explicação de como o ser humano tipicamente exaltado e irracional consegue alcançar a racionalidade pessoal; ou ela é impessoal e, nesse caso, apesar de o regime ser racional, as pessoas governadas por ele não são racionais e, portanto, também não são livres.

Podemos achar que a *Ética* ajuda Espinoza a se livrar de suas dificuldades, pois identifica uma razão humana que pode, de maneira autônoma, independentemente de uma ordem política, libertar-se do controle das paixões. Se essa libertação for disponibilizada em princípio a todos, então até mesmo os mais extremados podem, em princípio, alcançar a posição em que prestam o voto mútuo de fidelidade para com os ditames da razão. No entanto, a ideia de que todos consigam assumir essa posição a partir de uma escravidão abjeta certamente parece utópica e contrária à aspiração que Espinoza tem de mostrá-la como ela é na política. E, mesmo quando esse problema é deixado de lado, se a liberdade humana estiver disponível independentemente da ordem política, como essa ordem pode ser favorável à liberdade? É mais plausível dizer que a ordem política é a favor de tornar a ação extremada algo desagradável, a fim de redirecionar a atividade humana por meio da força para uma vida econômica cooperativa produtiva e razoável, que, por sua vez, permita que aqueles que possuem os devidos dons pessoais da atenção e da reflexão se preparem para a contemplação da ordem da natureza, incluindo das paixões, conseguindo, assim, o distanciamento das paixões e a liberdade. Não a liberdade, mas a possibilidade dela; não a possibilidade dela para todos, mas para os poucos que são capazes de conquistar a reflexão abstrata, que é o subproduto de uma ordem político-econômica segura, mais ou menos de acordo com o sentido de segurança proposto por Hobbes. O subproduto, não o objetivo final.

II. O Direito da Natureza

Tenho considerado algumas dificuldades relacionadas à alegação de que o objetivo do Estado é a liberdade no sentido do distanciamento das paixões, embora seja um fato da vida supostamente aceito pela política de Espinoza que as massas muito dificilmente conseguem alcançar esse desapego, mesmo quando vivem em um estado de ordem civil. Apesar de a liberdade como uma forma de distanciamento ser o sentido da "liberdade" que se encaixa na passagem surpreendentemente não hobbesiana citada anteriormente do capítulo 20 do *Tratado Teológico-Político*, e que tem a intenção explícita de ser usada em outras passagens da mesma obra,[212] esse não é o único sentido de "liberdade" relevante aos escritos de Espinoza. Existe outro sentido de "liberdade" associado ao fato de cada pessoa ter assegurado o direito da natureza e de ser livre para fazer tudo aquilo que lhe pareça capaz de promover seu próprio benefício.

Espinoza diverge de Hobbes quando afirma que esse direito é sempre assegurado e não sacrificado quando o Estado se forma. Tanto no estado da natureza como na nação, uma pessoa é livre para fazer tudo aquilo que acredita ser de seu interesse, mesmo quando isso signifique ter de descumprir suas promessas (TP 2.12; Espinoza, 2002: 686) ou

---

212. "(...) o verdadeiro escravo é aquele que vive sob o domínio do prazer e que não pode ver nem fazer aquilo que seria para seu próprio bem, ao passo que livre é aquele que vive sinceramente sob a orientação única da razão" (TTP 16; Espinoza, 2002: 531).

matar aqueles que cruzarem seu caminho.²¹³ A diferença imposta pelo Estado é que os custos de ser totalmente cruel são mais altos e, quando distribuídos de maneira mais confiável, a vantagem que poderia existir ao agir dessa forma no estado da natureza diminui. As chances de uma possível retaliação de seus concorrentes, provavelmente brandas quando se é poderoso no estado da natureza, são imensamente intensificadas quando respondemos por nossas falhas da fé a um soberano ou a uma maioria poderosa unificada dentro desse Estado. O medo e a esperança, mas em especial o medo, limitam nossa ação autointeressada tanto dentro como fora da nação. Eles restringem essa ação muito mais do que a razão quando somos típicos seres humanos, mas Espinoza não acredita que os agentes racionais tenham um direito maior à natureza do que os irracionais. Somos nossos próprios devidos juízes com relação ao que achamos melhor fazer, sejamos racionais ou não, ou um cidadão com ou sem uma lei que nos diga respeito no estado da natureza.

Assim que o Estado é criado, a ameaça de punição por descumprir a lei pesa com agentes imperfeitamente racionais e os afasta da tentação da violência e das deserções dos acordos. No entanto, diz Espinoza, existe um limite de até que ponto se pode forçar mesmo as pessoas irracionais a se comportar de acordo com a lei somente por meio do medo:

> Apesar de tudo, a natureza humana não irá se submeter à repressão ilimitada e, conforme Sêneca diz em sua tragédia, os regimes que dependem da violência nunca se prolongaram por muito tempo; o comando moderado perdura. Ora, enquanto os homens agem somente pelo medo, eles fazem aquilo que menos concordam em fazer, preocupados apenas em não sofrer punições capitais ou de outro tipo. Na verdade, eles inevitavelmente se satisfazem com a desgraça ou com os prejuízos causados ao seu regente, mesmo quando isso envolve sua própria desgraça considerável. (TTP 5; Espinoza, 2002: 438)

Há duas possíveis soluções para esse problema do mau comportamento humano que a passagem descreve: (a) o governo explicar a eles por que aquilo que fazem somente por medo é para seu próprio bem, para que, assim, eles façam essa determinada ação na esperança de se beneficiarem, bem como por medo – ou em vez de fazê-lo por medo –; (b) o governo abolir, ou manter apenas temporariamente em vigor, as leis obedecidas somente em função do medo.²¹⁴

---

213. Espinoza parece sobrepujar Hobbes ao perdoar um egoísmo natural inextirpável. Para uma interpretação que desafia essa compreensão, veja Collier, 1991: 69-92.
214. Para as relações entre a preocupação de Espinoza quanto ao limite da operação do medo, bem como para (a) sua abordagem da superstição e (b) dos efeitos debilitantes do medo, veja Gatens e Lloyd, 1999: 88ff.

Espinoza ainda diz (Espinoza, 2002: 439) que, quando a constituição de um Estado é democrática, os problemas de uma obediência prolongada em função do medo não aparecem, já que, nesse tipo de regime, a lei não é imposta de fora ou de cima: o cumprimento da lei é a obediência de todos para com todos e não de todos a um ou alguns poucos. Da mesma forma, a democracia é adequada ao fato de que os seres humanos têm uma grande relutância de se submeterem ao controle daqueles que são seus iguais naturais. Em uma submissão de todos para com todos, ninguém é colocado acima dos demais. Na forma preferencial de democracia, o que é mais importante é que a lei contaria com determinadas características de seu poder motivador da vantagem de ser seguida em vez do temor da desobediência com a implementação da solução (a) descrita. Assim também a resistência natural em regimes não democráticos em relação à abreviação da liberdade não seria demonstrada em democracias que aumentassem suas leis, pois a legislação só seria introduzida por consentimento.

Sabemos então que, para que o Estado acompanhe a essência da natureza humana tentando vencer a conformidade voluntária com suas leis, não é necessario exigir que o Estado tenha o objetivo de patrocinar a liberdade. Conforme indica a referência a Sêneca, pode ser de interesse de um governo preocupado somente com sua própria sobrevivência reconhecer que a obediência voluntária ou sua compreensão das leis é uma conformidade mais estável do que a submissão forçada. Mais uma vez, uma democracia ou qualquer outra forma de governo restringida de modo a não proscrever demais as fortes preferências irracionais do público pode maximizar a liberdade permitindo que as pessoas façam aquilo que desejam fazer, apesar de não necessariamente reduzir a falta de liberdade na forma da subserviência aos seus desejos. Por exemplo, uma lei que permita embriagar-se por 24 horas pode ir de acordo com os desejos da maioria das pessoas que gostam de beber, apesar de não solucionar de maneira alguma os problemas sociais bastante conhecidos da dependência do álcool.

Quando Espinoza se pronuncia contra os regimes coercivos e tirânicos extremos, ele às vezes se baseia na futilidade de ir contra aquilo que as pessoas têm uma forte propensão natural de buscar ou evitar. Não vale a pena criar uma lei que exija que as pessoas matem seus pais ou ingiram veneno, pois os seres humanos não podem se obrigar ou serem obrigados por outros a aceitar algo assim. Não faz parte da natureza humana tratar suas famílias como inimigos mortais ou se autodestruírem, segundo Espinoza. Entretanto, um argumento da futilidade de determinadas leis não é um argumento a favor da imoralidade daquilo que as leis exigem. Por exemplo, é fútil estipular que todos devam amar seu próximo, mas não há nada de errado em aceitar isso. Mais uma vez, pode ser fútil decretar uma lei proibitiva pelo fato de a maioria das pessoas gostar demais de bebidas alcoólicas para abrir mão de seu consumo, e elas continuariam bebendo mesmo se o ato fosse considerado ilegal; isso não quer dizer que as pessoas não deveriam abrir mão do consumo de álcool. A futilidade de criar determinadas leis às vezes está ligada à força dos desejos das pessoas ou à fraqueza de suas vontades, e, sendo assim, a liberdade que consiste em concordar com a tendência das propensões nacionais não corresponde com a falta de liberdade de alimentar essa tolerância, por exemplo, a dependência do álcool de grandes partes da população.

Portanto, encontramos aqui dois tipos muito distintos de liberdade sendo defendidos por Espinoza: por um lado, a liberdade que consiste em ações que são deixadas em aberto por lacunas na legislação e ações que não podem ser reprimidas ou produzidas por meio de leis coercivas; e, por outro lado, a liberdade detalhista, o tipo que consiste na autodisciplina na busca somente daquelas coisas cuja busca é racional. Os dois tipos de liberdade podem ser unidos em um ponto comum, pois, na medida em que as razões podem ser vistas como leis e na medida em que essas leis são introduzidas somente quando elas podem ser racionalmente explicadas, a razão, e não o desejo, é capaz de motivar a submissão individual; portanto, a razão pode começar a tomar o lugar do medo na vida social cooperativa. Todavia, como as fortes propensões naturais podem ser extremadas além de racionais e como tudo isso não pode ser eliminado da coletividade democrática nem da legislatura democrática, o domínio da razão pela lei que é aprovada por uma maioria da coletividade não tem grandes chances de ser total.

Espinoza às vezes afirma, porém, que, quando os seres humanos fazem aquilo que uma autoridade compartilhada pede, o resultado é o domínio da razão. No *Tratado Político*, capítulo 3, ele diz que "(...) ninguém age de maneira contrária a algo que sua própria razão aconselha na medida em que ele faz aquilo que a lei da nação exige ser feito" (3.6; Espinoza, 2002: 692). E algumas linhas depois:

> O direito de uma nação é determinado por um povo que é guiado como se por uma mente única. No entanto, essa união de mentes de forma alguma poderia ser concebida, a menos que o principal objetivo da nação seja idêntico àquele que a razão sã nos mostra ser o melhor para todos os homens. (3.7; Espinoza, 2002: 692)

Espinoza parece estar afirmando que não pode haver uma unidade nacional sólida orientada por uma legislação irracional. Contudo, em especial quando a legislação reflete algum suposto objetivo nacional ou algum mito racial com um grande número de seguidores, essa é uma linha de raciocínio bastante tendenciosa. E parece ser incompatível com a concessão, também no capítulo 3 do *Tratado Político*, de que "um homem que é comandado pela razão às vezes tem de fazer, por ordem da nação, aquilo que ele sabe ser contrário ao bom-senso" (3.6; Espinoza, 2002: 691). A conclusão é que é tanto implausível como inconsistente da parte de Espinoza afirmar que o comando do governo é o comando da razão e, por consequência, que o que o Estado defende é a liberdade na forma da autorregência por meio da razão.

III. Como o Estado Beneficia os Sábios?

Os dois sentidos de liberdade, assim como as concepções hobbesiana e não hobbesiana do Estado, estão presentes nos escritos políticos de Espinoza, pois sua filosofia política explica o que as pessoas relativamente imperfeitas e as pessoas relativamente perfeitas conseguem da vida no regime político. As pessoas imperfeitas, que vivem à mercê de suas paixões e que, por consequência, vivem em guerra com outras pessoas, conseguem mais segurança, divisão do trabalho, uma vida mais conveniente e, talvez, alguns dos benefícios da criação de leis a partir de um ponto de vista mais do que egoísta. Entretanto, o que conseguem do Estado as pessoas relativamente perfeitas? Isto é, o que as pessoas conseguem tirar do Estado que, de algum modo, seja capaz de formar ideias adequadas no sentido de *Ética* e que, de algum modo, seja capaz de fornecer uma percepção maior da ordem natural, incluindo da natureza humana? O que o próprio Espinoza, supostamente um ser perfeito pelo fato de ter conseguido escrever a *Ética*, poderia tirar da vida no Estado? Ver pessoas imperfeitas vivendo juntas é uma coisa, mas como o sábio espinozista pode precisar unir forças com pessoas que não apenas não são indivíduos livres, mas também não compreendem esse sábio, e que agem de maneira hostil em relação a ele?

A parte IV, a Proposição 73 de *Ética*, diz que "o homem que é comandado pela razão é mais livre em um Estado, em que vive sob um sistema de leis, do que em solidão, quando obedece somente a si mesmo". Essa afirmação que está muito longe de ser óbvia exige uma certa concepção da vigência das leis segundo a qual há vantagens até mesmo para uma pessoa que tem o controle de suas paixões em uma vida política ativa, em vez de, por exemplo, em uma vida à margem da sociedade – uma espécie de pessoa intrusa – ou na solidão do isolamento. Considero, em primeiro lugar, o fato de conseguirmos a explicação necessária de *Ética* e, em seguida, se essa noção pode ser encontrada no *Tratado Teológico-Político*.

As provas de E 4p73 levam o leitor até 4p37, de acordo com a qual o homem de razão irá contar com os benefícios que ele busca não somente para si mesmo, mas para todas as pessoas. A primeira prova está na ligação entre a busca do conhecimento de Deus e a conveniência desse conhecimento de maneira impessoal – não apenas para o homem de razão, mas para as pessoas que não são totalmente racionais. A segunda prova diz que a busca unida dos mesmos benefícios confirma o desejo dessa virtude entre as pessoas. O homem de razão consegue perceber que é melhor para a busca individual do conhecimento de Deus quando ela é realizada por muitos (supostamente em conjunto e não de forma independente). O primeiro escólio enfatiza a partilha do bem comum do conhecimento de Deus, em oposição à exclusividade de benefícios que são buscados sob a influência da emoção. Há um sentido em que os benefícios buscados sob a influência das emoções não podem ser desfrutados por muitas pessoas ou, se são, perdem seu atrativo. Embora essa linha de raciocínio possa mostrar que é vantajoso para as pessoas racionais buscar os benefícios do conhecimento de Deus em conjunto, ela não parece relacionar a busca do conhecimento de Deus com a imposição das leis, tampouco responde por que a solidão não promove a liberdade no sentido da liberdade da dependência de coisas externas (a liberdade recomendada em *Ética*), quando a alternativa da solidão é tomada pelo tumulto das emoções de pessoas pré-racionais ou não totalmente racionais.

Será que o *Tratado Teológico-Político* responde à questão que a *Ética* deixa em aberto? Sim e não. A obra nos diz que um benefício da vida no Estado é a divisão do trabalho, pois até mesmo os sábios espinozistas são beneficiados pela existência de padeiros, construtores e encadernadores. Esses auxiliares permitem que os sábios dediquem mais tempo e energia à contemplação da ordem natural ou talvez ao desenvolvimento de algumas novas habilidades práticas e saudáveis, como, por exemplo, tocar um instrumento musical ou pintar.[215] A divisão do

---

215. Ou talvez a arte não seja uma saída natural para os filósofos espinozistas. Hampshire afirma que Espinoza subestima a imaginação como a origem de alguma arte mais admirável e, provavelmente, exagera a inferioridade do conhecimento imagístico (algo que talvez não esperássemos que os sábios espinozistas pudessem considerar, nem mesmo em seus momentos de lazer). Veja o ensaio-título de Hampshire, 2005: lvii. Para uma interpretação que torna Espinoza mais amistoso em relação à imaginação, veja Gatens e Lloyd, 1999: *passim*.

trabalho pode tornar até os sábios mais capazes e, nesse sentido, mais livres. No entanto, os benefícios da divisão do trabalho são compatíveis com o recolhimento do processo político e com a atividade que, apesar de estar de acordo com a lei, não é mantida nos parâmetros legais pela consciência daquilo que é ilegal. A proposição 73 parece relacionar a maior liberdade que os filósofos podem experimentar no Estado com a imposição das leis, e não com a divisão do trabalho. Contudo, o *Tratado Teológico-Político*, na verdade, vai contra essa sugestão:

> Ora, se os homens fossem assim constituídos pela natureza para não desejar nada além daquilo que é aconselhado pela verdadeira razão, a sociedade não teria a necessidade de criar qualquer lei. Nada seria preciso além de ensinar a verdadeira doutrina moral aos homens, que então agiriam em favor de sua real vantagem por vontade própria, de maneira sincera e livre. (5; Espinoza, 2002: 438)

É claro que todos sabemos que o sábio não *nasce* desejando nada além daquilo que é aconselhado pela verdadeira razão; ele é um agente continente por esforço próprio. No entanto, ainda há um ponto importante: uma pessoa assim não precisaria de leis, até porque já estaria agindo de maneira livre. Por que, então, o autocontrole para pessoas racionais não é tão bom quanto o controle pelas leis? O *Tratado Teológico-Político* parece dizer que o autocontrole é tão eficaz quanto a outra forma de regência. Entretanto, se isso for verdade, a passagem 4p73 de *Ética* está errada.

A regência das leis ampara os sábios, tanto quanto qualquer outra pessoa, desde o banho de sangue que poderia acontecer caso o direito da natureza de cada pessoa fosse autoritário e os benefícios sugeridos a cada agente por suas emoções fossem perseguidos de maneira brutal. Será que aquela ideia plausível de Espinoza de aumentar a segurança para os sábios é fortalecedora e a da insegurança é debilitante? Esses pensamentos naturais não são totalmente compatíveis com a estrutura espinozista, pois o sábio entende que a mente é eterna de certo modo (E 5p23) e que o medo da morte pode ser exagerado (cf. E 5p38). Embora as coisas que preservam o corpo possam ser vantajosas, um importante tipo de sobrevivência não depende disso. Isso quer dizer que os custos para os sábios da guerra de todos contra todos são menores do que para aqueles que são orientados pela razão. Entretanto, pelo mesmo motivo, a vantagem de uma libertação da guerra de todos contra todos não pode ser tão grande quanto seria se a sobrevivência consistisse na sobrevivência do corpo. Em todo caso, a alegação que estamos considerando de maneira crítica não é a de que a vida no Estado é mais vantajosa do que a vida em isolamento, mas que ela é mais libertadora mesmo para alguém que já é orientado pela razão. Ainda não vimos como isso é demonstrado por Espinoza.

Será que a regência por meio das leis permite que os racionais possam unir forças ou alcançar um encontro de mentes? E será que essa união não tem efeitos capazes de confirmar E 4p73? Em outras palavras, será que um sábio entre amigos ou conhecidos também inteligentes não pode ser mais livre do que um sábio isolado e, por essa mesma razão, será que esse tipo de associação pode não estar disponível somente dentro do Estado? A menos que o Estado seja liberal, ou a menos que ele seja correspondente às especificações que Espinoza oferece nos tratados políticos, a resposta pode muito bem ser "não". É improvável afirmar, como Espinoza parece fazer em E 4p73, que qualquer antiga imposição das leis, independentemente de quanto ela restrinja uma vida pública da mente, torne as pessoas racionais mais livres do que quando vivem isoladas.

Não é o regime das leis em geral, mas é o regime das leis na democracia que corresponde aos objetivos de Espinoza. É verdade que os sábios que também eram membros de uma legislatura democrática poderiam ser mais capazes de viver sem descrédito e, portanto, satisfazer as exigências de elegibilidade de legisladores ou conselhos de mentores que Espinoza cita nos tratados políticos. É verdade que, como legisladores, os sábios seriam capazes de considerar alguns padrões de comportamentos prejudiciais na coletividade como a operação de forças naturais que poderiam ser anuladas. Assim, tanto como criadores de leis para os irracionais como na função de criadores de leis capazes de abrir espaço sob o domínio da lei para a vida da mente, eles poderiam ser mais livres no Estado do que fora dele.

IV. O Estado e as Pessoas Típicas

Avançamos bastante na defesa da afirmação de Espinoza de que a vida no Estado torna mesmo as pessoas racionais mais livres. Embora as vantagens da vida no Estado para os racionais não sejam totalmente óbvias, elas, sem dúvida, existem. Ainda assim, aqueles que já são racionais têm poucas chances de se beneficiarem muito com a vida no Estado. As pessoas que mais lucram com isso são aquelas que não são nada racionais ou que não são totalmente racionais. A lei é muito superior à emoção como um guia para o comportamento, e é somente pela vida no Estado que os irracionais – isto é, os típicos seres humanos – têm acesso a essa base-padrão. Contamos ainda com a sombra da objeção de que os racionais não precisam mais do Estado do que uma divisão eficaz de trabalho. Os racionais não se tornam de fato mais livres, ou são mais livres somente nas margens.

Quando nos voltamos para aqueles que são menos do que racionais, os benefícios da lei para eles permanecem iguais quando o Estado é o órgão fortemente iliberal que é hostil aos sábios espinozistas. Isso acontece porque as pessoas que se deixam levar somente por suas emoções são por elas impedidas de apresentar um comportamento coordenado estável e um comportamento cooperativo estável. A única regência do comportamento antes da regência da lei é "Faça aquilo que serve para sua própria vantagem", mas não existe um critério estável ou amplamente reconhecido que mostre o que é de fato vantajoso para os humanos nem mesmo quais são as vantagens no estado da natureza. As percepções instáveis de onde se encontram nossas vantagens abalam as promessas entre os indivíduos, bem como a disposição de persistir em algo que irá somente conseguir um resultado depois de um longo período de tempo. As percepções instáveis de onde se encontram nossas vantagens também são afetadas por desequilíbrios locais de poder entre indivíduos e alianças provisórias. Quanto mais instáveis são as avaliações relevantes, maiores são a falta de confiança e a probabilidade de cada um de nós ver seu próximo como um concorrente agressivo.

Apesar disso, a razão é capaz de proporcionar os critérios estáveis que normalmente parecem não existir: a *Ética* está cheia de indicadores da diferença que a razão revela entre os benefícios reais e aparentes, ou ao menos dos argumentos a favor da ilusão dos benefícios na forma de coisas passageiras que satisfazem os desejos carnais. Os escritos políticos de Hobbes contêm coisas semelhantes. Entretanto, a razão mostra muito pouca coisa para aqueles cujas mentes ou conhecimento não permitem o registro da ordem natural em qualquer intensidade.[216] E poucas mentes envolvidas no tumulto da busca competitiva do prazer estão sintonizadas com a ordem real das causas e dos efeitos.[217] A autoridade política pode produzir alguns dos benefícios que a razão produz. Mesmo que surja do terror exercido pelo mais poderoso, a autoridade política é capaz de introduzir alguns critérios impessoalmente estáveis da ação correta, por exemplo, ao elevar para todos os custos dos atos de violência, além de aumentar os incentivos gerais para a realização de

---

216. Para alcançar as massas, efeitos retóricos especiais poderão ser necessários, bem como mecanismos teológicos além da descrição não utópica de uma democracia. Veja Yovel, 1985.
217. Muito além do tumulto externo da competição cruel, existe a desordem interior da fantasia e da obsessão. Veja Hampshire, 2005: 181.

coisas que as pessoas, quando deixam de disputar entre si, reconhecem como vantajosas para todos, como é o caso do alimento e do abrigo. Ao tornar a violência algo temível e transformar a produção de comida em uma atividade lucrativa, a autoridade política faz valer o comportamento também recomendado pela razão. Dessa forma, a autoridade política consegue introduzir padrões de comportamento, incluindo aqueles que são racionalmente defensíveis, onde eles não existiam.

Entretanto, quando o terror e a recompensa são os únicos instrumentos para a alteração do típico comportamento humano, os padrões podem desaparecer com qualquer mudança no equilíbrio entre terror e recompensa. Se a única vantagem da desistência da violência é o medo de ser punido pela violência, então veremos que não existe nenhuma motivação duradoura para a não violência. É diferente quando a compreensão de algo infinitamente verdadeiro ou verdadeiro na maioria dos casos – ou seja, que a violência promove a vingança e a vingança gera mais violência – confirma a não violência, pois então há razões para não agir com violência, mesmo nos momentos em que é provável que alguém possa se livrar dos castigos impostos pelo Estado pelos atos de violência. A comunicação das *razões* para as coisas que, de outro modo, são exigidas pelos comandos da forma "Faça isso – ou isso" só é possível quando existe uma ordem política. E, assim que as razões, ao contrário do medo da punição, começam a ser compreendidas e exercidas pela maioria, a distância percorrida pelos cidadãos do estado da natureza se torna ainda mais considerável.

Em algumas ordens políticas – uma monarquia ou uma aristocracia, por exemplo –, os poucos envolvidos na criação das leis conhecem as vantagens para o povo do cumprimento das leis e o povo passa a obedecer essas leis independentemente de verem ou não a vantagem geral dessa prática. Em uma democracia, a audiência para as razões da legislação é a *mesma* da audiência da legislação em si. Aqueles que recebem ordens para fazer determinadas coisas também conhecem as razões que determinam por que devem existir leis que exigem que essas coisas sejam realizadas. Dessa maneira, a regência pelas leis e a regência pela razão acabam se unindo em democracias de uma forma que não acontece sob a regência de outras constituições do Estado. Até mesmo a ideia de Espinoza de instituições aristocráticas e monárquicas para pessoas livres no *Tratado Político* ajuda a confirmar que a legislação que serve apenas para a vantagem de uma parte da comunidade é mais difícil de ser aceita do que a legislação que confirma a vantagem para todas as pessoas. Quanto mais pessoas fazem parte da legislação – e a teoria de

Espinoza sempre invoca a maioria –, mais esperamos que essas pessoas se sintam motivadas a viver de maneira insigne; do mesmo modo, quanto mais incensurável cada fragmento de lei tenha de ser a partir de seus muitos pontos de vista idiossincráticos, mais a legislação tem chances de ser aceitável a partir de todos os pontos de vista relevantes e, assim, passa a ser racional.

Como as leis que mais amplamente motivam as pessoas a segui-las têm mais chances de ter maior autoridade na prática do que outras, a preferência de Espinoza pela democracia tem mais probabilidade de contribuir com a teoria de fazer o Estado perdurar, bem como com a teoria de tornar o Estado processualmente justo. Espinoza diz que a teoria no *Tratado Político* não tem ilusões a respeito do comportamento humano que tanto prejudica a filosofia política tradicional (1.1). O que ele quer dizer é que sua filosofia política não pressupõe uma motivação entusiasmada em seres humanos comuns, tampouco superestima o poder dos governos de regular o comportamento humano nos mínimos detalhes. Passo agora a discutir esses pontos.

Espinoza não pressupõe motivações entusiasmadas: ele entende que as pessoas são constituídas de modo a agir em busca de vantagens pessoais e, além disso, que suas esperanças e seus temores naturais codificam a percepção daquilo que é vantajoso. Às vezes, a percepção emocional da vantagem é distorcida e exige a correção da razão. No entanto, as pessoas não podem ser culpadas por agir ou por ter percepções incorretas, quando suas capacidades racionais não são capazes de efetuar a correção. A ação com base em uma percepção incorreta da vantagem é tão natural e irrepreensível quanto qualquer outra força natural. Os governos ocupam uma posição em que podem alterar as percepções da vantagem por meio da ameaça de punições e promessas de recompensas, mas sua liberdade para fazer isso acontecer é prejudicada por aquilo que as pessoas submetidas a esse governo em um determinado momento já estão habituadas. Algo que as pessoas são livres para fazer em um determinado momento não pode ser facilmente proibido por lei sem mais tarde criar ressentimento, sobretudo quando as pessoas que passam a agir fora da lei não parecem ser melhores cidadãos do que eles próprios. Essa é a consideração que, em uma passagem citada anteriormente, pudemos ver sendo transformada em um argumento a favor da democracia. Outras considerações apontam para a mesma direção. As pessoas não podem ser forçadas, mesmo com ameaças de punições sérias, a fazer qualquer coisa. Elas não transferem o direito de natureza de maneira completa. Em vez disso, diversas coisas parecem ir contra sua vantagem e passam a ser impossíveis de serem realizadas (por exemplo, matar seus pais), independentemente de qual seja o castigo para a sua não realização (cf. TP 3; Espinoza, 2002: 692). Aqui, Espinoza excede Hobbes, que ensinava que, em uma nação, o direito da natureza permitia que um súdito violasse somente aqueles comandos de um soberano que lhe colocassem diante de um perigo mortal.

O realismo de Espinoza a respeito das limitações tanto dos governos como dos governados pode parecer alinhar sua política com a de Maquiavel. Ed Curley citou o antiutopismo da filosofia política de Espinoza e seu republicanismo como possíveis elementos maquiavélicos.[218] Concordo que Espinoza e Maquiavel têm o republicanismo em comum, mas questiono se Espinoza consegue ser invariavelmente realista a respeito da natureza humana da mesma forma como Maquiavel pelo fato de ser tão racionalista como ele é.[219]

Uma passagem que ajuda a ilustrar a questão na qual estou interessado é a que apresento a seguir, do capítulo 3 do *Tratado Político*:

> Entretanto, o fato é que os homens são principalmente guiados pelo desejo desprovido de razão; contudo, ainda assim, eles não violam a ordem da Natureza, mas necessariamente a obedecem. Portanto, o homem ignorante ou de pouca vontade não é forçado pela lei da natureza a viver sua vida de modo sábio mais do que o enfermo é levado a manter seu corpo são. (3.18; Espinoza, 2002: 686)

Consideremos a passagem à luz dos itens a seguir, cada um dos quais parece ser aceitável pela filosofia de Espinoza:

(a) Os homens devem ser guiados pela razão;

(b) Os homens são forçados pela lei da natureza a preservar sua própria existência;

(c) Ter pouca vontade é o mesmo que se preservar de maneira menos eficaz do que quando somos racionais;

(d) É naturalmente possível para os homens que não são guiados pela razão serem guiados pela razão;

e

(e) Todos os homens de pouca vontade não são guiados pela razão.

Parece-me, a partir da conjunção dos itens (a) a (e) que

(f) Homens de pouca vontade devem ser guiados pela razão (em que "devem" implica "podem" em um sentido de possibilidade coerente com uma possibilidade (quase) natural).

---

218. Curley, 1996: 327ff.
219. A respeito do racionalismo de Espinoza, veja Frankfurt, 1999, cap. 4.

Além disso, (f) é confirmado por (a) a (e) de modo que
(g) Os homens devem ser saudáveis.
não é. Da mesma forma, um homem enfermo não viola (g), embora um homem de pouca vontade viole (a). Em resumo, (g) não é direcionado à vontade do homem enfermo, mas (a) *é* direcionado à vontade do homem de pouca vontade.

Se os homens de pouca vontade devem ser guiados pela razão, então eles não são os análogos dos puramente enfermos. Eles podem ser os análogos daqueles cujo descuido de sua saúde os faz adoecerem, mas essas pessoas *não* são inocentes, sob o preceito racional de que as pessoas devem preservar sua saúde.

Outro caminho para a mesma tensão em Espinoza é por meio de suas afirmações a respeito daquilo que justifica a busca das vantagens. Espinoza alega que os seres humanos têm o direito mesmo fora do estado da natureza de fazer aquilo que, no geral, pareça ser mais vantajoso. Isso significa que eles podem deixar de cumprir promessas se os custos dessa ação forem menores do que as recompensas e, sendo assim, poderão realizar outras ações que, normalmente, não seriam permitidas pela moralidade convencional. No entanto, como Espinoza também reconhece a distinção entre a vantagem aparente e a verdadeira e como acredita que somente a razão revela a verdadeira vantagem de modo confiável, ele se prejudica em seu papel aparentemente maquiavélico de abrir espaço para uma natureza cruel. Se a vantagem em um caso específico é meramente aparente, a consequência é que qualquer ação realizada para gerá-la tem muito contra ela. O que existe para ser dito contra ela pode não estar disponível para um agente que não é capaz de distinguir entre a vantagem real e a aparente, mas, em princípio, ela está disponível para os seres humanos cuja racionalidade é capaz de se tornar operante e, então, dominante. Analisando os agentes comuns de uma perspectiva externa e acreditando naquilo que ele faz a respeito da razão, Espinoza se compromete em afirmar que a busca racional da vantagem é superior à sua busca emocional e, além disso, que a busca emocional da vantagem é, às vezes, pior. Em outras palavras, ele é levado a admitir que, com frequência, os agentes buscam, de maneira irracional, coisas que erroneamente acreditam serem vantajosas. Como os agentes que buscam a coisa errada fazem algo que não deveriam fazer, eles não podem ter um direito perfeito de buscar essa coisa, conforme Espinoza às vezes afirma.

Não que Espinoza idealize os agentes humanos ao reconhecer uma distinção de aparência/realidade na área da vantagem percebida, mas ele sem dúvida parece se comprometer em ser mais observador do que Maquiavel. Ao que tudo indica, Maquiavel *consegue* dizer de modo coerente que as pessoas no estado da natureza são inocentemente cruéis, uma vez que de fato acreditam que a crueldade lhes ajudará a sobreviver e a prosperar. Não é esse o caso em Espinoza, pois, ao menos de acordo com a *Ética*, as pessoas têm uma probabilidade natural de agirem com racionalidade, a qual traz consigo uma normatividade suficiente para implicar que determinadas ações motivadas pela emoção não devem ser tomadas. Existe um sentido, então, em que a *ética* de Espinoza não aceita as pessoas como elas são. Na extensão em que a *política* de Espinoza aceita que sejam como são e impõe leis e constituições para refletir a presença inevitável da irracionalidade nas pessoas, ela perde sua suposta ligação estreita com a liberdade promovida pela *Ética*. A filosofia moral e a política de Hobbes não sofrem com essas tensões. Embora sua política extremamente iliberal possa ser menos atraente do que a de Espinoza, ela combina mais com sua ética nada detalhista.

Capítulo 9

Espinoza deveria ter publicado sua filosofia?

Daniel Garber

O título completo do *Tractatus Theologico-Politicus* (TTP) de Espinoza diz o seguinte:

> TRATADO TEOLÓGICO-POLÍTICO: Apresentando diversas discussões em que é mostrado que a Liberdade de Filosofar não apenas pode ser permitida sem causar mal algum à Piedade e à Paz da República, mas que também não pode ser abolida a menos que a Piedade e a Paz da República também sejam destruídas.[220]

A liberdade de pensamento é um tema bastante central na política de Espinoza no TTP. Na verdade, como o pensamento é algo que está fora da capacidade das autoridades dos soberanos controlar, esse controle não é possível. E, quando o controle não é possível, não existe o direito de controlar. No entanto, Espinoza dá mais um passo adiante e afirma que, da liberdade de pensamento, resulta a liberdade de expressar publicamente aquilo que pensamos. Ainda assim, Espinoza reconhece certos limites na liberdade de expressão. Expressar os pensamentos é um ato, o qual pode ter efeitos na sociedade como um todo. As críticas a

---

[220]. O TTP é citado [a partir da] na nova tradução para o inglês de Ed Curley, que ele muito gentilmente me concedeu. As referências são mostradas no texto da melhor maneira possível. Quando não identificadas de outro modo, a primeira referência é indicativa do capítulo e da seção do TTP na edição de Curley, seguida da referência do texto no volume e o número da página da edição da Gebhardt (Espinoza, 1925). O melhor texto atual do TTP é encontrado em Espinoza, 1999. Esse texto está associado à edição da Gebhardt, por se tratar da tradução de Curley. As referências a *Ética* aparecem na tradução de Curley conforme a edição de Espinoza de 1985.

indivíduos e instituições, mesmo quando bem fundamentadas e verdadeiras, podem gerar consequências que prejudicam a estabilidade do Estado. Criticar a divindade da Bíblia, a autoridade divina do clero, a necessidade da realização de determinadas cerimônias ou os preceitos de algumas leis decretadas de maneira divina são atos que podem causar o declínio geral da religião. Sendo assim, como a religião é capaz de contribuir com a estabilidade do Estado ao induzir as pessoas a se comportarem bem em relação umas às outras, a completa e irrestrita liberdade de expressão pode muito bem ter consequências ruins para a estabilidade do Estado. Por essa razão, Espinoza reconhece que deve haver limites para essa liberdade: os cidadãos devem ser restringidos em circunstâncias em que o exercício da livre expressão possa surtir tais consequências.

No entanto, isso acaba gerando uma questão um tanto difícil para o próprio Espinoza. Poderíamos dizer que a filosofia de Espinoza em si questionava a prática da religião. Quando as pessoas aprendem que a Bíblia é um documento humano, uma compilação de textos escritos por pessoas particulares em determinados momentos, compilados por outros humanos com seus próprios objetivos e transmitidos de modo imperfeito ao longo dos séculos, quando elas aprendem que Deus não pode ser entendido de maneira antropomórfica, que ele não age com justiça e misericórdia, que não exige cerimônias e que os profetas são simples mortais com imaginações especialmente vívidas, isso certamente prejudica a prática da religião. E, se é isso o que de fato acontece, então vemos que, *por seus próprios padrões*, Espinoza deveria omitir a publicação de sua filosofia. Sendo assim, minha pergunta é a seguinte: Espinoza tem o direito de publicar sua própria filosofia?

Permita-me ser ainda mais preciso. Há grandes discussões tanto em Espinoza como em seus comentaristas a respeito de quem deve ser a suposta audiência do TTP, assim como quem foram as pessoas que de fato se interessaram pelo livro.[221] Contudo, essa não é minha questão, ao menos não minha pergunta mais importante. No contexto de sua discussão da liberdade de expressão, Espinoza é bastante claro quando diz que a liberdade de expressão não é absoluta: há limites com relação àquilo cuja expressão deve ser permitida, mesmo naquilo que ele chama de "Estado livre". Minha questão diz respeito a essas limitações com relação à liberdade de expressão e questiona se, segundo seus próprios

---

221. A questão da suposta audiência de Espinoza para o TTP é discutida com mais detalhes posteriormente. Na questão do verdadeiro público de Espinoza, veja Smith, 1997: cap. 2.

termos, por meio de seus próprios padrões, a filosofia de Espinoza ultrapassa esses limites.

I. A LIBERDADE DE EXPRESSÃO NO TTP

Permita-me começar com uma breve discussão sobre o tópico da liberdade de expressão da maneira como Espinoza trata o assunto no TTP.

No capítulo 19, Espinoza apresenta sua doutrina com relação aos poderes das autoridades dos soberanos referentes às ações dos cidadãos. Espinoza tem aqui a intenção de afirmar que são as autoridades civis que regem a prática religiosa no Estado:

> (...) Quero mostrar que a Religião recebe a força da lei somente a partir do decreto daqueles que têm o direito de comandar, que Deus não possui nenhum reino especial sobre os homens exceto por meio daqueles que detêm a soberania, que a veneração da Religião e o exercício da piedade devem ser adaptados à paz e ao serviço público do Estado e, assim, devem ser determinados somente por meio dos poderes supremos, que, dessa forma, também devem ser seus intérpretes. (TTP 19.2; G III: 228-29)

Espinoza é bastante claro aqui ao dizer que o poder das autoridades civis é limitado às ações *externas* de seus cidadãos:

> Estou falando de maneira específica a respeito do exercício da piedade e da prática externa da religião, não a respeito da piedade em si e da veneração interior a Deus *ou* da maneira por meio da qual a mente é disposta, de forma interna, para adorar a Deus de modo sincero; pois a adoração interior a Deus e a piedade em si (como mostramos no final do capítulo 7) estão sujeitas ao controle de cada pessoa, que não pode ser transferido para outros. (TTP 19.3; G III: 229; cf. 7.91, G III: 117)

É claro que, para Espinoza, temos o direito de fazer somente aquilo que podemos fazer. E, assim, como as autoridades dos soberanos não têm o poder de limitar os pensamentos de seus cidadãos, elas não têm o direito:

> Se fosse tão simples comandar as mentes dos homens como podemos fazer com suas línguas, todos os regentes governariam com segurança e nenhuma regência seria violenta, pois todos viveriam segundo a disposição dos regentes e, somente de acordo com seu decreto, julgariam o que é verdadeiro ou falso, bom ou ruim, certo ou errado. No entanto, como pudemos observar no início do capítulo 17, não há como suceder de uma mente ser totalmente submetida ao controle de outra pessoa. Na verdade, ninguém pode transferir para

outrem seu direito natural *ou* a faculdade de raciocinar de maneira livre e de julgar seja o que for da maneira que lhe convier, tampouco pode ser forçado a agir dessa forma. É por isso que o controle das mentes é considerado violento e que a autoridade suprema parece prejudicar seus súditos e usurpar seus direitos sempre que demonstra a intenção de aconselhar aquilo em que cada pessoa deve acreditar como sendo verdadeiro, aquilo que deve rejeitar como sendo falso e, além disso, por meio de quais opiniões a mente de cada pessoa deve ser movida em sua devoção a Deus. Ora, essas coisas são submetidas ao controle de cada indivíduo, controle esse de que ninguém pode abdicar, mesmo se esse for o seu desejo. (TTP 20.1-3; G III: 239; a referência é do TTP 17.1-2; G III: 201)

In foro interno, podemos pensar da maneira que desejarmos, contanto que preservemos o comportamento externo exigido pelas devidas autoridades: "Cada pessoa, portanto, abre mão somente de seu direito de agir de acordo com sua própria decisão, mas não de seu direito de pensar e julgar" (TTP 20.14; G III: 241).²²²

No entanto, afirma Espinoza, a liberdade do pensamento deve estar também vinculada à liberdade de expressão. O título do capítulo 20 diz: "Vemos que em um Estado livre todos têm o direito de pensar naquilo que desejam e dizer aquilo que pensam" (TTP 20; G III: 239). Ora, nem todos os Estados são necessariamente Estados *livres*, mas Espinoza afirma que, embora os poderes dos soberanos possam ter a força para conter a liberdade de expressão, de certo modo, não é muito inteligente para eles exercer esse poder, pois essa ação poderá surtir consequências indesejáveis para o Estado.²²³ Espinoza observa primeiramente que a

---

222. Mogens Laerke tem uma leitura interessante e diferente da posição de Espinoza aqui. Ele afirma que, para Espinoza, diferentemente de Hobbes, o soberano tem maneiras de moldar o pensamento das pessoas, ainda que de forma indireta. No entanto, embora haja maneiras de controlar o pensamento, o soberano não deve se aproveitar desses métodos pelo fato de envolverem a violência e serem capazes de gerar o ódio das pessoas e, assim, instabilidade na sociedade. Com relação a esse tema, veja Laerke [sendo impresso]: seção III-III/2, §§ 2-3. Nossas diferenças em relação a esse tópico não prejudicam as questões mais amplas de meu estudo nesse ensaio.

223. Cf. TTP 20.6-7; G III: 240, em que Espinoza afirma que, na medida em que algumas ações dos poderes dos soberanos podem causar a destruição do Estado, eles perdem o direito de colocá-los em prática: "Pois admito que eles podem reger com justiça por meio da mais extrema violência e condenar os cidadãos à morte pelas mínimas razões. No entanto, todos negarão que eles podem cometer tais atrocidades sem o detrimento do julgamento da razão sã. Na verdade, pelo fato de não poderem realizar essas coisas sem incorrerem grandes perigos para todo o Estado, nós também podemos negar que eles tenham o poder absoluto de fazer essas coisas. Assim, podemos negar inclusive que eles podem realizar essas coisas com o direito absoluto. Afinal, mostramos que o direito dos poderes supremos é determinado por seu poder".

tentativa de conter a liberdade de expressão inevitavelmente levará a um tipo de corrupção na sociedade:

> Imaginemos que essa liberdade possa ser contida e que os homens possam ser tão restringidos a ponto de não ousarem murmurar nada além daquilo que aconselham os poderes supremos. Isso certamente jamais aconteceria de modo a impedir que eles pensassem em qualquer outra coisa que não aquilo que os poderes supremos gostariam que eles pensassem. Assim, necessariamente sucederia que todos os dias os homens pensariam uma coisa e diriam outra, e, portanto, a honestidade, que é tão necessária em um Estado, seria corrompida. As abomináveis bajulações e traições seriam estimuladas, além da mentira e da corrupção de todas as artes do bem. (TTP 20.27; G III: 243)

No entanto, ainda pior, são aqueles mais bem instruídos e mais atenciosos que se prestam a agir como líderes das rebeliões:

> Contudo, simplesmente não haveria como suceder de todos falarem de acordo com os limites predeterminados. Ao contrário, quanto mais as autoridades tentam anular essa liberdade de comunicação, mais obstinadamente os homens tentarão resistir. Não os gananciosos, naturalmente, ou os bajuladores, tampouco outros indivíduos fracos de espírito cujo bem-estar supremo consiste em contemplar o dinheiro em seus cofres e empanturrar seus estômagos. A resistência virá, na verdade, daqueles que são mais livres como resultado de seu nível intelectual, de sua integridade de caráter e de sua virtude. Na maioria dos casos, os homens são constituídos de tal maneira que não enfrentam nada com maior impaciência do que quando aquelas opiniões que eles acreditam ser verdadeiras passam a ser consideradas criminosas e quando aquilo que os faz agir de forma dedicada em relação a Deus e aos homens passa a ser visto como a maldade dentro deles. O resultado é que eles ousam amaldiçoar as leis e fazer o que puderem contra o magistrado; eles acreditam que não é vergonhoso, mas muito honrável, incitar rebeliões e arriscar qualquer ação em favor de sua causa. Ora, a partir daquilo que estabelecemos a respeito das disposições da natureza humana, acontece que as leis criadas com relação às opiniões não são direcionadas aos malvados, mas àqueles que agem de uma forma digna de um homem livre, que elas não são criadas para restringir aqueles que não se mostram bem-dispostos, mas para ofender os nobres, que não podem ser defendidos sem grande perigo para o Estado. (TTP 20.28-30; G III: 243-44)

Dessa maneira, a simples tentativa de conter a liberdade de expressão irá causar a desestabilização do Estado.

Ainda assim, Espinoza reconhece que mesmo no "Estado Livre", é preciso haver limites para a liberdade de expressão. Expressar nossas opiniões é um ato e, até onde pode ser usado com intenções subversivas para prejudicar a estabilidade do Estado, ele pode e deve ser proibido. Espinoza admite que "há determinadas opiniões que, embora pareçam estar preocupadas somente com a verdade e a falsidade, são, apesar de tudo, declaradas e publicadas com um espírito de ressentimento" (TTP 20.22; G III: 243). Sendo assim, Espinoza escreve:

> (...) todos, sem qualquer violação de seu direito, podem pensar, julgar e, então, também falar, imaginando que eles simplesmente falem, ensinem e defendam seus pontos de vista somente por meio da razão, não da mentira, da raiva, do ódio ou de qualquer intenção de introduzir algo no Estado sob a autoridade de sua própria decisão. (TTP 20.14; G III: 241)

Espinoza oferece o exemplo a seguir para ilustrar a diferença entre o uso prudente e devido da liberdade de expressão e o seu uso inadequado:

> Por exemplo, se alguém mostra que uma lei é contrária à razão saudável, acreditando, portanto, que ela deva ser revogada, e, ao mesmo tempo, submete sua opinião ao julgamento do poder supremo (que é o único que possui o poder de criar e revogar leis), e, enquanto isso, não faz nada que seja contrário àquilo que essa lei determina, ele, naturalmente, merece o melhor do Estado, como um de seus melhores cidadãos. Por outro lado, se fizer isso para acusar os magistrados de injustiça e com a intenção de torná-los odiados pelas pessoas ou se deseja causar tumultos ao negligenciar a lei, contra a vontade do magistrado, ele nada mais é do que um desordeiro e um rebelde. (TTP 20.15; G III: 241)

O indivíduo sábio (e virtuoso) irá discutir as imperfeições da lei em questão somente com o poder supremo e não se permitirá entrar em discussões totalmente públicas. No entanto, a pessoa sediciosa poderá usar aquilo que descobrir pela razão como um meio para abalar a autoridade do Estado, tornando assim a sociedade mais instável.[224]

---

224. Não está totalmente claro para mim se a ideia de Espinoza é a de que temos direitos ilimitados de liberdade de expressão, que, porém, uma pessoa sábia e virtuosa irá se privar de usar em circunstâncias em que ela seria capaz de prejudicar a estabilidade do Estado, ou se ele deseja afirmar que, nessas circunstâncias, não temos o direito à liberdade de expressão. Para o que vem a seguir, porém, não tenho certeza se de fato importa qual é a leitura correta.

Existe um problema óbvio aqui em relação à ideia de Espinoza: é sempre possível distinguir entre a expressão apresentada de maneira honesta e a apresentada por motivos ocultos? Entre o discurso como uma expressão de crenças defendidas de modo honesto e o discurso como um ato de sabotagem contra o Estado? Além disso, podemos dizer que as intenções da pessoa que se expressa representam um papel bastante fundamental na descrição de Espinoza da liberdade de expressão. Se lhe parece viável esperar que um exercício da livre expressão cause a desestabilização do Estado, então, você não tem a obrigação de conter sua expressão, mesmo quando não se envolve em uma expressão livre com um objetivo *específico* de abalar o Estado? Assim que percebe os efeitos subversivos de tornar suas ideias conhecidas, você poderia passar a impressão de que não pode mais, movido pela boa-fé, torná-las públicas com a desculpa de que não tinha a intenção de causar mal algum ao Estado.

Com isso, somos levados a lidar com uma questão complicada. Podemos entender, *com base nos próprios termos de Espinoza*, que a publicação de sua filosofia pode muito bem causar de modo direto o abalo da fé e, dessa maneira, enfraquecer a obediência do imperativo moral central que define a religião revelada de todo o povo para Espinoza. E, como é por meio desse tipo de fé que a grande maioria do povo, das pessoas que são imperfeitamente racionais, passa a obedecer a esse imperativo moral central e a se comportar bem entre si, abalar a fé só irá causar a instabilidade da sociedade. Com isso em mente, pode parecer que Espinoza não tem o direito *sob sua própria doutrina da liberdade de expressão* de publicar sua própria filosofia. Permita-me começar a desvendar esse argumento.

II. Obediência, Fé e os Preceitos de Fé Universal

Espinoza afirma que o ensinamento central da revelação não é o conhecimento, falando de maneira estrita, mas um *comando*: "Pois, a partir da Escritura em si, percebemos sua tendência geral sem qualquer dificuldade ou ambiguidade: amar a Deus sobre todas as coisas e amar ao próximo como a si mesmo" (TTP 12.34; G III: 165; cf. TPP 14.9; G III: 174). E, como o ensinamento central da religião revelada é um comando, o ensinamento central das Escrituras deve ser visto como a *obediência a esse comando*. No título do capítulo 13, por exemplo, Espinoza observa que a Escritura "(...) não tem nenhum outro objetivo que não a obediência (...)" (G III: 167). Um pouco mais adiante no capítulo, Espinoza diz que "(...) o objetivo da Escritura não era ensinar as ciências. Ora, com isso podemos facilmente julgar que ela não exige nada dos homens além da obediência e condena somente a inflexibilidade, não a ignorância" (TTP 13.7; G III: 168).

Entretanto, isso não é o mesmo que dizer que não existe um conhecimento proposicional associado à obediência. Espinoza escreve:

> Em seguida, como a obediência a Deus consiste apenas em amor ao seu próximo (...), vemos que o único conhecimento que a Escritura recomenda é aquele que é necessário para que todos os homens possam obedecer a Deus de acordo com essa prescrição e sem o qual os homens se tornam necessariamente inflexíveis ou, no mínimo, desprovidos da disciplina da obediência. (TTP 13.7; G III: 168)

Da mesma forma, ele observa:

> (...) todos concordam que a Escritura foi escrita e publicada não somente para os sábios, mas para todas as pessoas, de todas as idades e raças. Com base apenas nessas considerações, temos a maior prova de que a única coisa em que devemos acreditar de acordo com o comando das Escrituras é naquilo que é absolutamente necessário para cumprir com essa ordem. Portanto, esse comando em si é o único padrão de toda a fé universal. Somente por meio dele podemos determinar todos os preceitos dessa fé, os dogmas que todos nós devemos aceitar. (TTP 14.10; G III: 174)

Isso nos leva diretamente à definição de Espinoza da fé:

> (...) Devo iniciar com uma definição de fé, que, segundo os fundamentos de que dispomos, deve ser definida da seguinte forma: pensar tais coisas a respeito de Deus que se a pessoa desconsiderá-las, a obediência a Deus será destruída e, assim, se a obediência a Deus for postulada, elas serão necessariamente postuladas. (TTP 14.13; G III: 175)[225]

---

225. O latim é um tanto delicado aqui, e minha tradução diverge um pouco da de Curley. O latim diz o seguinte: *"Ut itaque rem totam ordine ostendam, a fidei definitione incipiam, quae ex hoc dato fundamento sic definiri debet, nempe quid nihil aliud sit quam de Deo talia sentire, quibus ignoratis tollitur erga Deum obedientia, et hac obedientia posita necessario ponuntur"*. O verbo *"sentire"* aqui significa pensar ou acreditar no sentido de defender uma opinião: é nesse sentido que Espinoza fala de "(...) pensar tais coisas a respeito de Deus (...)". Curley traduz a frase seguinte como "(...) que se a pessoa não está familiarizada com elas, a obediência a Deus é destruída (...)" A tradução "não familiarizada" para *"ignoratis"* não me parece verdadeira. Considerando-se o *"sentire"* na oração anterior, Espinoza parece estar dizendo algo mais forte, que a pessoa não acredita nas opiniões em questão. Eu tentei captar isso com a tradução "(...) se a pessoa desconsiderá-las". Também mudei a tradução de Curley na última frase. Ele escreve "(...) se a obediência a Deus é postulada, essas crenças são necessariamente postuladas". Apesar de certamente estarmos lidando com as crenças, a palavra "crença" não aparece no latim.

A fé envolve o ato de pensar nas coisas, ou seja, defender a opinião de que determinadas proposições são verdadeiras. Essas proposições são crenças tais que, *se* as defender, você é necessariamente obediente em relação ao comando central da religião revelada. Da mesma forma, *se* você é obediente em relação ao comando central da religião revelada, então você necessariamente defende essas crenças.

Espinoza afirma que o importante a respeito das crenças que constituem a fé é apenas sua eficácia em causar a obediência. E, por essa razão, a fé (a crença em determinadas proposições) é praticamente equivalente às ações (a obediência ao comando divino):

> (...) A fé não é uma proteção por si só, mas somente em relação à obediência ou, como Tiago diz (Tiago 2:17), a fé por si só, sem obras, é morta (...) Logo, aquele que é verdadeiramente obediente necessariamente possui uma fé real e salvadora. Ora, dissemos que, tendo sido postulada a obediência, a fé também é necessariamente postulada (...) A partir disso, mais uma vez, vemos que só se podem julgar as pessoas como fiéis ou infiéis a partir de suas obras. Se as obras são boas, elas são fiéis, por mais que possam discordar de outras pessoas fiéis em seus preceitos. Ao contrário, se as obras são ruins, elas são infiéis, por mais que possam concordar em palavras com outras pessoas fiéis. Ora, dada a obediência, também é necessariamente dada a fé, que, sem obras, é morta. (TTP 14.14-16; G III: 175)

No entanto, afirma Espinoza, a verdadeira fé, isto é, as crenças que levam à obediência da lei moral, não exige que as crenças em questão sejam literalmente verdadeiras:

> Assim, não devemos, nem por um só instante, acreditar que as opiniões, consideradas em si e sem relação às obras, tenham qualquer piedade ou impiedade nelas; em vez disso, devemos dizer que uma pessoa acredita em algo de maneira piedosa ou impiedosa somente até o ponto em que suas opiniões a levam à obediência ou ela se distancia delas para pecar ou se rebelar. Como resultado, se alguém se torna inflexível ao acreditar nas verdades, sua fé é realmente impiedosa; por outro lado, se ele se torna obediente ao acreditar em falsidades, ela é piedosa. (TTP 13.29; G III: 172)

Contudo, apesar de não importar se as crenças que constituem a fé sejam de fato verdadeiras ou falsas, é importante que a pessoa que as tem *acredite* que elas são verdadeiras:

> Por fim, sucede que a fé não exige preceitos que são verdadeiros tanto quanto os preceitos que são sagrados, isto é, os preceitos que fazem com que os corações sejam obedientes, mesmo quando há muitos entre eles que não possuem sequer uma sombra da verdade,

> *contanto que a pessoa que os aceita não saiba que são falsos*; do contrário, ela necessariamente seria uma rebelde. Ora, como poderia acontecer de alguém que é ávido por amar a Justiça e obedecer a Deus adorar como divino algo que ele sabe ser estranho à natureza divina? (TTP 14.20; G III: 176, ênfase minha)

Isso é bastante crucial: uma crença pode ser eficaz em gerar a obediência *somente* quando é verdadeiramente acreditada como sendo real. Assim que sabemos que é falsa, ela deixa de ser capaz de sustentar a prática da obediência.

No entanto, exatamente quais são as crenças que, para Espinoza, são capazes de sustentar a obediência? A primeira listagem dessas proposições é apresentada no capítulo 12 do TTP, pouco depois que Espinoza sugere o comando que ele afirma ser central na Escritura e na prática religiosa. Ele escreve:

> Então, já que devemos acreditar que esse fundamento é incorrupto [isto é, o comando de "amar a Deus sobre todas as coisas e ao próximo como a si mesmo"], devemos também aceitar o mesmo a respeito daqueles outros [ensinamentos] que, indiscutivelmente, resultam dele e que também são fundamentais: por exemplo, que Deus existe; que ele cuida de todos; que ele é onipotente; que, segundo seu decreto, as coisas dão certo para aqueles que cumprem com seus deveres religiosos, mas que, ao contrário, dão errado para os que vivem sem princípios; e que nossa salvação depende unicamente de sua misericórdia. (TTP 12.36; G III: 165)

Entretanto, a questão recebe seu desenvolvimento mais longo e mais cuidadoso no capítulo 14, em que Espinoza determina aquilo que chama de "dogmas de fé universal (*fidei universalis dogmata*)".[226]

Espinoza inicia sua exposição da seguinte maneira:

> E não hesitarei agora em listar os dogmas de fé universal, ou seja, os princípios fundamentais de toda a Escritura, todos os quais (como fica bastante claro a partir do que mostramos nos dois Capítulos anteriores) devem cuidar deste ponto: que existe um ser supremo, que ama a Justiça e a Benevolência; que todos aqueles que desejam ser salvos devem obedecer esse ser e adorá-lo por meio da prática da Justiça e da Benevolência em relação ao seu próximo. (TTP 14.24; G III: 177)

---

226. Mais uma vez discordo da tradução de Curley. Ele traduz isso como "dogmas *da* fé universal". Naturalmente, apesar de estar certo que o latim não tem um artigo definido e qualquer adição como essa envolve uma decisão interpretativa, sua tradução sugere que os dogmas formam a base de um tipo de religião universal, uma leitura que me parece equivocada por razões que indicarei logo adiante.

Ele então lista os dogmas da seguinte forma:

I. que Deus existe, isto é, que existe um ser supremo, infinitamente justo e misericordioso, ou seja, um modelo (*exemplar*) de verdadeira vida; pois todos aqueles que não o conhecem ou não acreditam em sua existência não podem obedecê-lo ou aceitá-lo como seu Juiz;

II. que ele é único; pois ninguém pode duvidar que isso também é absolutamente necessário para a devoção, a admiração e o amor supremos por Deus; a devoção, a admiração e o amor surgem somente de nossa excelência em comparação com a de outros;

III. que ele está presente em toda parte, ou que tudo se abre para ele; pois, se as pessoas acreditassem que as coisas lhe são ocultas ou não tivessem consciência de que ele tudo vê, elas teriam dúvidas a respeito da equidade da sua Justiça, por meio da qual ele direciona todas as coisas ou, pelo menos, elas não teriam consciência dela;

IV. que ele tem o direito e domínio supremos sobre todas as coisas e nada faz por ser obrigado por uma lei, mas age somente a partir de seu devido prazer absoluto e de sua distinta misericórdia; pois todos são absolutamente obrigados a obedecer suas ordens, mas ele não tem a obrigação de obedecer ninguém;

V. que a adoração a Deus e a obediência a ele consistem apenas na Justiça e na Benevolência, isto é, no amor ao próximo;

VI. que todos e somente aqueles que obedecem a Deus ao viver desse modo serão salvos, ao passo que o restante, aqueles que vivem sob o controle dos prazeres, perder-se-á; se os homens não acreditassem nisso de coração, não haveria razão para preferirem obedecer a Deus em vez de seus prazeres;

VII. finalmente, que Deus perdoa os pecados daqueles que se arrependem (...) (TTP 14.25-28; G III: 177-78)

Assim, essas são as proposições que, se aceitas de maneira sincera, isto é, se tidas como realmente verdadeiras pelas pessoas, confirmarão que são obedientes em relação ao comando de amar a Deus e ao seu próximo. E, por sua vez, todos os que forem obedientes ao comando devem acreditar nesses dogmas.

Antes de desvendar esses artigos de fé e compreender sua relação com a obediência, permita-me iniciar pela noção da obediência em si. A concepção de Espinoza da obediência é bastante esclarecida em uma das últimas observações que ele adicionou no TTP. A observação é adicionada a um texto do capítulo 16, em que Espinoza escreve: "Ninguém sabe, por natureza, que é obrigado por qualquer obediência a Deus; na realidade, ninguém é capaz de adquirir esse conhecimento pela razão de maneira alguma, mas somente por meio da revelação, confirmada por sinais" (TTP 16.53; G III: 198). Em sua nota, Espinoza faz as seguintes observações:

> Quanto à lei divina natural, cujo principal preceito, como dissemos, é amar a Deus, chamo de uma lei no mesmo sentido em que os filósofos chamam de leis as regras comuns da natureza, segundo as quais todas as coisas acontecem. Ora, o amor a Deus não é a obediência, mas uma virtude que necessariamente faz parte do homem que conhece Deus de coração. A obediência está relacionada com a vontade daquele que está no comando, não com a necessidade e a verdade da questão. Além disso, como somos ignorantes da natureza da vontade de Deus e, por outro lado, sabemos com certeza que tudo o que acontece acontece somente pelo poder dele, é somente por meio da revelação que podemos saber se Deus deseja que os homens o adorem, da mesma forma como fazem com um príncipe, com certa honra. Mais uma vez, mostramos que as leis divinas nos parecem ser leis, isto é, coisas instituídas apenas enquanto não conhecemos sua causa. No entanto, quando passa a ser conhecida, elas então deixam de ser leis e nós as aceitamos não como leis, mas como verdades eternas. Ou seja, a obediência se transforma em amor, o que procede do verdadeiro conhecimento de modo tão necessário quanto a luz vem do sol. Assim, podemos, de fato, amar a Deus segundo a orientação da razão, mas não podemos obedecer a ele de acordo com a orientação da razão, já que, pela razão, não podemos aceitar as leis divinas como divinas enquanto somos ignorantes de sua causa, tampouco podemos conceber Deus como aquele que determina essas leis como um príncipe. (G III: 264)[227]

A posição de Espinoza parece ser essa. Uma das leis da natureza é amar a Deus.[228] Ora, para a pessoa que tem o "verdadeiro conhecimento", isso é algo que fazemos por necessidade, "de modo tão necessário quanto a luz [vem do] sol". Contudo, nem todos se encontram nesse estado cognitivo. Para aqueles que não são assim, eles devem

---

[227]. As observações no TTP que temos parecem ter sido copiadas das observações que Espinoza fez em sua própria cópia do TTP. Com relação a essas notas, veja as observações de Lagrée e Moreau em Espinoza, 1999: 28-37.
[228]. Por que Espinoza não menciona o amor ao próximo aqui também? Talvez ele ache que isso simplesmente resulta do amor a Deus.

conceber a lei natural em questão como se ela fosse o comando de um príncipe. Dessa maneira, enquanto a pessoa perfeitamente racional irá amar a Deus, ela não o fará por *obediência*, falando de modo estrito: sabendo que Deus não é o tipo de ser que dá ordens, na medida em que somos racionais, simplesmente *não podemos* obedecer a ele. A obediência à lei moral é, dessa forma, adequada somente para aqueles que a seguem por acreditar que são ordenados a agir assim e não porque compreendem pela razão por que devem fazer isso. A pessoa racional aceita as leis morais "não como leis, mas como verdades eternas".[229]

Isso, por sua vez, ilumina a maneira como os preceitos de fé universal estão relacionados à obediência. A pessoa com um intelecto limitado não entende como o imperativo de amar a Deus e a seu próximo são verdades eternas, que, uma vez compreendidas, devem ser visadas. Em vez disso, ela entende essas verdades como leis, comandos, como as leis que um príncipe decreta aos seus súditos. Se ela acreditar de verdade que existe um Deus que é um ser supremo, misericordioso, justo e digno de ser amado, e, ao mesmo tempo, um legislador e juiz, onipresente, onipotente e cuja vontade devemos obedecer, então ela se tornaria obediente a esse Deus. Se, por outro lado, essa pessoa decidisse ser obediente e determinada a seguir o comando de amar a Deus e ao seu próximo, então não é ilógico que ela acredite que exista um Deus que possui as exatas propriedades relacionadas a ele nos preceitos de Espinoza de fé universal, que ele é supremo, misericordioso, justo, um legislador e juiz, onipresente, onipotente, etc. Além disso, Espinoza deseja afirmar que esse legislador moral possui um caráter que constitui um modelo que devemos seguir: "(...) existe um ser supremo, infinitamente justo e misericordioso, isto é, um modelo (*exemplar*) de verdadeira vida".[230] Seria preciso nos esforçarmos muito mais para demonstrar que as doutrinas exatas apresentadas por Espinoza resultam de maneira rigorosa da obediência e que, a partir dessas doutrinas, temos o resultado rigoroso de que devemos ser obedientes. No entanto, a ideia geral deve ficar bastante clara: a obediência à lei moral está intimamente relacionada a

---

229. Isso não parece totalmente coerente com o que Espinoza diz no TTP 4.14 (G III: 60), em que ele indica que não podemos de fato amar Deus a menos que seja por meio da compreensão de que esse amor é o bem mais sublime. Se levado a sério, isso pode parecer indicar que a obediência, falando de maneira estrita, é impossível.

230. A ideia de um exemplar do caráter em função do qual nos esforçamos para igualar é um tema interessante no pensamento de Espinoza no TTP. Veja TTP 13.23 (G III: 171), TTP 14.30 (G III: 178). É também bastante recorrente em outras obras, incluindo o *Tractatus de Emendatione Intellectus* e *Ética*. Sobre esse tema, veja Garber, 2004.

uma crença na existência de um legislador moral, um modelo de retidão que exige nossa obediência.

Ora, diz Espinoza, não importa se esses preceitos de fé universal são verdadeiros ou falsos: o importante é que a crença neles é necessária para que as pessoas sejam obedientes à lei moral e que a obediência à lei moral exige que eles sejam aceitos como verdadeiros:

> (...) a fé não exige preceitos que são verdadeiros tanto quanto os preceitos que são sagrados, isto é, os preceitos que fazem com que os corações sejam obedientes, mesmo quando há muitos entre eles que não possuem sequer uma sombra da verdade, contanto que a pessoa que os aceita não saiba que são falsos; do contrário, ela necessariamente seria uma rebelde. (TTP 14.20; G III: 176)

Entretanto, eles *são* verdadeiros na filosofia do próprio Espinoza?

Temos todas as razões para acreditar que ao menos alguns dos preceitos não são verdadeiros, pelo menos não da maneira como Espinoza os articula em sua exposição mais importante. Muitos dos dogmas que ele determina dentre os preceitos de fé universal são literalmente verdadeiros na filosofia de Espinoza. Certamente, Deus existe para Espinoza, como fica claro no primeiro dogma, ao menos da forma como ele entende o que Deus é. Deus certamente é único para Espinoza (dogma II), presente em toda parte (dogma III) e age somente por meio de sua natureza (dogma IV). Além disso, não é impossível traçar a filosofia de Espinoza como uma defensora de que a veneração de Deus nada mais é do que agir com justiça e benevolência (dogma V) ou que somente aqueles que vivem dessa forma podem ser salvos (dogma VI). No entanto, há pelo menos dois dos preceitos na lista de Espinoza que são, na verdade, muito difíceis de serem encaixados em sua própria filosofia. Da maneira como Espinoza vê Deus, é muito difícil interpretá-lo como "infinitamente justo e misericordioso", "um modelo de verdadeira vida" ou um "juiz". Essas são concepções definitivamente antropomórficas de Deus, as quais Espinoza, de maneira explícita, nega tanto no TTP como na *Ética*.[231] Também não é fácil entender como a filosofia de Espinoza poderia aceitar a crença de que "Deus perdoa os pecados daqueles que se arrependem". Deixando de lado o antropomorfismo evidente desse preceito, na *Ética* Espinoza deixa bastante claro que o arrependimento é

---

231. Veja TTP 13.24 (G III: 171), em que Espinoza, de maneira explícita, observa que a verdadeira concepção de Deus é incompatível com o hábito de vê-lo como um modelo: "(...) o conhecimento intelectual de Deus, que considera sua natureza como ela é em si (uma natureza que os homens não são capazes de imitar de qualquer modo particular de vida e não conseguem ver como um modelo para instituir o verdadeiro estilo de vida), de modo algum pertence à fé e à religião revelada".

inadequado para a pessoa racional: "O arrependimento não é uma virtude, ou seja, não resulta da razão; em vez disso, aquele que se arrepende do que fez é duas vezes miserável, isto é, sem poder" (E 4p54). Na verdade, todo o sentido dos preceitos de fé universal é extremamente incompatível com a filosofia de Espinoza. Se os dogmas de fé devem sustentar a ideia de Deus como o príncipe legislador supremo, a quem devemos obediência e que nos castigará por deixarmos de ser leais, então é muito difícil entender como qualquer grupo de preceitos que seria capaz de sustentar a obediência ou resultar dela poderia não ser incompatível com a visão radicalmente antiantropomórfica do Deus de Espinoza.

Ora, podemos tentar afirmar algo assim. Embora os preceitos de fé universal sejam falsos, conforme declarado, existe uma maneira de interpretá-los de modo que se tornem realmente verdadeiros. No capítulo 3, Espinoza oferece diversas interpretações de concepções antropomórficas segundo seu próprio estilo não antropomórfico. Por exemplo, Espinoza escreve: "Pela orientação de Deus, entendo a ordem fixa e imutável da natureza, ou seja, a ligação das coisas naturais" (TTP 3.7, G III: 46). A tradução de Espinoza aqui parece um tanto improvável e, até mesmo, estipulativa. No entanto, se pudermos redefinir os termos dessa maneira ("por 'giz' quero dizer 'queijo'"), seguindo a importante leitura de Alexandre Matheron, podemos certamente entender que os preceitos de fé podem ser interpretados como verdadeiros, falando de modo estrito ("giz é excelente com vinho do porto e biscoitos salgados...").[232] Essa afirmação recebe um apoio extra de uma observação que Espinoza faz pouco depois de discutir os preceitos de fé universal. Espinoza escreve:

> Afirmo que não importa, no que diz respeito à fé, como cada pessoa entende essas e outras coisas similares, contanto que ela não conclua que por isso tenha mais razões para pecar ou que deva se tornar menos temente a Deus. Na verdade, como já dissemos anteriormente, cada pessoa é levada a se adaptar a esses preceitos de fé segundo seu próprio poder de compreensão e, assim, interpretá-los por si mesma conforme lhe pareça mais simples aceitá-los sem qualquer hesitação, com o total acordo do coração, para que possa, assim, obedecer a Deus com o total apoio do coração. (TTP 14.32; G III: 178)

Isso indica que o importante é que os preceitos de fé universal são verdadeiros em vista de uma *determinada* interpretação, mesmo se possam ser falsos da maneira como são tipicamente interpretados.

---
232. Veja Matheron, 1971: 94-127.

Entretanto, não acredito que isso possa de fato ser útil. A questão é bastante semelhante à da interpretação das Escrituras, que Espinoza discute anteriormente no TTP. Ali, ele fala da estratégia de Maimônides. Ele escreve:

> Ele [isto é, Maimônides] acreditava que cada passagem da Escritura admitia diversos significados, na verdade significados contrários, e que não temos certeza do verdadeiro sentido de qualquer passagem a menos que possamos dizer que aquela determinada passagem, da maneira como a interpretamos, não contém nada que não concorde com a razão ou que seja contrário a ela. Ora, se fosse considerado contrário à razão de acordo com seu significado literal, ele ainda assim acreditaria que a passagem deveria ser interpretada de outra maneira, por mais óbvio que o sentido literal parecesse ser. (TTP 7.75; G III: 113)

Segundo a ideia de Maimônides (assim como na visão de Matheron dos preceitos de fé universal), a Escritura geralmente pode ser interpretada de uma série de maneiras diferentes e contraditórias. Entretanto, a verdadeira interpretação, afirma ele, é aquela que está de acordo com a razão, ou seja, aquela que é verdadeira, *mesmo quando* é contrária ao sentido literal evidente do texto. Dessa forma, a Escritura deve *sempre* ser interpretada como verdadeira. Quando o significado literal da Escritura é falso, então Maimônides afirma que devemos encontrar uma interpretação figurativa apropriada para que ela passe a ser verdadeira:

> (...) se fosse determinado por ele, de acordo com a razão, que o mundo é eterno, ele não hesitaria em distorcer a Escritura e explicá-la de tal modo que finalmente parecesse ensinar exatamente essa mesma coisa. A bem da verdade, ele imediatamente estaria certo de que, apesar de a Escritura, em toda parte e de maneira expressiva, protestar de forma contrária, ainda assim sua intenção era ensinar essa eternidade do mundo. (TTP 7.77; G III: 114)

Espinoza discorda disso de várias formas. Entretanto, um fundamento é especialmente relevante ao tema em questão com relação aos preceitos de fé universal. Ele diz:

> (...) se essa opinião fosse verdadeira, a multidão, que em sua maioria não tem conhecimento algum de demonstrações ou não pode oferecer seu tempo a elas, não seria capaz de admitir nada a respeito da Escritura, exceto em função da autoridade desamparada e dos testemunhos daqueles que filosofam. (TTP 7.79; G III: 114)

Por que isso é problemático? Em primeiro lugar, esse fato concederia uma autoridade excessiva aos filósofos sobre as pessoas comuns. No entanto, mais do que isso, tornaria a Escritura inacessível para as pessoas comuns. Se o objetivo da Escritura é transmitir simples verdades para as massas, que são menos capazes de contar com argumentos racionais, além de torná-las obedientes, a Escritura interpretada dessa maneira seria praticamente inútil: sem razão, elas não teriam como saber o que a Escritura realmente diz.

Existe um problema semelhante com relação aos preceitos de fé universal: embora eles possam se tornar verdadeiros por meio de uma reinterpretação inteligente dos termos nos quais se apoiam, essas reinterpretações não são acessíveis às grandes massas do povo. Da maneira como *as grandes massas* entendem os preceitos, eles são falsos (apesar de elas acreditarem que são verdadeiros), e não importa para elas que possa haver uma interpretação pela qual eles possam, de fato, ser verdadeiros. Contudo, a situação é ainda mais interessante: a interpretação antropomórfica que elas geralmente dão aos preceitos, a interpretação pela qual eles são literalmente falsos, é central para a eficácia deles no respaldo à obediência. É pelo fato de entenderem os dogmas de maneira antropomórfica e por acreditarem que eles são verdadeiros nesse sentido que as grandes massas pensam a respeito do preceito moral fundamental como uma lei, comandada por um Deus divino, digno de ser obedecido. E, se elas aprendessem a interpretação que os torna verdadeiros, ou seja, a interpretação de acordo com a qual eles seriam compatíveis com os princípios espinozistas rígidos, eles não mais seriam antropomórficos e não mais respaldariam a obediência. Se elas substituíssem o Deus antropomórfico, o príncipe supremo, propositor de leis, por uma noção real de Deus, o Eterno, então elas não teriam fundamentos para a obediência aos princípios morais vistos como leis.

Então, o que dizer da afirmação de Espinoza de que pessoas diferentes podem interpretar os preceitos de fé universal de maneira diferente? Isso é esclarecido por outra passagem do capítulo 14, um pouco antes de ele estabelecer os preceitos:

> Assim como a fé de cada pessoa deve ser considerada piedosa ou impiedosa somente por conta de sua obediência ou de sua inflexibilidade, e não por conta de sua verdade ou de sua falsidade, e como ninguém duvida de que a mentalidade comum dos homens é extremamente variável, e como nem todos encontram o mesmo conforto em todas as crenças, mas as opiniões regem os homens de diferentes maneiras – aquelas que levam uma pessoa à devoção, levam outra ao riso e ao descaso –, a partir disso, vemos que nenhum preceito

pertence à fé liberal *ou* à fé universal, sobre a qual pode haver controvérsias entre homens honestos. Os preceitos do último tipo podem ser virtuosos para uma pessoa e não virtuosos para outra, já que eles devem ser julgados somente pelas obras [que eles estimulam]. Somente estes preceitos pertencem à fé universal, então, que a obediência a Deus postula de maneira absoluta, e que, se eles forem negligenciados, tornam a obediência absolutamente impossível. (TTP 14.22–3; G III:176–7; cf. TTP, pref. § 28; G III: 11)[233]

A ideia de Espinoza não é que podemos interpretar os preceitos de fé universal da forma como desejarmos: eles não são infinitamente maleáveis. Entretanto, independentemente de como sejam interpretados, eles são preceitos de fé universal somente se, de fato, puderem levar as pessoas a se comportarem de maneira obediente em relação à lei moral, ao amor a Deus e ao próximo. E isso pode parecer exigir que sejam interpretados de modo a reconhecer Deus como o legislador supremo. Isso é o mesmo que dizer que pode parecer exigir que sejam interpretados como apresentando um Deus antropomórfico. No entanto, Espinoza reconhece que diferentes pessoas em diferentes circunstâncias históricas com diferentes tradições serão movidas por maneiras bastante distintas de pensar a respeito desse Deus antropomórfico – como o Deus judeu do Tetragrama, Jesus Cristo, Alá ou qualquer outro – e podem ser movidas a realizar diferentes cerimônias, que acreditam serem comandadas por esse Deus. Nesse sentido, ele afirma que os preceitos de fé universal estão abertos para diferentes interpretações. Contudo, não vejo como uma interpretação devidamente espinozista dos preceitos poderia tornar uma pessoa obediente, visto que um Deus devidamente espinozista não é exatamente um legislador a quem devemos obediência.

Antes de continuarmos com o argumento principal, devo observar uma característica da interpretação que estou oferecendo a respeito dos preceitos de fé universal. Existe uma tradição que vê esses preceitos como uma espécie de nova religião espinozista, um credo mínimo que todas as pessoas de razão podem aceitar. Essa parece ser a interpretação de Jonathan Israel:

> Em sua discussão, no *Tractatus Theologico-Politicus*, a respeito dos itens essenciais de um credo público mínimo, ou *fides universalis* [religião universal], que todos os homens de boa-fé podem aceitar com prazer, Espinoza propõe sete artigos que, segundo ele, todas as pessoas racionais aprovarão (...) Ninguém possui qualquer fundamento racional para contrariar qualquer desses [preceitos de fé universal],

---

233. Decidi alterar um pouco a tradução de Curley de modo paralelo à maneira como alterei a definição de fé: em vez de ler "se eles [isto é, os preceitos] forem ignorados", eu optei por "se eles forem negligenciados".

diz ele [isto é, Espinoza], contanto que todos permaneçam totalmente livres para interpretá-los por si mesmos, seja de modo filosófico ou teológico, sem qualquer sacerdócio ou autoridade que venha definir seu significado.[234]

Steven Smith defende uma posição semelhante:

> Os preceitos do credo universal, assim como os das teologias racionais, expostos pelos outros autores da democracia constitucional, tinham a intenção de frustrar o poder dos eclesiásticos, que têm um interesse profissional de multiplicar as obscuridades da religião. O resultado seria uma nova teologia civil liberal que proporia as bases de uma trégua entre as seitas religiosas concorrentes da Europa e talvez até além (...) A ideia do *fides universalis*, a fé civil comum, parece personificar a ideia liberal do "amálgama de culturas", em que todas as antigas religiões e particularidades étnicas de um povo são refinadas no intuito de criar uma nova identidade humana universal.[235]

Acredito que essa leitura interpreta mal aquilo que Espinoza tinha a intenção de mostrar nos preceitos de fé universal. Em minha leitura, a ideia de Espinoza era esclarecer os compromissos mínimos da obediência: aquelas crenças que exigem a obediência e que, por sua vez, a obediência também exige. E, como mostrei, eles não estão abertos para qualquer interpretação: para serem eficazes na elaboração da obediência, eles devem personificar a ideia falsa e antropomórfica de Deus como legislador. Dessa forma, eles não precisam ser aceitos por todas as pessoas de razão, pois a razão nos oferece uma concepção muito diferente de Deus. Espinoza também não defende uma religião que contenha *apenas* essas doutrinas e nada mais. Diferentes pessoas em suas diferentes circunstâncias históricas podem muito bem exigir outras doutrinas (bem como outras práticas cerimoniais) para que seus corações sejam tocados. Embora esses dogmas, quando interpretados da maneira correta, sejam comuns a todas as religiões piedosas, aquelas que levam as pessoas a agir com a devida obediência, eles não terão lugar dentre as crenças da pessoa verdadeiramente racional, que é levada a amar a Deus e ao seu próximo não por obediência, mas pela razão. No entanto, este não é o momento para darmos todos os argumentos a favor dessa leitura.

III. Filosofia, Religião e a Estabilidade do Estado

Na última parte, chegamos à conclusão inevitável de que os preceitos de fé universal são falsos, falando de maneira estrita, e que Espinoza

---
234. Israel, 2006: 158-59.
235. Smith, 1997: 199, 200.

sabia muito bem disso. Por si só, isso pode não ser tão ruim assim. Afinal, Espinoza é extremamente claro com relação ao fato de que as crenças que constituem a fé podem muito bem ser falsas; o que as torna piedosas é o simples fato de que elas nos conduzem à obediência e não o fato de serem verdadeiras. No entanto, eis aqui a dificuldade. Espinoza também afirma que a fé só funciona enquanto *acreditamos que elas são verdadeiras*. O que acontece, então, quando as massas leem a filosofia de Espinoza e aprendem que elas são falsas?

De certa forma, não há problema algum aqui. Ao menos em princípio, a pessoa que lê a filosofia de Espinoza, a filosofia de *Ética*, verá a luz e, o que é o mais importante, chegará ao ponto em que passa a amar a Deus e ao seu próximo sem ter de contar com os apoios que a fé e a obediência proporcionam. Tal pessoa, em condições ideais, entenderá somente por meio da razão que "o conhecimento de Deus é o bem maior da mente" (4p28) e que "as coisas que (...) levam os homens a viver em harmonia são úteis" (4p40). Tal pessoa de maneira alguma será ferida por sua exposição ao pensamento de Espinoza: na verdade, conhecer o pensamento de Espinoza fará com que ela se comporte bem somente por meio da razão.

O problema, entretanto, é que nem todos são capazes de entender isso. É por causa da racionalidade limitada da maioria das pessoas ("a massa") que Espinoza acredita que a obediência, em oposição à razão, possui um papel permanente nas sociedades humanas. Conforme Espinoza escreve no capítulo 4:

> Como o verdadeiro objetivo das leis é geralmente evidente somente para algumas poucas pessoas e já que a maioria dos homens é incapaz de compreendê-lo e de fazer o que for além de viver de acordo com a razão, os legisladores, no intuito de tornar todos iguais, sabiamente determinaram outro objetivo, muito diferente daquele que necessariamente resulta da natureza das leis, ao prometer aos defensores das leis aquilo que a grande multidão mais ama e, por outro lado, ao ameaçar aqueles que viessem a contrariar as leis com aquilo que eles mais temem. Dessa maneira, eles se esforçam para refrear a multidão, assim como um cavalo com um cabresto, o máximo que podem. (TTP 4.6; G III: 58-59; cf. TTP 5.40; G III: 78)

Para essas pessoas de razão limitada, a obediência é o que dá a base da sociabilidade necessária para uma sociedade estável.

Assim, Espinoza acredita que há pessoas que são capazes de atingir uma racionalidade plena, além de conseguir amar a Deus e aos seus próximos a partir da razão e não da obediência. Entretanto, mesmo alguém capaz de alcançar a racionalidade plena ou, ao menos, de conseguir compreender a filosofia de Espinoza deve passar por um estágio intermediário que o levará ao total estado racional, um estágio em que ele abre mão por completo da concepção falsa e antropomórfica de Deus que sustenta a religião e a obediência, mas em que ele ainda tem de alcançar uma compreensão de todo o sistema espinozista em sua glória máxima. Ora, algumas pessoas nesse estágio ainda alcançarão uma apreciação total das verdades da razão, da maneira como vemos em *Ética*, por exemplo. No entanto, nem todos que decidem trilhar esse caminho da verdadeira sabedoria conseguirão chegar ao objetivo final.

Assim, uma pessoa imperfeitamente racional exposta à filosofia de Espinoza pode ser racional o suficiente para enxergar a falsidade dos preceitos de fé universal, mas não racional o bastante para conseguir enxergar seu próprio caminho até o real fundamento do princípio da moralidade. Além disso, temos aqui um sério problema: uma pessoa assim pode muito bem perder sua fé sem conseguir substituí-la por algo aceitável. Uma pessoa assim não poderá contar com um guia na vida. Uma vez que ela rejeita os preceitos de fé universal, será incapaz de agir com obediência, mas, como ela (ainda?) não é totalmente racional, também não se comportará bem a partir da razão. Uma pessoa assim não amará a Deus nem a seu próximo. Podemos estar certos de que ela irá tentar satisfazer seu próprio interesse e preservar sua própria existência; isso é algo válido para todos os seres, racionais e irracionais, segundo Espinoza. No entanto, sem possuir a fé que nos faz agir de modo obediente ou o amor a Deus que resulta da condição de sermos totalmente racionais, a pessoa não pode depender da tendência de agir de uma maneira condizente com a harmonia social. Ter uma pessoa assim vivendo na sociedade irá prejudicar sua estabilidade. Era exatamente isso que os contemporâneos de Espinoza temiam quando o acusaram de promover o ateísmo: o ateísta é um perigo para a sociedade, pois, ao rejeitar um Deus que decreta leis e castiga aqueles que transgridem essas leis, ele rejeita todos os padrões do comportamento adequado. Para o ateísta, e também para os espinozistas imperfeitamente racionais, tudo poderia parecer válido.

Essa observação, a propósito, poderia parecer prejudicial para uma das doutrinas centrais que Espinoza apresenta no TTP. Nos capítulos 14 e 15, ele afirma que:

> (...) não existe ligação ou relação alguma entre a fé, ou seja, a Teologia, e a Filosofia. Ninguém pode agora deixar de compreender isso, em especial aquele que conhece o objetivo e o fundamento dessas duas faculdades que, todos sabem, são completamente distintas. Ora, o objetivo da Filosofia nada mais é do que a verdade, ao passo que o objetivo da Fé, como mostramos com inúmeros detalhes, nada mais é do que a obediência e a piedade. (TTP 14.37-8; G III: 179)

Como consequência, afirma ele, "a fé, portanto, confere a todos a maior liberdade para filosofar, de modo que, sem maldade, ele pode pensar o que quer que queira a respeito do que quer que seja (...)" (TTP 14.39; G III: 179-80). Espinoza, então, inicia o capítulo 15 afirmando que a "Teologia não deve ser a criada da Razão [e] essa Razão não deve ser a criada da Teologia" (TTP 15; Título; G III: 180). Entretanto, isso não pode estar totalmente certo. Na medida em que a obediência exige a fé e a fé pode ser prejudicada pelo conhecimento da verdade, que é o domínio da filosofia, esta pode então abalar a religião. E Espinoza deve ter entendido isso com bastante clareza quando escreveu esses capítulos.

Permita-me retomar o principal fio da meada de meu argumento. É claro que Espinoza se mostrava bastante sensível em relação à questão da plateia certa para sua filosofia, em especial a filosofia do TTP. Em uma carta a Henry Oldenburg, provavelmente escrita em 1665, Espinoza discute o TTP, que na época estava sendo elaborado. Ele escreve:

> Escrevo agora um tratado a respeito de minhas ideias em relação às Escrituras. As razões que me levam a fazer isso são estas:
>
> 1. Os preconceitos dos teólogos, pois sei que esses são os principais obstáculos que impedem os homens de oferecer suas mentes à filosofia. Portanto, candidato-me a expor esses preconceitos e a eliminá-los das mentes das pessoas sensíveis [*à mentibus prudentiorum*].
>
> 2. A opinião que as pessoas comuns [*vulgus*] têm de mim, o tempo todo me acusando de ateísmo. Sou levado a rebater também essa acusação da melhor maneira possível.
>
> 3. A liberdade de filosofar e dizer aquilo que pensamos. Desejo vindicar isso de forma completa, pois ei-lo aqui, reprimido de todas as maneiras, pela autoridade excessiva e pelo egotismo dos pregadores.
> (Ep 30; G IV: 166)[236]

A plateia aqui poderia parecer ser formada por "pessoas sensíveis" iludidas pelos preconceitos dos teólogos e também por "pessoas comuns" que acreditam que Espinoza é um ateísta.

No entanto, quando ele de fato publicou o TTP cinco anos mais tarde, em 1670, a plateia que ele tinha em mente parece ter se reduzido de alguma forma. No final do prefácio, ele se dirige ao "leitor filosófico (*philosophe lector*)". Ele diz ainda que "meu objetivo não é recomendar esse tratado para outros indivíduos [aqueles que não são filósofos], pois não há esperança de que a obra possa lhes parecer interessante de

---
236. A tradução é tirada de Espinoza, 1995: 185-86.

qualquer forma" (TTP, Pref. § 33; G III: 14). Na verdade, sua intenção é excluir por completo o leitor não filosófico:

> Não peço que as pessoas comuns leiam estas coisas, nem ninguém que se sinta atormentado pelos mesmos afetos que essas pessoas. Na verdade, prefiro que elas ignorem este livro por completo, em vez de considerarem a possibilidade de interpretá-lo de modo perverso, como é seu costume de agir em relação a todas as coisas. Isso não lhes causará benefício algum, mas irá somente prejudicar outras pessoas que têm a intenção de filosofar com maior liberdade se não forem impedidos por esse pensamento: de que a razão deve ser a criada da teologia. Para estes, tenho certeza que essa obra será extremamente útil. (TTP, Pref. § 34; G III: 14)

Espinoza conhecia perfeitamente bem os perigos de seu pensamento cair em mãos erradas.

Com base nessas considerações, poderíamos deduzir, de acordo com os próprios padrões de Espinoza da livre expressão, que ele deveria abrir mão de publicar sua própria filosofia: fosse ou não sua intenção, a publicação geral de sua filosofia muito provavelmente causará a instabilidade da sociedade em um mundo em que a maior parte das pessoas é apenas parcialmente racional na melhor das hipóteses.[237] Se ele tivesse sido um magistrado acusado de regulamentar as publicações, e munido das próprias limitações em relação à liberdade de expressão, teria sido obrigado a se opor à sua publicação. Dessa forma, Espinoza estava equivocado, segundo seus próprios padrões, em publicar sua filosofia de modo a torná-la acessível ao público geral, mesmo se ela fosse dedicada apenas para o público geral que pudesse ler em latim.[238] A capacidade de ler em latim significa que você é uma pessoa instruída, não que você é racional.

Com isso, de certa forma, a questão inicialmente apresentada é respondida: podemos afirmar que, em função de sua própria consideração da liberdade de expressão, Espinoza provavelmente não deveria ter publicado sua própria filosofia. Contudo, isso não é o mesmo que dizer que ele deveria tê-la omitido por completo. Espinoza claramente acredita ter descoberto algo que beneficiaria a sociedade. Lembre-se, mais uma vez, do título completo do TTP:

---

237. E há quem diga que é exatamente isso o que aconteceu como resultado da publicação do pensamento de Espinoza! Veja Israel, 2001, para um relato mais detalhado do efeito profundo causado por Espinoza e pelos espinozistas na cultura e na sociedade europeia.
238. É claro que, de certa forma, não foi isso o que ele fez: a filosofia de *Ética* só foi publicada depois de sua morte. Entretanto, doutrinas-chave de *Ética* já aparecem no TTP. E ele, de maneira bastante clara, tinha sim intenções de que sua *Ética* fosse publicada após sua morte. Portanto, é justo dizer que ele, de certo modo, publicou sua filosofia.

TRATADO TEOLÓGICO-POLÍTICO: Apresentando diversas discussões em que mostramos que a Liberdade de Filosofar não apenas pode ser permitida sem causar mal algum à Piedade e à Paz da República, mas que também não pode ser abolida a menos que a Piedade e a Paz da República também sejam destruídas.

Considerando-se os benefícios que sua descoberta pode trazer para a sociedade, seria sua obrigação compartilhá-la com as devidas pessoas. Conforme ele escreve em *Ética*:

> Quando os homens vivem segundo a orientação da razão, eles são mais úteis para o homem (...); assim (...), de acordo com a orientação da razão, necessariamente nos esforçamos para fazer com que os homens vivam segundo a orientação da razão. (E 4p37d)

Entretanto, quem são as devidas pessoas em questão aqui? Um público óbvio seria formado por aqueles que *são* capazes de compreender tudo até o final, aqueles com racionalidade suficiente para conseguir compreender as conclusões que Espinoza consegue obter no final do TTP e de *Ética*. Apesar de parecer perigoso demais que a sociedade tenha acesso aos seus escritos e que eles possam cair em mãos erradas, essas pessoas podem ser educadas uma a uma, em pequenos grupos de discussão, exatamente da mesma forma como Espinoza discutia sua filosofia com pequenos grupos de amigos cuidadosamente escolhidos. Conforme aumenta o número dessas pessoas que cada vez mais adquirem maior racionalidade, aos poucos, a sociedade consegue lucrar com os benefícios que sua filosofia promete.

No entanto, existe outro público talvez ainda mais importante para o pensamento de Espinoza. Permita-me relembrar uma passagem do capítulo 20 já citada anteriormente. Aqui, quando Espinoza discute o uso devido e indevido da liberdade de expressão, ele escreve:

> Por exemplo, se alguém mostra que uma lei é contrária à razão saudável, acreditando, portanto, que ela deva ser revogada, e, ao mesmo tempo, submete sua opinião ao julgamento do poder supremo (que é o único que possui o poder de criar e revogar leis), e, enquanto isso, não faz nada que seja contrário àquilo que essa lei determina, ele, naturalmente, merece o melhor do Estado, como um de seus melhores cidadãos. Por outro lado, se fizer isso para acusar os magistrados de injustiça e com a intenção de torná-los odiados pelas pessoas ou se deseja causar tumultos ao negligenciar a lei, contra a vontade do magistrado, ele nada mais é do que um desordeiro e um rebelde. (TTP 20.15; G III: 241)

Se pudermos deduzir que Espinoza queria se identificar com a pessoa virtuosa, que usa a liberdade de expressão de maneira sábia, então ele pareceria obrigado a submeter sua filosofia "ao julgamento do poder supremo". Quem é esse poder supremo? Não acredito que possa simplesmente ser identificado com o soberano. O soberano pode ser uma pessoa, um grupo de pessoas, um grupo de aristocratas ou, em uma democracia, a forma de governo preferida de Espinoza, toda a massa do povo. Podemos imaginar o cidadão virtuoso levando essas preocupações a um rei ou mesmo a uma assembleia aristocrática, mas não parece possível imaginarmos a transmissão dessas queixas para toda a multidão. O "poder supremo", nesse contexto, deve se referir à pessoa (ou ao pequeno grupo de pessoas) a quem os poderes do soberano delegam a autoridade para um governo mais prático. Um poder supremo como esse pode aprender com Espinoza, por exemplo, que ele deve permitir a liberdade de religião e de expressão, com seus devidos limites. Ele pode passar a acreditar, depois de ouvir os argumentos de Espinoza, que as atuais leis são imprudentes e, assim, ser induzido a substituí-las por leis melhores.

No entanto, mesmo aqui, é preciso tomar cuidado. O poder supremo, em si, pode ser representado por alguém de racionalidade imperfeita. Nesse caso, o estudo da filosofia de Espinoza pode muito bem abalar sua própria fé e, assim, prejudicar sua capacidade de agir em uma sociedade. (Se o poder supremo for representado por um grupo de pessoas, a situação fica ainda mais complicada, pois, nesse caso, a autoridade em busca de um governo mais prático estaria nas mãos de um *grupo* de pessoas que teria perdido a fé.) Dessa maneira, talvez poderíamos dizer que o público ideal específico do pensamento de Espinoza seria totalmente racional e ocuparia uma posição em que teria o direito de criar os tipos de leis que Espinoza defende no TTP. Ou, de outra forma, se você levar a sério a filosofia de Espinoza, ela deveria ser sussurrada aos ouvidos do Rei Filósofo.[239]

---

239. Sinto-me profundamente endividado com Ed Curley, por ter provocado meu interesse pelo *Tractatus Theologico-Politicus* por meio de seus ensaios e discussões. No entanto, minha dívida com ele é ainda maior. Desde que nos conhecemos em Chicago, há muitos anos, ele tem sido muito importante para minha educação como um historiador de filosofia e meu guia para todas as coisas relacionadas a Espinoza. Sem ele, muito provavelmente eu seria apenas mais um epistemológico analítico. Além disso, gostaria de agradecer Charlie Huenemann, Jonathan Israel, Ursula Goldenbaum, Yitzhak Melamed, Steven Smith, Rahel Villinger e, em especial, Mogens Laerke, por seus comentários muito generosos em um antigo e ainda mais imperfeito rascunho dessa obra. Considero-os todos responsáveis por quaisquer erros que ainda possam restar. Gostaria também de oferecer um agradecimento especial a meus alunos que participaram do seminário de Espinoza nos Estudos Filosóficos e Judaicos em Princeton no outono de 2006. Espero que encontrem neste trabalho os resultados de nossas excelentes discussões que tornaram aquelas tardes de quarta-feira tão prazerosas.

Bibliografia

ADAMS, Robert. *Leibniz: Determinist, Theist, Idealist*. Oxford: Oxford University Press, 1994.

ALLISON, H. *Benedict de Spinoza: An Introduction*. New Haven: Yale University Press, 1987.

AQUINAS, St. Thomas. *Summa Theologiae*. 60 volumes. London: Eyre and Spottiswoode, 1964-6.

AUDI, Robert, ed. *The Cambridge Dictionary of Philosophy*. Cambridge: Cambridge University Press, 1999.

BALIBAR, Etienne. *Spinoza and Politics*, tradução de Peter Snowden e introdução de Warren Montag. London: Verso, 1998.

BARKER, H. "Notes on the Second Part of Spinoza's Ethics (I)." In *Studies in Spinoza: Critical and Interpretive Essays*, ed. Paul Kashap, 101-22. Berkeley: University of California Press, 1938.

BAYLE, P. *Historical and Critical Dictionary*, ed. R. Popkin. Indianapolis: Bobbs-Merrill, 1965.

BENNETT, J. *A Study of Spinoza's Ethics*. Indianapolis: Hackett Publishing, 1984.

_____. *Learning from Six Philosophers*. 2 volumes. Oxford: Oxford University Press, 2001.

_____. "Spinoza's Metaphysics." In *The Cambridge Companion to Spinoza*, ed. Don Garrett, 61-88. Cambridge: Cambridge University Press, 1996.

_____. "Spinoza's Monism: A Reply to Curley." In *God and Nature in Spinoza's Metaphysics*, ed. Yirmiyahu Yovel, Spinoza by 2000: The Jerusalem Conferences, 53-9. Leiden: Brill, 1991.

BLOM, Hans W. *Morality and Causality in Politics: The Rise of Naturalism in Dutch Seventeenth-Century Political Thought*. Dissertation, University of Utrecht, 1995.

BOXHORNIUS, M. Z. *Institutiones politicae*. Amsterdam: n.p, 1657.
BRETT, Annabel; TULLY, James; HAMILTON-BLEAKLEY, Holly, eds. *Rethinking the Foundations of Modern Political Thought*. Cambridge: Cambridge University Press, 2006.
BURGERSDUIK, Franco. *Idea politica*, ed. Georg Hornius. Leiden: Felix Lopes de Haro, 1686.
CARRIERO, J. "On the Relationship Between Mode and Substance in Spinoza's Metaphysics." *Journal of the History of Philosophy* 33: 245-73, 1995.
COLLIER, A. "The Materiality of Morals." *Studia Spinozana* 7: 69-92, 1991.
COVER, J. A.; KULSTAD, Mark, eds. *Central Themes in Early Modern Philosophy*. Indianapolis: Hackett Publishing, 1990.
CURLEY, Edwin. *Behind the Geometrical Method*. Princeton: Princeton University Press, 1988.

_____. "Descartes, Spinoza and the Ethics of Belief." In *Spinoza: Essays in Interpretation*, ed. Maurice Mandelbaum e Eugene Freeman, 159-89. LaSalle, Ill.: Open Court, 1975.

_____. "Experience in Spinoza's Theory of Knowledge." In *Spinoza: A Collection of Critical Essays*, ed. Marjorie Grene, 354-76. Garden City: Doubleday/Anchor, 1973.

_____. "Kissinger, Spinoza and Genghis Khan." In *The Cambridge Companion to Spinoza*, ed. Don Garrett, 315-42. Cambridge: Cambridge University Press, 1996.

_____. "Notes on a Neglected Masterpiece (II): The *Theological-Political Treatise* as a Prolegomenon to the *Ethics*." In *Central Themes in Early Modern Philosophy*, ed. J. A. Cover e Mark Kulstad, 109-60. Indianapolis: Hackett Publishing, 1990a.

_____. "On Bennett's Interpretation of Spinoza's Monism." In *God and Nature in Spinoza's Metaphysics*, ed. Yirmiyahu Yovel, Spinoza by 2000: The Jerusalem Conferences, 35-51. Leiden: Brill, 1991.

_____. "On Bennett's Spinoza: The Issue of Teleology." In *Spinoza: Issues and Directions*, ed. Edwin Curley e Pierre-François Moreau, 39-52. Leiden: Brill, 1990b.

_____. "Roots of Contingency." In *Leibniz: A Collection of Critical Essays*, ed. Harry Frankfurt, 69-97. Garden City: Doubleday, 1972.

_____. *Spinoza's Metaphysics*. Cambridge, Mass.: Harvard University Press, 1969.

CURLEY, Edwin; MOREAU, Pierre-François, eds. *Spinoza: Issues and Directions*. Leiden: Brill, 1990.

CURLEY, Edwin; WALSKI, Gregory M. "Spinoza's Necessitarianism Reconsidered." In *New Essays on the Rationalists*, ed. Rocco Gennaro e Charles Huenemann, 241-62. Oxford: Oxford University Press, 1999.

D'ALLONNES, M. R.; RIZK, H., eds. *Spinoza: puissance et ontologie*. Paris: Editions Kime, 1994.

DE LA COURT, Johan. *Consideratien van Staat*, 4 ed. Amsterdam: n.p, 1662.

DELEUZE, Gilles. *Spinoza: Philosophie pratique*. Paris: Editions de Minuit, 1981.

DELLA ROCCA, Michael. "A Rationalist Manifesto: Spinoza and the Principle of Sufficient Reason." *Philosophical Topics* 31: 75-93, 2003b.

_____. *Representation and the Mind-Body Problem in Spinoza*. Oxford: Oxford University Press, 1996.

_____. "Spinoza and the Metaphysics of Skepticism." Publicação futura em *Mind*.

_____. "Spinoza's Substance Monism." In *Spinoza: Metaphysical Themes*, ed. Olli Koistinen e John Biro, 11-37. Oxford: Oxford University Press, 2002.

_____. "The Power of an Idea: Spinoza's Critique of Pure Will." *Nous* 37: 200-31, 2003a.

DEN UYL, Douglas. *Power, State and Freedom: An Interpretation of Spinoza*. Assen: van Gorcum, 1983.

DESCARTES, René. *Oeuvres de Descartes*. 11 volumes, ed. Charles Adam e Paul Tannery. Paris: J. Vrin, 1964-74.

DONAGAN, Alan. *Spinoza*. New York: Harvester, 1988.

FRANKFURT, Harry, ed. *Leibniz: A Collection of Critical Essays*. Garden City: Doubleday, 1972.

_____. *Necessity, Volition and Love*. Cambridge: Cambridge University Press, 1999.

FUNKENSTEIN, Amos. *Theology and the Scientific Imagination*. Princeton: Princeton University Press, 1986.

GARBER, Daniel. "Dr. Fischelson's Dilemma: Spinoza on Freedom and Sociability." In *Ethica IV: Spinoza on Reason and the "Free Man"*, ed. Yirmiyahu Yovel e Gideon Segal, Spinoza by 2000: The Jerusalem Conferences, 183-207. New York: Little Room Press, 2004.

GARRETT, Don. "'A Free Man Always Acts Honestly, Not Deceptively': Freedom and the Good in Spinoza's *Ethics*." In *Spinoza: Issues and Directions*, ed. Edwin Curley e Pierre-François Moreau, 221-38. Leiden: Brill, 1994.

_____. "Spinoza's *Conatus* Argument." In *Spinoza: Metaphysical Themes*, ed. Olli Koistinen e John Biro, 127-58. Oxford: Oxford University Press, 2001.

_____. "Spinoza's Ethical Theory." In *The Cambridge Companion to Spinoza*, ed. Don Garrett, 267-314. Cambridge: Cambridge University Press, 1996b.

_____. "Spinoza's Necessitarianism." In *God and Nature in Spinoza's Metaphysics*, ed. Yirmiyahu Yovel, Spinoza by 2000: The Jerusalem Conferences, 191-218. Leiden: Brill, 1991.

_____. "Teleology in Spinoza and Early Modern Rationalism." In *New Essays on the Rationalists*, ed. Rocco Gennaro e Charles Huenemann, 310-35. Oxford: Oxford University Press, 1999.

_____, ed. *The Cambridge Companion to Spinoza*. Cambridge: Cambridge University Press, 1996a.

GATENS, M.; LLOYD, G. *Collective Imaginings: Spinoza, Past and Present*. London: Routledge, 1999.

_____. "Imagination, Religion and Morality: the Vicissitudes of Power in the *Tractatus Theologico Politicus*." Não publicado.

GENNARO, Rocca; HUENEMANN, Charles, eds. *New Essays on the Rationalists*. Oxford: Oxford University Press, 1999.

GRENE, M., ed. *Spinoza: A Collection of Critical Essays*. Garden City: Anchor/Doubleday, 1973.

GUEROULT, M. *Spinoza*. 2 volumes. Hildesheim: Georg Olms, 1968.

HAMPSHIRE, Stuart. *Spinoza and Spinozism*. Oxford: Oxford University Press, 2005.

HARDT, Michael; NEGRI, Antonio. *Empire*. Cambridge, Mass.: Harvard University Press, 2000.

HEGEL, G. W. F. *Lectures on the History of Philosophy*. 3 volumes, trad. E. S. Haldane e F. H. Simson. Lincoln/London: University of Nebraska Press, 1995.

HOBBES, Thomas. *Human Nature and De Corpore Politico*, ed. J. C. A. Gaskin. Oxford: Oxford University Press, 1999.

_____. *Leviathan*, a edição em latim de 1668, ed. e trad. Edwin Curley. Indianapolis/Cambridge: Hackett Publishing, 1994.

_____. *Leviathan*, ed. Richard Tuck. Cambridge: Cambridge University Press, 1996.

_____. *On the Citizen*, ed. Richard Tuck e Michael Silverthorne. Cambridge: Cambridge University Press, 1998.

_____. *The Elements of Law, Natural and Politic*, ed. J. C. A. Gaskin. Oxford: Oxford University Press, 1994.

HOEKSTRA, Kinch. "A Lion in the House: Hobbes and Democracy." In *Rethinking the Foundations of Modern Political Thought*, ed. Annabel Brett, James Tully e Holly Hamilton-Bleakley, 191-218. Cambridge: Cambridge University Press, 2006.

HUENEMANN, Charlie. "Spinoza and Prime Matter." *Journal of the History of Philosophy* 42: 21-32, 2004.

HUME, David. *A Treatise of Human Nature*, 2. ed, ed. P. H. Nidditch. Oxford: Clarendon Press, 1978.

ISRAEL, Jonathan. *Enlightenment Contested: Philosophy, Modernity, and the Emancipation of Man 1670-1752*. Oxford: Oxford University Press, 2006.

_____. *Radical Enlightenment: Philosophy and the Making of Modernity 1650-1750*. Oxford: Oxford University Press, 2001.

JOACHIM, H. H. *A Study of the Ethics of Spinoza*. Oxford: Clarendon Press, 1940.

KANT, Immanuel. *Critique of Pure Reason*, ed. Paul Guyer e trad. Allen Wood. Cambridge: Cambridge University Press, 1997.

KASHAP, Paul, ed. *Studies in Spinoza: Critical and Interpretive Essays*. Berkeley: University of California Press, 1978.

KENNINGTON, Richard, ed. *The Philosophy of Baruch Spinoza*. Washington: Catholic University of America Press, 1980.

KOISTINEN, Olli; BIRO, John, eds. *Spinoza: Metaphysical Themes*. Oxford: Oxford University Press, 2002.

LAERKE, Mogens. *Leibniz lecteur de Spinoza*. Paris: Honoré Champion [sendo impresso].

LAUX, Henri. *Imagination et religion chez Spinoza*. Paris: Vrin, 1993.

LEIBNIZ, Gottfried Wilhelm. *Die philosophischen Schriften von G. W. Leibniz*. 7 volumes, ed. C. I. Gerhardt. Berlin: Weidmann, 1875-90.

_____. *Gottfried Wilhelm Leibniz. Vorausedition zur Reihe VI (Philosophischen Schriften)*, ed. Leibniz-Forschungsstelle da Universität Münster. Münster, 1982-.

_____. *Philosophical Essays*, trad. e ed. Roger Ariew e Daniel Garber. Indianapolis: Hackett, 1989.

_____. *Philosophical Papers and Letters*, trad. e ed. Leroy E. Loemker. Dordrecht: D. Reidel, 1969.

_____. *Sämtliche Schriften und Briefe*, ed. Academia Alemã de Ciências. Berlin: Akademie Verlag, 1923-.

_____. *Textes inédits d'après les manuscrits de la Bibliothèque provinciale de Hanovre*, 2 volumes, ed. Gaston Grua. Paris: Presses Universitaires de France, 1948.

_____. *The Leibniz-Arnauld Correspondence*, trad. e ed. H. T. Mason. Manchester: Manchester University Press, 1967.

_____. *Theodicy*, trad. e ed. E. M. Huggard. New Haven: Yale University Press, 1952.

LEVINE, Michael P. *Pantheism: A Non-Theistic Concept of Deity*. London: Routledge, 1994.

LOEB, Louis. *From Descartes to Hume*. Ithaca: Cornell University Press, 1981.

MACHEREY, Pierre. *Hegel ou Spinoza*. Paris: Maspero, 1979.

_____. *Introduction à l'Ethique de Spinoza: La Cinquième Partie, les voies de la libération*. Paris: Presses Universitaires de France, 1994.

MANDELBAUM, Maurice; FREEMAN, Eugene, eds. *Spinoza: Essays in Interpretation*. LaSalle, Ill.: Open Court, 1975.

MATHERON, Alexandre. *Individu et Communauté chez Spinoza*. Paris: Editions de Minuit, 1969.

_____. "L'Indignation et le conatus de l'état spinoziste." In *Spinoza: puissance et ontologie*, ed. M. R. D'Allonnes e H. Rizk. Paris: Editions Kime, 1994.

_____. *Le Christ et le salut des ignorants chez Spinoza*. Paris: Aubier Montaigne, 1971.

_____. "Spinoza and Hobbes." In *The New Spinoza*, ed. Warren Montag e Ted Stolze, 207-16. Minneapolis: University of Minnesota Press, 1997.

MONTAG, Warren. *Bodies, Masses, Power*. London: Verso, 1999.

MONTAG, Warren; STOLZE, Ted, eds. *The New Spinoza*. Minneapolis: University of Minnesota Press, 1997.

MOREAU, P.-F. *Spinoza : l'expérience et l'éternité*. Paris: Presses Universitaires de France, 1994.

NADLER, Steven. *Spinoza's Heresy*. Oxford: Oxford University Press, 2002.

NEGRI, Antonio. "*Reliqua Desiderantur*: A Conjecture for a Definition of a Concept of Democracy in the Final Spinoza." In *The New Spinoza*, ed. Warren Montag e Ted Stolze, 219-47. Minneapolis: University of Minnesota Press, 1997.

NEGRI, Antonio; HARDT, Michael. *Empire*. Cambridge, Mass.: Harvard University Press, 2000.

NEWLANDS, Samuel. "The Harmony of Spinoza and Leibniz." Não publicado.

NIETZSCHE, F. W. *Beyond Good and Evil*, trad. e ed. R. J. Hollingdale. Harmondsworth: Penguin Classics, 1973.

OWEN, H. P. *Concepts of Deity*. London: Macmillan, 1971.

PREUS, J. Samuel. *Spinoza and the Irrelevance of Biblical Authority*. Cambridge: Cambridge University Press, 2001.

RADNER, Daisie. "Spinoza's Theory of Ideas." *The Philosophical Review* 80: 338-59, 1971.

SKINNER, Quentin. *Liberty Before Liberalism*. Cambridge: Cambridge University Press, 1998.

SLEIGH, Robert. *Leibniz and Arnauld: A Commentary on their Correspondences*. New Haven: Yale University Press, 1990.

_____. "Leibniz on Freedom and Necessity: Critical Notice of Robert Adams, Leibniz: Determinist, Theist, Idealist." *Philosophical Review* 108: 245-77, 1999.

_____. "Leibniz's First Theodicy." *Nous* 30 (suplemento): 481-99, 1996.

SMITH, Steven. *Spinoza, Liberalism, and the Question of Jewish Identity*. New Haven: Yale University Press, 1997.

SPINOZA, Benedictus de. *Political Treatise*, trad. Samuel Shirley, introdução e notas de Steven Barbone e Lee Rice, com ensaio prefacial de Douglas Den Uyl. Indianapolis: Hackett Publishing, 2000.

_____. *Spinoza: Complete Works*, ed. Michael Morgan e trad. Samuel Shirley. Indianapolis: Hackett Publishing, 2002.

_____. *Spinoza Opera*. 4 volumes. (vol. 5, 1987), ed. Carl Gebhardt. Hildesheim: Carl Winter, 1925.

_____. *The Collected Works of Spinoza*. Vol. I, ed. e trad. Edwin Curley. Princeton: Princeton University Press, 1985.

_____. *The Letters*, trad. Samuel Shirley, introdução e notas de Steven Barbone, Lee Rice e Jacob Adler. Indianapolis/Cambridge: Hackett Publishing, 1995.

_____. *Tractatus Theologico-Politicus*. Vol. III do *Oeuvres* de Espinoza, ed. F. Akkerman, J. Lagrée e P.-F. Moreau. Paris: Presses Universitaires de France, 1999.

TOSEL, André. "Y-a-t-il une philosophie du progrès historique chez Spinoza?" In *Spinoza: Issues and Directions*, ed. P.-F. Moreau e E. Curley, 306-26. Leiden: Brill, 1990.

TUCK, Richard. "Hobbes and democracy." In *Rethinking the Foundations of Modern Political Thought*, ed. Annabel Brett, James Tully e Holly Hamilton-Bleakley. Cambridge: Cambridge University Press, 2006.

VERBEEK, Theo. *Spinoza's Theologico-Political Treatise: Exploring the "Will of God"*. London: Ashgate Publishing, 2003.

WANSINK, H. *Politieke wetenschappen aan de Leidse universiteit, 1575-1650*. Utrecht: n.p, 1981.

WILSON, Margaret. "Objects, Ideas and 'Minds'." In *The Philosophy of Baruch Spinoza*, ed. Richard Kennington, 103-20. Washington: Catholic University of America Press, 1980.

WOLFSON, H. A. *The Philosophy of Spinoza*. 2 volumes. Cambridge, Mass.: Harvard University Press, 1934.

YOVEL, Yirmiyahu. *Spinoza and Other Heretics*, volume I: *The Marrano of Reason*. Princeton: Princeton University Press, 1989.

_____, ed. *Spinoza on Knowledge and the Human Mind: Papers Presented at the Second Jerusalem Conference (Ethica II)*. Leiden: Brill, 1994.

_____. "Spinoza: The Psychology of the Multitude and the Uses of Language." *Studia Spinozana* I: 305-33, 1985.

YOVEL, Yirmiyahu; SEGAL, Gideon, eds. *Ethica IV: Spinoza on Reason and the "Free Man"*. Spinoza by 2000: The Jerusalem Conferences. New York: Little Room Press, 2004.

ZAC, Sylvain. "On the Idea of Creation in Spinoza." In *God and Nature in Spinoza's Metaphysics*, ed. Yirmiyahu Yovel, Spinoza by 2000: The Jerusalem Conferences, 231-41. Leiden: Brill, 1991.

Índice remissivo

A

Adams, R 94, 117, 231, 237
Afetos, ativos 28, 43, 45, 46, 47, 48, 49, 50, 51, 56, 57, 59, 60, 65, 66, 67, 68, 69, 70, 71, 135, 142, 151, 152, 153, 154, 155, 156, 165, 166, 167, 170, 227
Allison 73, 88, 231
Aquino, São Tomas de 83
Aristóteles 74, 158
Autoestima 127
Autonomia 5, 121, 122, 123, 130, 131, 134, 137, 138, 139, 140

B

Bacon, F. 144, 145
Balibar, E. 146, 164, 173, 231
Bayle, P. 75, 76, 77, 80, 81, 82, 86, 88, 91, 231
Bealer, G. 71
Bennett, J. 73, 75, 81, 82, 90, 91, 93, 95, 114, 115, 116, 129, 133, 148, 231, 232
Beyssade, J.-M. 153
Blom, H. 176
Boxhorn, M. 176
Burgersdijk, F. 176

C

Carriero, J. 59, 75, 76, 81, 82, 83, 92, 232
Causalidade
  imanente 42, 59, 60, 61, 63, 64, 65, 82, 83, 84, 85
Collier, A.
  noções comuns 192, 232
Conatus 22, 24, 25, 26, 27, 28, 35, 37, 38, 39, 47, 61, 141, 147, 148, 150, 179, 236
Confusão 22, 29, 30, 31, 33, 34, 36, 56, 57, 58, 59, 67, 124, 130, 132, 135
Consciência 5, 15, 16, 19, 20, 21, 32, 36, 37, 38, 39, 50, 55, 137, 141, 157, 197, 215
Contrato social 186, 187, 188
Curley, E. 12, 13, 16, 20, 34, 39, 42, 47, 59, 61, 64, 65, 71, 73, 74, 75, 77, 78, 79, 80, 81, 82, 83, 84, 85, 87, 88, 90, 91, 93, 94, 104, 106, 107, 108, 109, 110, 111, 113, 114, 123, 124, 131, 142, 143, 144, 148, 153, 159, 163, 202, 205, 212, 214, 222, 229, 231, 232, 233, 234, 235, 237, 238
Curley e Walski 12, 13, 16, 20, 34, 39, 42, 47, 59, 61, 64, 65, 71, 73, 74, 75, 77, 78, 79, 80, 81, 82, 83, 84, 85, 87, 88, 90, 91, 93, 94, 104, 106, 107, 108, 109, 110, 111, 113, 114, 123, 124, 131, 142, 143, 144, 148, 153, 159, 163, 202, 205, 212, 214, 222, 229, 231, 232, 233, 234, 235, 237, 238

D

De la Court, J. 176, 233
Deleuze, G. 147, 233
Della Rocca, M. 5, 12, 18, 29, 30, 41, 43, 44, 49, 53, 56, 57, 58, 129, 233
Democracia 171, 174
Den Uyl 183, 233, 237
Descartes, R. 7, 8, 9, 10, 13, 15, 65, 74, 75, 77, 84, 112, 138, 149, 151, 163, 232, 233, 236
Detlefsen, K 71
Direito 119, 124, 174, 175, 177, 185, 186, 187, 191, 192, 194, 197, 201, 202, 203, 205, 206, 207, 208, 210, 211, 215, 229
Donagan, A. 90, 183, 233

E

Escritura, interpretação 143, 144, 145, 150, 211, 212, 214, 220, 221
Exemplar 149, 151, 156, 157, 158, 173, 179, 181, 215, 217
Existência, natureza da 11, 23, 25, 27, 47, 51, 52, 53, 55, 56, 59, 67, 68, 70, 71, 81, 82, 83, 84, 93, 94, 95, 96, 97, 98, 99, 101, 102, 103, 105, 107, 108, 109, 110, 112, 113, 114, 117, 119, 122, 126, 128, 129, 139, 148, 149, 156, 164, 171, 175, 188, 190, 196, 202, 215, 218, 225
Extensão 17, 75, 78, 79, 86

F

Fé 188, 189, 192, 211, 212, 213, 214, 215, 217, 218, 219, 220, 221, 222, 223, 224, 225, 226, 229
Frankfurt, H. 202, 232, 233
Funkenstein, A. 145, 233

G

Garber, D. 5, 12, 94, 205, 217, 233, 235
Garrett, A. 5, 12, 15, 23, 39, 61, 62, 63, 99, 106, 107, 109, 111, 112, 116, 148, 157, 231, 232, 234
Garrett, D. 5, 12, 15, 23, 39, 61, 62, 63, 99, 106, 107, 109, 111, 112, 116, 148, 157, 231, 232, 234
Gatens e Lloyd 159, 170, 192, 196
Gatens, M. 159, 170, 173, 180, 182, 192, 196, 234
Goldenbaum, U. 229
Greenberg, S. 71
Gueroult, M. 49, 76, 83, 90, 234

H

Hampshire, S. 196, 199, 234
Hardt e Negri 162
Hartshorne, C. 89
Hegel, G. W. F. 141, 158, 234, 236

História 5, 13, 44, 56, 73, 141, 142, 143, 144, 145, 146, 147, 148, 149, 150, 158, 159, 162, 165, 172, 175, 177
Hobbes, T. 13, 162, 163, 165, 173, 174, 175, 183, 184, 185, 186, 187, 188, 189, 191, 192, 199, 202, 204, 208, 234, 235, 236, 238
Hoekstra, K. 163, 174, 235
Homem livre 142, 157, 159, 168, 169, 170, 171, 173, 179, 209
Huenemann, C. 3, 5, 11, 12, 75, 92, 121, 159, 229, 233, 234, 235
Hume, D. 7, 55, 235, 236

I

Imaginação 5, 12, 15, 16, 17, 18, 19, 20, 21, 22, 30, 32, 35, 36, 37, 39, 128, 129, 133, 134, 139, 145, 148, 151, 152, 155, 159, 162, 165, 167, 168, 169, 170, 171, 175, 176, 181, 196
Inadequação, veja confusão 34, 36, 56, 67
Indivíduo infinito 23, 112, 113
Indivíduos 20, 21, 22, 23, 24, 25, 26, 29, 31, 35, 36, 37, 38, 39, 66, 77, 121, 122, 135, 147, 148, 149, 150, 156, 162, 164, 166, 167, 168, 169, 170, 171, 172, 173, 174, 179, 180, 186, 190, 195, 199, 206, 209, 226
Inerência 22, 33, 42, 59, 61, 63, 64, 65, 71, 76, 77, 78, 80, 81, 82, 83, 85, 86, 87, 89
Israel, J. 122, 161, 162, 180, 222, 223, 227, 229, 235

J

Janiak, A. 71
Joachim, H. H. 67, 68, 75, 235

K

Kagan, S. 71
Kant, I. 55, 121, 129, 138, 235

L

Laerke, M. 208, 229, 235
Lagrée e Moreau 143, 216
Laux, H. 146, 235
LeBuffe, M. 39
Lee, S. 71, 237
Leibniz, G. W. 5, 7, 13, 68, 93, 94, 95, 96, 97, 98, 99, 100, 101, 102, 103, 105, 108, 114, 117, 118, 119, 231, 232, 233, 235, 236, 237
Levine, M. 89, 236
Liberdade
  de expressão 5, 91, 118, 122, 129, 134, 141, 161, 163, 164, 165, 169, 170, 171, 172, 173, 174, 175, 176, 177, 178, 179, 180, 181, 182, 183, 184, 185, 186, 188, 189, 190, 191, 193, 194, 195, 196, 197, 201, 204, 205, 206, 207, 208, 209, 210, 211, 226, 227, 228, 229
Lin, M. 39
Longuenesse, B.
  amos,
    a Deus
      intellectual 39

M

Macherey, P. 146, 155, 158, 236
Maimônides, M. 13, 145, 220
Maquiavel 202, 204
Matheron, A. 153, 154, 162, 173, 175, 179, 219, 220, 236
Máximas 151, 153, 154, 155, 157
Medo 46, 48, 156, 164, 165, 166, 176, 177, 185, 186, 188, 189, 192, 193, 194, 197, 200
Melamed, Y. 62, 71
Meyer, L. 145
Modelo, veja exemplar 78, 80, 81, 82, 83, 123, 128, 149, 151, 153, 155, 156, 157, 158, 159, 173, 177, 215, 217, 218
Modos infinitos 66, 78, 79, 80, 85, 107, 108, 109, 110, 111, 114
Montag, W. 146, 180, 231, 236, 237
Moreau, P.-F. 141, 143, 216, 232, 234, 236, 237, 238
Mulheres 162, 180, 181

N

Nadler, S. 5, 12, 73, 92, 132, 236
Naturalismo incremental 16, 31, 32, 35, 37, 39
Necessidade
 extrínseca
 intrínseca
  metafísica 52, 78, 80, 84, 85, 87, 92, 93, 94, 95, 97, 98, 99, 100, 101, 103, 104, 105, 106, 107, 108, 109, 110, 114, 115, 116, 117, 118, 119, 125, 165, 167, 169, 170, 171, 177, 183, 188, 197, 206, 216
Necessitarismo
 em Leibniz
 em Espinoza 5, 93, 94, 99, 101, 103, 106, 118, 119
Negri, A. 162, 173, 179, 234, 237
Newlands, S. 68, 71, 237
Newton, I. 74
Nietzsche, F. W. 134, 237
Novalis 92

O

Obediência 165, 166, 167, 169, 170, 174, 183, 184, 189, 193, 211, 212, 213, 214, 215, 216, 217, 218, 219, 221, 222, 223, 224, 225, 226
Oldenburg, H. 86, 226
Owen, H. P. 89, 237

P

Paixões, controle das 47, 92, 134, 142, 146, 151, 152, 154, 155, 165, 166, 168, 169, 170, 177, 184, 187, 188, 190, 191, 195
Panteísmo 74, 88, 89, 90, 91, 92
Poder
 de ação
  de pensamento 12, 13, 22, 25, 26, 27, 28, 29, 33, 34, 35, 36, 37, 38, 39, 45, 46, 47, 48, 61, 66, 79, 82, 84, 92, 104, 126, 127, 129, 134, 135, 146, 148, 151, 152, 153, 155, 157, 162, 165, 166, 168, 170, 171, 172, 174, 175, 178, 179, 182, 183, 186, 187, 193, 199, 201, 207, 208, 210, 216, 219, 223, 228, 229

Porter, C. 41, 69
Possibilidade
 intrínseca
  metafísica 47, 54, 67, 82, 93, 97, 98, 100, 101, 102, 103, 117, 118, 124, 136, 169, 180, 191, 202, 227
Preceitos de fé universal 217, 218, 219, 220, 221, 222, 223, 225
Preus, J. 145, 146, 237
Princípio da Razão Suficiente (PRS) 42

R

Razão 17, 29, 41, 42, 43, 46, 53, 56, 57, 60, 64, 66, 67, 71, 75, 90, 91, 96, 99, 102, 103, 105, 106, 107, 108, 110, 114, 116, 117, 121, 122, 124, 125, 126, 127, 129, 132, 133, 134, 135, 137, 138, 142, 145, 151, 152, 153, 154, 155, 156, 157, 158, 164, 166, 169, 170, 171, 172, 185, 186, 188, 189, 190, 191, 192, 194, 195, 196, 197, 198, 199, 200, 201, 202, 203, 206, 208, 210, 213, 215, 216, 217, 219, 220, 221, 222, 223, 224, 225, 227, 228
Relação de "em", veja inerência 22, 35, 36, 53, 59, 61, 63, 64, 65, 74, 76, 77, 82, 83, 84, 87, 88, 107, 116
Representação
 em afetos
 e inteligibilidade 5, 15, 16, 18, 19, 31, 35, 36, 39, 41, 45, 46, 48, 49, 50, 51, 52, 55, 56, 124, 141, 180

S

Sábio 99, 187, 195, 197, 198, 202, 210
Schmaltz, T. 71
Shirley, S. 134, 143, 237
Simmons, A. 71
Skinner, Q. 178, 182, 237
Sleigh, R. 118, 237
Smith, S. 141, 144, 206, 223, 229, 237
Soberania 162, 163, 171, 173, 174, 183, 184, 207

T

Teleologia 147, 148, 158
Tosel, A. 141, 147, 238
Tuck, R. 162, 163, 235, 238

V

Van den Enden 161
Van Velthuysen, L. 145
Verbeek, T. 173, 182, 238
Villinger, R. 229

W

Wahl, R. 140
Wansink, H. 176, 238
Wilson, M. 15, 16, 19, 20, 21, 38, 39, 238
Wolfson, H. A. 77, 82, 83, 151, 238

Y

Yovel, Y. 90, 199, 231, 232, 233, 234, 238

Z

Zac, S. 90, 238

MADRAS® Editora — CADASTRO/MALA DIRETA

Envie este cadastro preenchido e passará a receber informações dos nossos lançamentos, nas áreas que determinar.

Nome _____
RG _____ CPF _____
Endereço Residencial _____
Bairro _____ Cidade _____ Estado ____
CEP _____ Fone _____
E-mail _____
Sexo ❏ Fem. ❏ Masc.   Nascimento _____
Profissão _____ Escolaridade (Nível/Curso) _____

Você compra livros:
❏ livrarias   ❏ feiras   ❏ telefone   ❏ Sedex livro (reembolso postal mais rápido)
❏ outros: _____

Quais os tipos de literatura que você lê:
❏ Jurídicos   ❏ Pedagogia   ❏ Business   ❏ Romances/espíritas
❏ Esoterismo ❏ Psicologia ❏ Saúde   ❏ Espíritas/doutrinas
❏ Bruxaria   ❏ Autoajuda   ❏ Maçonaria ❏ Outros:

Qual a sua opinião a respeito desta obra? _____
_____

Indique amigos que gostariam de receber MALA DIRETA:
Nome _____
Endereço Residencial _____
Bairro _____ Cidade _____ CEP _____

Nome do livro adquirido: ***Interpretando Espinoza***

Para receber catálogos, lista de preços e outras informações, escreva para:

MADRAS EDITORA LTDA.
Rua Paulo Gonçalves, 88 – Santana – 02403-020 – São Paulo/SP
Caixa Postal 12183 – CEP 02013-970 – SP
Tel.: (11) 2281-5555 – Fax.:(11) 2959-3090
www.madras.com.br

Este livro foi composto em Times New Roman, corpo 11,5/13.
Papel Offset 75g
Impressão e Acabamento
Hr Gráfica e Editora — Rua Serra de Paraicana, 716 — Mooca — São Paulo/SP
CEP 03107-020 — Tel.: (011) 3341-6444 — e-mail: vendas@hrgrafica.com.br